살인범은 그곳에 있었다

살인범은 그곳에 있다

은폐된 북관동北關東 연쇄 아동납치살인사건

시미즈 기요시 지음 | 문승준 옮김

내 친구의 서재

⊙ 들어가며

일본 관동 지방의 지도를 펼치고 북부의 한 지점을 중심으로 반경 10킬로미터 정도의 원을 그린다. 집들이 늘어서 있는 그곳은, 밝은 햇살 아래 아이들의 웃음소리가 들리는 평범한 사람들이 살고 있는 곳이다.

그 작은 원 안에서 17년 동안 무려 다섯 명의 어린 소녀가 모습을 감췄다는 사실을 알게 된다면 당신은 무슨 생각이 들까? 그 아이들은 모두 참혹한 시신으로 발견되거나 유괴된 채 행방불명되고 말았다. 더구나 범인은 아직도 잡히지 않았다.

이것은 소설이 아니라 사실이다.

"이 작은 도시에 어린 소녀에게 손을 대고 살인까지 저지른 인간이 여러 명 있을 리가 없습니다."

딸을 잃은 유가족 중 한 명은 동일범에 의한 사건이라고 주장한다.

나 또한 그렇게 생각한다.

하지만 수사 당국이 이 사건을 '연쇄사건'이라고 보지 않으면 어떻게 될까? 혹은 다섯 건 중 단 한 건의 범인을 체포한 뒤, 다른 네 건은 '해결'되었다고 판단한다면? 더구나 체포된 '범인'이 누명을 쓴 것이라면?

일본 어디에나 있는 그런 평범한 도시에서, 당신이 살고 있을지도 모르는 동네에서 당신은 체포되지 않은 '살인범'과 매일 스쳐지나가고 있다. 거리에서, 공원에서, 파친코 점에서, 슈퍼마켓에서……. 당신에게는 어린 딸이 있을지도 모른다, 여동생이 있을지도 모른다, 손녀가 있을지도 모른다. 여섯 번째 피해자가 나오지 않을 것이라고 누가 장담할 수 있을까. 바로 내일 소중한 누군가가 사건에 휘말리지 말라는 보장은 그 어디에도 없다.

실제로 그런 일이 발생하고 말았다. 이른바 '아시카가 사건'을 둘러싸고 말이다.

경찰은 스가야 도시카즈라는 남성을 유괴 살인범으로 체포했으며, 검찰은 기소하고, 대법원은 무기징역을 선고하고, 언론은 그 사실을 대대적으로 보도했다. 흉악한 사건에 두려워하던 시민들은 가슴을 쓸어내리고 일상으로 돌아갔다.

하지만 스가야 씨는 무죄였다. 부당한 수사와 조작된 증거, 거짓 자백을 근거로 무려 17년 하고도 반년 동안 억울한 옥살이를 하고 말았다. 국가는 한번 결정하면 죄도 없는 한 인간의 자유와 시간을 얼마든지 빼앗을 수 있다. 더욱 무서운 사실은 진범에게 시효라는 이름의 특전까지 주었다는 것이다. 오랜 시간이 흐른 후 사법부가 과오를 인정해서 스가야 씨의 누명이 벗겨졌음에도 불구하고 진범은 '체포되지 않아도 되는 자격증'을 얻고 말았다.

과연 그래도 되는 것일까?

스가야 씨의 무죄가 확정되었다면 경찰은 사건을 재수사해야 한다. 검찰도 움직여야 하고, 언론은 이 일의 위험성을 보도할 필요가 있다.

나는 일개 기자에 불과하다. 내가 할 수 있는 일이라고는 알아낸 사실을 보도하는 것뿐이다. 그게 내 일이다. 신문기자를 시작으로 오랫동안 잡지기자로 일했다. 카메라맨이었던 적도 있었고, 현재는 방송국에 소속되어 있다. 하지만 내가 지금까지 해온 일은 변함이 없다. 30여 년 동안 땅을 훑듯이 현장을 다니며 사건, 사고만을 상대했다. 탐사보도라 불리는 필드가 나의 전장이다.

주간지 기자였을 때 《유언, 오케가와 스토커 살인사건의 심층遺言-桶川ストーカー殺人事件の深層》이라는 책을 집필한 적이 있다. 거대 언론사를 통해 흘러나오는 '관청발 정보'에 대항해서 삼류 주간지가 반대 보도를 하는 것은 정말 힘든 일이었다. 그래도 나는 독자적인 취재 끝에 진범을 찾아냈고, 경찰 수사의 문제점도 보도했다.

내 자랑을 하고자 이런 일을 적는 것이 아니다.

이 책에 기록한 사건과 '오케가와 사건'의 구조가 놀랄 정도로 비슷하기 때문이다.

그때 나는 경찰이 자기방어를 위해서 얼마나 많은 거짓말을 생산

하는지 알게 되었다. 언론이 경찰 쪽에서 흘러나오는 위험한 정보에 얼마나 쉽게 조작되는지 그 현실을 뼈저리게 깨달았다. 이 같은 식으로 사법부와 언론이 만들어낸 벽은 실로 두텁고 견고했다. 그 앞에서 일개 기자 따위는 실로 무력했다. 당시 나는 진실이 거짓에 묻히지 않도록 책 한 권을 저술했다.

하지만 유감스럽게도 상황은 무엇 하나 바뀌지 않았다.

아니, 오히려 악화되었다. 물론 30년간 언론 한 귀퉁이에서 버티고 있는 내게도 일부의 책임은 있다. 그런 내가 이 책을 쓰고자 한 이유는 무죄가 증명된 아시카가 사건은 종착역이 아니라, 원래는 시작점이었다는 사실을 밝히기 위해서다. 사법부가 덮으려 하는 '북관동北關東 연쇄 아동납치살인사건'이라는 알려지지 않은 사건과 그 뒤에서 어둠 속에 매장되려 하는 '진범', 그리고 어떤 '폭탄'에 관해서 폭로하기 위해서다.

무엇보다 전하고 싶은 사실이 있다.

이 나라에서 '가장 작은 목소리'만을 가진 네 명의 어린 소녀들이 억울하게도 이 세상에서 사라졌다.

나는 이 같은 사실을 방관하지 않을 것이다.

결코.

2013년 11월

시미즈 기요시

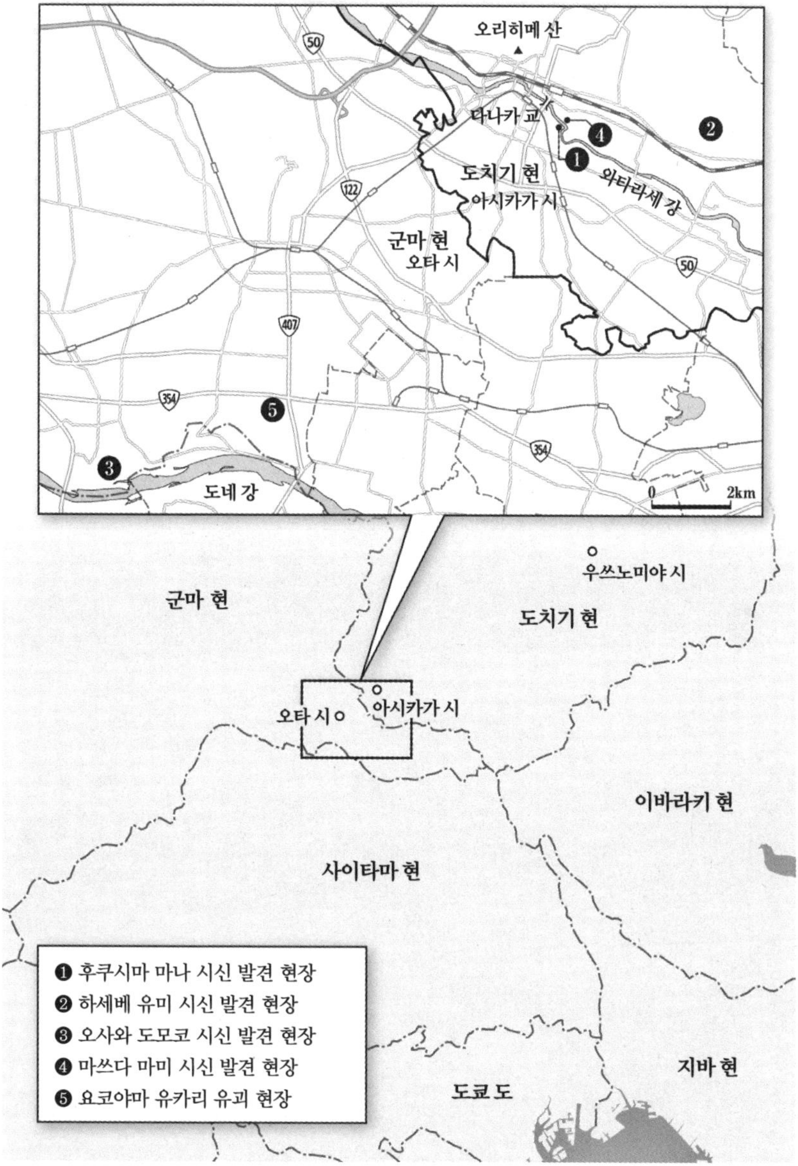

❖ 17년 간 반경 10킬로미터 이내에서 다섯 명의 소녀가 사라진 일본 관동 북부 지역 지도

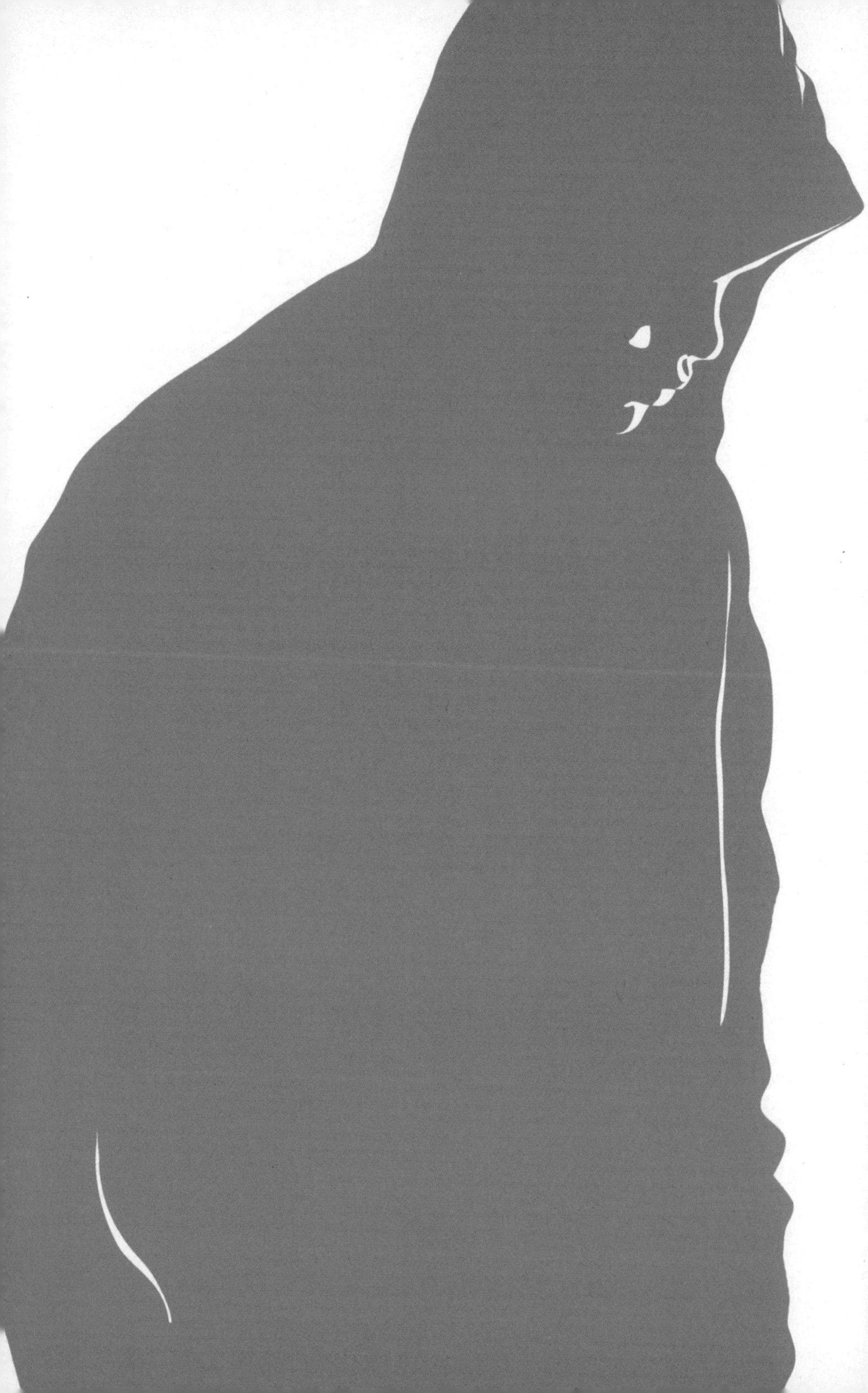

⊙ 차례

1장

동기

7′
6′8″
6′6″
6′4″
6′2″
6′
5′8″
5′6″
5′4″
5′2″
5′
4′8″
4′6″
4′4″

“지금 시각은 오후 3시 48분. 석방입니다! 재심 전 석방입니다!”

“스가야 씨, 축하드립니다!”

50센티미터 정도 열린 승합차 차창으로 보도진의 절규와 카메라 셔터 소리, 쉴 새 없이 반짝이는 플래시가 노도처럼 흘러들어 왔다. 2009년 6월 4일, 스가야 도시카즈 씨(62)는 지바 교도소 밖으로 빠져나온 차의 차창 밖으로 몸을 내밀어 열심히 취재하는 취재진들에게 손을 흔들었다. 전대미문의 ‘DNA형型 재감정’을 통해 무죄가 확실해진 스가야 씨는 17년 반에 걸친 교도소 생활에서 석방되었다. 여론의 압박을 이기지 못한 검찰이 결국 백기를 든 것이다.

취재기자인 나는 어째서인지 차 밖이 아니라 스가야 씨와 같은 차에 타서 비디오카메라를 들고 파인더를 통해 희끗희끗한 초로의 남성을 쫓았다.

상공에는 취재 헬리콥터 여러 대가 굉음을 울리며 선회 중이다. 이 차를 추적하기 위해 취재 오토바이도 투입될 것이 틀림없다. 갑자기 결정된 '재심 전 석방'이라는 이상 사태에 각 언론사가 갖고 있는 모든 힘을 짜낸 듯했다.

스가야 씨와 처음으로 얼굴을 마주한 지 아직 5분도 채 지나지 않았지만 우리는 이미 서로를 잘 알고 있었다.

17년 반에 걸친 옥중 생활. 나는 스가야 씨에게 건넬 말을 열심히 생각했다. "수고하셨습니다"일까, "정말 길었군요"일까……. 대체 어떤 말을 건네야 좋을지 고민하는 중에도 차는 계속 나아갔다. 시간은 없다. 결국 내 입에서 나온 말은 너무나도 진부했다.

"스가야 씨, 지금 밖으로 나왔습니다……."

스가야 씨는 나를 보며 빙긋 웃더니 "정말 기쁘네요"라며 몇 번이고 고개를 끄덕였다.

승합차는 교도소를 벗어나 국도를 타고 기자회견장인 지바 시내의 한 호텔로 향했다. 차창 밖으로 흐르는 풍경은 평범했지만 스가야 씨는 신기한 듯이 물끄러미 바라보았다.

2년여에 걸친 취재가 지금 하나의 마침표를 찍으려 하고 있었다. 하지만 그것은 종료라는 의미가 아니다. 이날이야말로 진정한 의미의 출발선이라 할 수 있었다.

'북관동 연쇄 아동납치살인사건'.

우여곡절 끝에 실현된 스가야 씨의 석방으로 드디어 그 사실이 수면 위로 부상할 터였다. 이상하게 들릴지도 모르지만, 내가 확신한 어떤 진실을 전하기 위해서는 일단 이 사람부터 교도소 밖으로 끌어내야만 했다.

이야기는 2년 전으로 거슬러 올라간다.

2007년 6월, 니혼 텔레비전 보도국.

속보 알림이나 누군가의 고성이 숨 가쁘게 오가는 한 구석, 죽 늘어선 텔레비전 모니터 아래에 금방이라도 무너질 것처럼 자료가 산더미같이 쌓인 책상이 있다. 신문, 잡지를 거쳐 방송국 사회부 기자가 된 나의 자리다.

직함은 달라도 하는 일은 이전과 변함없다. 특정 부처 출입 기자단에는 소속되지 않은 채 그저 현장에 나가 기획 취재나 탐사보도를 담당한다. 매일같이 뉴스나 프로그램 제작에 쫓기는 젊은 스태프들과는 달리 하나의 사건, 사고에 집중하여 실타래를 풀어나가듯이 취재를 한다. 잡지기자 시절처럼 살인범을 추적하거나, 경찰이 포기한 미해결 사건을 조사하는 등 끈기 있게 진실을 추적하는 일은 여전했다.

"점심 같이 할래요?"

책상에 앉아 지방신문을 보던 내게 점심을 함께하자고 권한 것은 스기모토 도시야 사회부장이었다. 육상선수 출신인 그는 경시청과 사법부의 취재기자 팀장을 거친 베테랑 기자 출신으로, 현재는 유능한 데스크다.

"결국 권고사직입니까?"

농담으로 받은 나를 데리고 그가 찾은 곳은 나와는 전혀 인연이 없는 땅, 화려한 긴자였다. 좁고 어두운 골목길을 좌로 우로 몇 번인가 꺾은 후, 작은 쪽문을 통과하니 그곳은 멋진 원목 카운터가 설치된 초밥집이었다. 내게는 어울리지 않는 장소였다. 내가 신은 신발은 캐주얼 등산화였다. 사건, 사고, 재해 등 언제 어떤 현장으로 달려갈지 알 수 없는 탓에 필수 장비라 할 수 있었다.

참치 중뱃살, 성게알, 장어…….

평소에는 신바시 일대의 서민식당에나 출몰하는 나였던지라 호화로운 고급 초밥에 입맛을 다셨다. 마지막 김말이 초밥에 손을 뻗으려 한 순간이었다. 스기모토 부장의 입에서 조용히 그 말이 흘러나왔다.

"실은 탐사보도 프로그램을 하나 하고자 합니다."

나는 초밥에서 손을 떼고 잠시 천장을 바라보았다.

"흐음, 그렇군요……."

영혼 없는 대답이 초밥집의 조용한 공기 속을 떠돌았다.

큰 눈을 반짝이며 이야기하는 부장의 목소리는 열기로 가득 찼으며, 서서히 밝히는 구상은 장대한 것이었다. 테마를 하나 정하고 장장 1년에 걸쳐 보도한다. 그 결과, '일본을 움직인다'는 것이다.

'당했다.'

이것은 미션이 아닌가. 그것도 상당히 난이도가 높은.

〈ACTION 일본을 움직이는 프로젝트〉라는 것이 나중에 결정된 프로그램 타이틀이다. 그건 그렇고 하나의 사건을 무려 1년에 걸쳐 보도하다니……. 이런 거대한 일을 주간지 출신인 나 같은 기자 나부랭이가 해낼 수 있을 거라고는 도저히 생각되지 않았다. 하지만 이미 초밥은 위 속에 들어간 지 오래다. 김말이 초밥이라도 반납하면 봐주려나. 부장은 내가 그런 생각이나 하고 있을 거라고는 알지도 못한 채 큰 눈을 더욱 크게 뜨고 말을 이었다.

"시미즈 씨라면 미해결 사건 같은 거라든가 어떻게 되지 않을까?"

미해결 사건. 이 단어는 확실히 사건기자의 마음을 움직인다. 하지만 '일본을 움직인다'는 프로젝트에서 미해결 사건을 다루게 되면 어떻게 될까? 사건을 해결할 수밖에 없지 않은가. '움직인다'는 것은 그런 것이다. 그런데 나는 경찰도 검사도 아니다. 어디에나 있는 평범한 기자다. 분명 지금까지 기자 본분에서 벗어나는 일도 경험했지만 조사하고 취재해서 전달하는 것까지가 내 일로, 사건 해결은 내 업무 밖의 일이다.

초밥에 낚인 자신을 저주하면서 나는 원목 카운터 앞에서 한숨을 내쉴 수밖에 없었다.

며칠 후 나는 회사 카페테리아에 지인 한 명을 불러냈다. 이름은 스기모토 준코. 나를 나락으로 떨어뜨린 부장과 같은 성씨로, 혼동을 피해서 이름으로 부르겠다. 준코는 이전에는 와이드쇼 리포터였다. 처음 인사를 나눈 것은 1998년 '와카야마 카레 사건'(1988년 와카야마 시 여름축제에서 청산가리가 들어간 카레를 먹고 네 명이 사망한 사건-옮긴이) 현장이었다. 당시 나는 사진 주간지 〈FOCUS〉 기자였고, 이후 준코와는 사건 현장에서 자주 마주치게 되었다. 그리고 현재는 어째서인지 같은 회사에서 일하고 있다. 그렇다면 그녀도 이 일에 휘말리게 할 수밖에 없지 않은가.

준코는 의욕이 넘쳐서는 바로 미해결 사건 리스트를 들고 왔다. 나는 그녀에게 이런 주문을 했다. "어차피 할 거라면 시효가 가까운 사건으로 하자"고. 이때는 아직 '공소 시효'라는 것이 있었다. 사형이 될 만한 중죄를 저질러도 25년 동안 도망치면 무죄가 된다. 그리고 나는 그 시효라는 것이 정말 싫었다. 그래서 방치했다간 그대로 사라지고 말 사건을 건드리자고 생각했다.

준코가 가져온 리스트에 있는 미해결 사건의 수는 20건이 넘었다. 세타가야 일가 살해사건(2000년 도쿄 세타가야 구에서 일가족 네 명이 살해당한 사건. 당시 8세와 6세의 아이들까지 잔인하게 살해한 범행 수법에 일본인들의 공분을 샀지만 현재까지 미제로 남았다-옮긴이), 하치오지 '난페이' 슈퍼 사살사건(1995년 도쿄 하치오지 시의 슈퍼마켓 2층 사무실에서 여성 종업원 세 명이 총으로 사살당한 사건-옮긴이) 등 유명한 사건을 비롯해 내가 모르는 사건에 이르기까지 사건 개요를 정리한 그 리스트는 분량이 꽤 되었다. 그 리스트를 검토하던 중 나는 한 문장에 시선이 꽂혔다.

파친코 점에서 유괴.

'아직 해결이 안 되었던 건가…….'

'요코야마 유카리 유괴사건'. 1996년 7월, 군마 현에서 발생한 유괴사건이다. 당시 나는 이 사건을 약간이나마 취재했던 적이 있었다.

군마 현 오타 시의 파친코 점에서 4세 여아, 요코야마 유카리가 행방을 감춘다. CCTV에 기록된 수상한 남성의 영상이 중요 참고인으로서 대중에 공개되지만, 수사는 벽에 막힌 채 사건은 미궁에 빠진다. 자세한 사건 내용이 공개되지 않았기 때문에 시효 기일조차도 확실하지 않은 사건이다.

CCTV 영상 속의 사내는 한여름인데도 검은 긴팔 점퍼에 헐렁한 바지를 입었다. 파친코 기계에는 눈길도 주지 않고 겅중겅중 가게 안을 활보한다. 어느 틈엔가 사내는 긴 의자에 앉아 있던 유카리 옆에 앉아 그녀 귓가에 뭔가를 속삭인다. 어째서인지 기뻐하는 듯한 유카리. 사내는 가게 밖을 가리킨 후 밖으로 나간다. 얼마 안 있어 유카리도 사내의 뒤를 쫓듯이 가게 밖으로 나가고 만다…….

뒷맛이 씁쓸한 이 영상만을 남긴 채 사라진 유카리는 아직도 행방이 묘연하다. 군마 경찰은 영상 속 사내를 유괴사건의 중요 참고인으로 전국에 수배했다. 텔레비전에서 몇 번이고 CCTV 영상이 방송되고, 포스터가 일본 전역의 길가에 부착되었다. 삿포로에서, 오사카에서, 가고시마에서 나는 그 포스터를 몇 번이고 목격했다. 하지만 유익한 정보는 나오지 않았다. CCTV 영상이 있음에도 왜 범인을 찾아내지 못하는가? 머릿속에 어떤 위화감이 스쳤다.

이 사건이다. 나는 그 페이지에 볼펜으로 동그라미를 쳤다.

사전조사부터 시작하기로 했다. 컴퓨터 자판을 두드려 인터넷에서 정보를 찾거나, 자료실에서 오래된 신문이나 잡지를 꺼내거나, 당시 뉴스 영상도 찾았다. 분량이 엄청났다. 사건 주변을 살짝 조사한 것만으로도 바로 의외의 사실을 알 수 있었다.

유카리 사건 6년 전, 인접한 도치기 현에서도 파친코 점에서 어린 소녀가 유괴된 사건이 발생했었다.

1990년 5월, 도치기 현 아시카가 시에서 발생한 '마쓰다 마미 사건'. 통칭 '아시카가 사건'이라고 불리고 있다.

4세인 마미가 부모와 함께 찾은 파친코 점에서 행방불명된다. 마미는 다음 날 근처 하천 변에서 싸늘한 주검으로 발견된다. 당시 마미는 유카리와 같은 나이였다.

아시카가가 어디 주변인지 알고 싶어진 나는 책상 위의 자료를 무너뜨리지 않도록 주의하면서 오래된 관동 지도를 펼쳤다.

군마 현과 도치기 현, 현은 다르지만 두 사건이 발생한 오타 시와 아시카가 시는 인접해 있어서 차나 전철로 간단히 이동할 수 있는 곳이었다. 행방불명 된 현장, 요컨대 두 파친코 점은 지도상 직선거리로 10킬로 정도밖에 서로 떨어져 있지 않았다. 자동차라면 20분 정도 거리일까?

이건 단순히 우연일까?

조사하다 알게 된 사실은 아시카가 시에서 발생한 사건은 그것뿐만이 아니라는 것이었다. 마미 사건 6년 전에도 어린 소녀가 유괴 후 살해당한 사건이 발생했었다. 1984년 2월의 '하세베 유미 사건'이다.

5세인 유미의 모습이 사라진 것도 파친코 점. 1년 4개월 후에 유미는 시내 밭에서 주검으로 발견된다.

컴퓨터 화면에 시간순으로 일단 정리해보았다.

1984년, 도치기 현 아시카가 시, 하세베 유미, 살해

1990년, 도치기 현 아시카가 시, 마쓰다 마미, 살해

1996년, 군마 현 오타 시, 요코야마 유카리, 행방불명

시간 간격은 있지만 상당히 좁은 지역에 집중되어 있다는 느낌이다. 어린 소녀가 연속해서 세 번의 유괴 후 희생되었다.

유괴 현장이 왜 파친코 점인 거지? 파친코 점에서 어린 소녀가 유괴되고 끔찍하게 살해당한 사건이 일본에 원래 많은가?

시간을 세 건의 사건이 발생한 1984년부터 1996년의 12년으로 좁혀서 같은 사건을 찾아보기로 했다. 전국 경찰에 문의하거나 신문 검색을 해보았지만 비슷한 케이스는 발견되지 않았다.

마침 옆자리에서 컴퓨터 자판을 두드리던 사이토 히로에 PD에게도 물어보았다. "저기 말야, 도치기에 있는 파친코 점에서 어린아이가 유괴된 사건 들어본 적 있어?"

사이토는 도치기 현 출신이다. 지역 사건이니 사정을 알고 있지는 않을까 해서 물어보았더니 대답은 너무나도 일반적이었다.

"네, 알고 있습니다. 어렸을 적 할아버지에게 자주 들었어요. 파친코 점에 가면 무서운 아저씨가 이놈 하고 납치해가니 절대 가지 말라며."

도치기에서는 꽤 유명한 이야기였던 모양이다.

하지만 사건이 발생한 것은 파친코 점뿐만이 아니다. 이 지역에서는 그 밖에도 많은 여아 유괴와 살인사건이 있었다. 1979년 8월,

아시카가 시내에서 5세 소녀가 자택 근처 신사에서 모습을 감춘다. '후쿠시마 마나 사건'이다. 게다가 1987년 9월에는 군마 현 오지마 정(현 오타 시)에서 8세인 오사와 도모코가 공원에서 모습을 감춘다. 그리고 둘 모두 강변에서 주검으로 발견되었다.

다섯 명 중 세 명이 강변에서 시신 발견?

나는 지도책의 오타 시 페이지를 펼쳐 도모코가 사라진 공원과 유카리가 사라진 파친코 점을 찾았다. 손가락으로 짚어보니 두 현장은 직선거리로 고작 5킬로미터 거리였다.

가깝다. 뭐지, 이건?

오타 시, 아시카가 시, 양쪽을 번갈아 펼치기 귀찮아진 나는 두 장의 지도를 사서 작업 공간에 펼쳐놓았다.

두 장의 지도를 스카치테이프로 붙여놓으니 아시카가 시와 오타 시의 커다란 합체 지도가 완성되었다. 유괴 현장이나 시신 발견 현장 등, 사실이 확인된 장소에 컬러 스티커를 붙이자, 스티커는 지도의 중심부에 집중되었다. 요컨대 모든 사건이 현의 경계 부근에서 발생했던 것이다.

1979년, 도치기 현 아시카가 시, 후쿠시마 마나, 5세, 살해
1984년, 도치기 현 아시카가 시, 하세베 유미, 5세, 살해
1987년, 군마 현 오타 시, 오사와 도모코, 8세, 살해
1990년, 도치기 현 아시카가 시, 마쓰다 마미, 4세, 살해
1996년, 군마 현 오타 시, 요코야마 유카리, 4세, 행방불명

3년에서 6년이라는 시간차를 두고 사건은 마치 도치기와 군마를 왕복하듯이 발생했다. 17년간 다섯 건의 소녀 유괴&살해사건이 반경 10킬로미터 안에서 발생했다. 오랫동안 사건 취재를 해온 나조차도 이런 지역은 본 적이 없었다.

사건의 공통점을 열거해보았다. 장소나 일시의 유사점도 그대로 범행 수법이라 할 수 있을 것이다.

어린 소녀를 노린 범죄
유괴 현장 중 세 곳은 파친코 점
시신 발견 장소 중 세 곳은 강변의 갈대숲
사건 대부분은 주말 등 휴일에 발생
어떤 현장에서도 우는 아이의 모습은 목격되지 않았다

공통점을 열거하자 머릿속에 어떤 단어가 떠올랐다. 동일범에 의한 연쇄 아동납치살인사건?

굳이 이름을 붙이자면 '북관동北關東 연쇄 아동납치살인사건'('북관동'은 일본 '관동' 지역을 북부로 한정한 호칭이다-옮긴이) 정도가 되지 않을까?

그런 일이 과연 있을 수 있을까? 경찰도 인정하지 않고, 언론도 보도하지 않은 연쇄 살인사건? 모방범에 의한 범행일 가능성은 없을까?

하지만 모방범이 있다고 해도 왜 일부러 좁은 지역에서 범행을 저지를 필요가 있을까? 머릿속에서 논쟁이 시작된다.

쉽게 판단을 내릴 수는 없다. 범위를 확대해서 도치기, 군마, 사이타마 등 주변에서 발생한 유사 사건도 찾아보았다. 그러자 몇 건의 미해결 사건이 부상했지만, 나이대나 지역을 좁히자 역시 이 다섯 건 이상으로는 늘지 않았다.

나는 방송국에 보관되어 있던 다섯 건의 사건, 각각의 뉴스 영상을 하나씩 다시 살펴보기로 했다. 유괴 현장인 파친코 점의 외관, 주변을 수색하는 경찰의 모습, 시신이 발견된 현장 사진. 강변에서 바람에 흔들리는 갈대와 빛을 반사하는 강물, 그리고 다섯 명의 소녀들의 얼굴 사진. 순진무구한 어린 소녀들의 얼굴을 나는 다시 한 번 뚫어지게 바라보았다.

❖ 사라진 다섯 명의 소녀들

동그란 얼굴에 약간 쓸쓸한 눈길로 카메라를 바라보는 후쿠시마 마나.

유치원복에 노란 가방을 멘 하세베 유미.

공원에서 진달래를 배경으로 사진을 찍은 오사와 도모코.

검은 머리에 빨간 모자를 쓴 마쓰다 마미.

가로줄 무늬 셔츠에 머리를 양 갈래로 땋고 방긋 웃는 요코야마 유카리.

촬영자에 대한 신뢰를 보여주는 미소, 카메라 같은 것은 신경 쓰지 않는 자연스런 표정, 티 없이 맑은 얼굴. 이 세상에 태어나 한때는 확실하게 존재했던 다섯 명의 소녀들이 내 앞에 있었다. 그 아이들은 지도 속의 원 안에 있었다는 이유만으로 목숨을 잃고 말았다.

머릿속에서 의혹이 사라지지 않는다. 이건 뭔가가 이상했다. 지도 속에 확실하게 드러나 있는 현의 경계선. 나는 그것을 바라보면서 다른 문제를 생각했다.

아시카가의 세 건은 도치기 지방 경찰청 소관.

오타의 두 건은 군마 지방 경찰청 소관.

현의 경계라는 것이 수사의 족쇄가 되었을 가능성은 없을까? 경찰서 간 정보 제공이 이루어지고 있다고 하지만 그것은 어디까지나 표면적인 변명에 불과하다. 특히 인접한 경찰서 대부분은 사이가 좋지 않다. 영화에서는 현의 경계인 강에 뜬 시신을 장대를 이용해서 상대 관할구역으로 떠미는 장면까지 등장할 정도다. 귀찮은 사건은 상대에게 떠넘기고 싶고, 바로 해결할 수 있는 사건은 빼앗는다. 경찰서 간의 관계가 그런 것이라는 것은 오랫동안 현장에 있으면 자연스럽게 알게 된다.

모 현직 경찰관에게 이런 불평을 들은 적이 있다.

"우리 관할에 살고 있는 여성이 행방불명되어 살해당했을 가능성을 염두에 두고 수사를 하고 있었거든. 며칠 후 이웃 현에서 시신이 발견되었지. 그런데 저쪽은 자기네 사건이라며 신경 끄라더군. 수사도 엉망인 주제에 말이야."

사람, 차, 전철이 서로 자유롭게 왕래하는 생활권이어도 경찰서 간에는 '저쪽'과 '이쪽'이 있다. 다섯 건의 사건 무대는 그런 복잡한 지역이었다.

물론 현 경계를 넘은 것만으로 정보가 단절되고 수사가 난항에 빠지면 곤란하다. 그래서 경찰 조직의 정점에 위치하는 경찰청은 수사 강화를 목적으로 '광역중요사건 특별수사요강'이라는 것을 책정해두었다. 예를 들면, 제과회사 사장을 유괴하거나 과자에 이물질을 투입해서 세상을 떠들썩하게 만든 '글리코 모리나가 사건', 경찰을 습격해서 권총을 탈취한 후 강도·살인사건을 연달아 일으켜 일본을 패닉에 빠트렸던 '가쓰다 기요타카 연쇄 살인사건', 어린 소녀 네 명을 살해하고 유가족에게 시신 일부분을 보내기도 한 '미야자키 쓰토무 사건' 등이 바로 그것이다.

미야자키 쓰토무 사건의 유괴 현장은 사이타마 현 이루마 시, 한노 시, 가와고에 시, 그리고 도쿄의 에도 구 등 제각각이었다. 미야자키 쓰토무는 차를 이용해서 자유롭게 이동한 탓에 네 건의 유괴 현장을 모두 담는 원을 그리면 반경은 약 25킬로미터에 이른다.

사건이 발생한 기간은 1988년 8월부터 1989년 6월까지의 10개월간. 경찰청이 이 사건을 '광역중요지정 117호'로 지정한 것은 1989년 9월 1일이었다. 하지만 한심하기 이를 바 없게도 범인인 미야자키 쓰토무는 광역중요사건으로 지정되기 전인 7월에 다른 사건으로 이미 체포된 상태였다. 도쿄 하치오지에서 한 소녀를 추행하려다 소녀의 아버지에게 현장에서 붙잡혀 경찰에 넘겨졌다. 이미 신병을 확보한 사람을 '광역중요지정'이라니. 범인 체포를 위해서가 아니라, 입건, 공판 유지를 위해서 각 경찰서 간에 사이좋게 지내라는 의미일까?

바로 그 광역중요지정 117호에 비해 반경 10킬로미터 이내에서 반복된 관동 북부 지역의 이 사건 쪽이 내게는 더욱 동일범의 수법으로 보인다.

하지만…….

내가 세운 가설은 사실 치명적인 결함을 안고 있었다.

나는 그 사실을 알면서도 애써 무시한 채 조사를 계속했다. 나 같은 일개 기자 나부랭이조차 알아차릴 정도의 연쇄 강력범죄를 노련한 형사들이나 다른 언론사가 모를 리가 없고, 알았다면 가만히 있지는 않았을 것이다. 지금까지 잠잠한 데는 사실 결정적인 이유가 있었다.

내가 연쇄사건이라고 보았던 다섯 건 중에 이미 '범인'이 체포되어 해결된 사건이 있었기 때문이다. 해결된 사건은 바로 마쓰다 마미가 목숨을 잃은, 통칭 아시카가 사건이다. 파친코 점에서 마미를 데리고 나가서 살해했다고 자백해서 도치기 경찰에 체포된 것이 스가야 도시카즈 씨였다. 체포 당시 45세. 유치원 버스 운전기사였다.

스가야 도시카즈 씨를 범인으로 단정 지은 결정적 이유는 '자백'과 'DNA형 감정'이었다.

일본에서 사상 최초로 DNA형 감정 결과가 증거로 인정되어 스가야 씨의 범행은 확정되었다. 당시 신문 자료를 펼쳐보면 '과학수사의 성과', '1천 명 중 1.2명의 DNA형' 등 경찰의 코멘트가 뽐내는 듯이 실려 있다. 바로 그 스가야 씨는 이미 무기징역수로서 교도소에 수용되어 있는 상태였다.

즉, 사건의 연속성은 단절된 것이다. 이래서는 언론이 떠들 이유가 없었다. 하지만 이건 정말 나의 망상에 불과한 걸까?

당초 아시카가 시내에서 발생한 세 건 모두 연쇄사건으로 간주되었다. 실제로 스가야 씨에 대한 취조 또한 그런 방침하에 이루어졌다. 하지만 '마미 사건' 이외의 두 건은 불기소 처분이라는 애매한 결과로 끝나고 말았다. 언론은 언론대로 아무리 커다란 연쇄사건이라 해도 그중 한 건으로 범인이 체포되어 기소되고 유죄 판결까지 받았다면 관련 사건에 대한 관심도는 극단으로 저하한다. 그 결과, 연쇄사건은 모두 해결되었다는 이미지만이 남게 된다.

하지만 나는 도무지 의심을 떨쳐낼 수 없었다. 어째서 연쇄사건이 '해결'된 다음에 오타 시에서 요코야마 유카리 사건이 발생한 걸까? 연쇄사건의 범인은 감옥에 갇혀 있는 데도 말이다. 내가 결함이 있는 추리라는 것을 알고서도 조사를 계속한 이유가 바로 거기 있었다.

어쨌든 우리가 넘어야 할 허들은 높았다. 아시카가 사건은 대법원에서 유죄가 확정되었다. 연쇄 아동납치살인사건이라는 우리의 추리는 일본 사법부의 정점이 내린 결정을 흔들기에는 근거가 너무나도 빈약했다. 그래도 나는 내가 느낀 의심을 바탕으로 책상에 앉아 계속해서 자료를 뒤졌다.

스가야 씨가 자신은 누명을 썼다고 호소하고 있고 변호인단도 구성되어 재심을 청구 중인 모양이다. 하지만 잘못된 재판이나 누명을 주장하는 죄수는 하늘의 별만큼 존재한다. 하물며 스가야 씨는 자신의 죄를 자백하지 않았던가. 그 누구도 아닌 본인이 범행을 인정했다. 그리고 범행의 물적 증거는 과학경찰연구소가 실시한 DNA형 감정이다. 드라마 모델이 되기도 한 과학수사의 최고기관, '과경연'의 DNA형 감정에 실수가 있을 리 없다. 그 감정에 의해 판명된 1천 명 중 1.2명밖에 존재하지 않는 남자가 범행을 자백했다면 진범이 틀림없을 것이다.

의심할 여지 같은 것은 없다. 연쇄사건이라는 것은 망상이었다. 하하하, 바보 같기는. 시간 낭비였다. 일본을 움직이기는커녕 내가 회사에서 해고당할 지경이다. 나는 합체 지도를 접어서 책상 위로 던졌다. 열심히 일은 했으나 소득은 없는 하루였다. 컴퓨터 전원을 끄고 가방에 이것저것 집어넣은 뒤 자리에서 일어섰다. 단골인 곱창구이 집에나 가서 맥주 한잔 하고 가야지 하며 일어선 순간 머릿속에 스쳐지나가는 어린 소녀들의 얼굴…….

이래도 좋은 걸까? 스가야 씨 체포 후에 발생한 유사사건인 요코야마 유카리 사건은 단순히 다른 사람의 범행이었던 걸까? 수법도 어쩌다 닮은 것뿐이고……. 포기하면 좋았을 텐데, 나는 책상 앞에서 다시금 고개를 갸웃거렸다. 내 시선은 방금 집어 던진 지도에 꽂혔다. 어째서인지 기분이 좋지 않았다.

나는 나 자신이 평범한 인간이라는 사실에 약간의 자부심을 갖고 있다. 그런 평범한 내 감각이 일련의 사건을 조사할수록 뭔가가 이상하다고 말하고 있었다. 나는 가방을 어깨에 둘러멘 채 한손을 내밀어 접힌 지도를 다시 펼쳤다. 지도 중앙에 집중되어 있는 동그란 표식. 그리고 그중 단 하나만이 '사건 해결'이라는 묘한 위화감.

나는 천천히 의자에 다시 앉았다.

역시 뭔가가 이상했다.

가방을 발치에 내려놓고 무의식적으로 가슴 주머니에서 싸구려 볼펜을 꺼냈다. 의미 없이 볼펜 버튼을 딸깍딸깍 누르며 의자와 함께 제자리에서 빙그르 돈 뒤 머리 뒤로 깍지를 끼고 눈부신 천장의 조명을 바라보았다.

만약, 만약에 말인데. 만에 하나, 아니 백만에 하나라도 스가야 씨가 누명을 쓴 거라면?

그것이 기자에게 위험한 망상이라는 사실은 너무나도 잘 알고 있었다. 나도 이쪽 업계에서 오래 구른 사람이라 살인죄에 누명이라는 것은 좀처럼 없다는 사실을 알고 있다. 일본 형사사건에서의 유죄율은 무려 99.8퍼센트다. 더구나 이 사건은 자백과 DNA형 검증이라는 호화 물증 세트로 구성되어 있었다. 멀쩡한 기자라면 쳐다보지도 않을 대형 지뢰다. 하지만 반대로 증거는 자백과 DNA형 검증뿐이라고 생각해볼 수는 없을까? 스가야 씨는 오인 체포되었을 뿐이고, 정말로 무죄라면 어떻게 될까?

다섯 건의 사건에 대한 견해는 완전히 바뀌게 될 것이다.

오셀로라는 게임이 있다. 흑돌과 백돌을 이용해 상대 돌의 양끝을 감싸면 순식간에 상대 돌을 자기 돌로 만들 수 있다. 판결이 확정된 아시카가 사건이 흑에서 단숨에 백으로, 즉 북관동 연쇄 아동납치살인사건으로 변모한다. 그런 동시에 다음 사실과 직면하게 된다.

진범은 지금도 어딘가에서 편안하게 잘 살고 있다는 사실을.

다섯 명의 어린 소녀가 살해되거나 행방불명된 사건의 수사망에서 빠져나간 살인범이 현재도 편안하게 잘 살고 있다면? 사형이 확정적인 사건인데도 범인이 거리를 활보하고 있다면? 아무것도 모르는 사람들이 극악무도한 죄를 저지른 사내와 매일 거리에서, 슈퍼에서, 파친코 점에서 스쳐지나가고 있다면? 거리에서 자신의 어린 딸과 스스럼없이 대화를 나누고 있는 남자가 연쇄 살인사건의 진범이라면? 만약 내일 여섯 번째 피해자가 나온다면…….

결코 그런 일이 있어서는 안 된다. 나는 뇌리에 떠오르는 정황에 초조함을 느꼈다. 조사 결과, 아시카가 사건은 제대로 해결되었다는 결과가 나온다 해도 그건 그것대로 좋다. 결코 시간 낭비는 아닐 것이다. 하지만 반대의 가능성을 알고서도 방관했을 경우에는 어떻게 되지?

결국 나의 눈은 다시 산더미 같은 자료로 돌아갔다. 어딘가에 있을 단서를 찾아서.

날이 지날수록 조사 범위는 확대되었다.

예전에 선배 기자에게서 들은 적이 있다. "100을 조사해서 10을 써라. 10밖에 모른다면 1만 써라." 나 스스로를 납득시키기 위해서는 확실한 근거를 계속 찾을 수밖에 없었다. 신문기사나 관련 기록, 보도자료, 기소장, 진술서, 판결문 등 모든 자료를 파고 또 팠다. 회사, 도서관, 자료실에 틀어박혀 테이블 위에 파일이나 원고 등을 쌓아올렸다가 다시 헤집는 작업을 매일 반복했다. 자백 내용 속에서 모순점을 찾거나, 현장 지도와 비교하거나, 여기저기에 전화 취재도 시도했다. DNA형 감정의 기초적인 공부도 시작했다.

어떤 자료도 대충 봐서는 안 된다. 경찰이나 검찰 조서, 그리고 진술서에는 피고인을 살인범으로 기소하기 위한 모든 자료가 치밀한 논리적 구성하에 기록되어 있다. 언론은 언론대로 사법부에서 받은 정보를 기반으로 기사를 쓰고 방송을 했다. 변호인은 변호인대로 피고인을 변호하기 위해 자료를 작성했다.

나는 기자다. 누군가의 이해를 돕기 위해서 취재하거나 글을 쓰지 않는다. 사실을 기준으로 한다. 굳이 말하자면 내게 필요한 것은 '진실'뿐이다. "대립하는 견해가 있을 때는 쌍방의 주장을 모두 들어라"라는 말 또한 내가 기자 일을 시작했을 때 진절머리가 나도록 반복해서 들은 선배들의 가르침이다.

사건을 조사한 지 2주째의 일이었다.

나는 기묘한 사실과 맞닥뜨렸다.

석양이 지기 시작한 시간, 산더미 같은 서류에 파묻혀 있던 얇은 자료철을 손에 들었다. 몇 번이나 그 자료철을 꺼냈다가 치웠는지 모른다. 그러다 문득 어떤 속삭임이 들렸다.

나는 그 자료철 안의 내용이 의미하는 사실을 깨닫고는 몸이 굳어버리고 말았다. 언론과 검경, 법원 관계자 거의 모두가 주목하지 않았던 사실인 듯했다. 분명 무심코 지나치고 말 듯한 희박한 사실이었다. 그 자료와 관련이 있을 듯한 다른 자료를 꺼내서는 검은 표지의 자료철로 옮겼다. 순식간에 두툼해진 그 검은 자료철은 몇 번을 반복해서 보아도 상호간에 모순점은 없어 보였다.

그 자료철을 통해 부각된 것은 한 남자의 그림자. 어떤 '추론'이 내 머릿속을 직격했다.

다음 날, 나는 다섯 명의 소녀의 얼굴 사진을 프린트해서는 책상 위에 늘어놓았다.

그리고 자문했다. 애당초 이번 기획의 취지에서 보자면 '미해결 사건'을 쫓아야만 했을 터였다. 이미 해결된 사건을 뒤쫓아서 어쩌겠다는 거지? 그래서 방송이 될 수나 있나? '일본을 움직인다'는 어떻게 되는 거야?

나는 지도를 접어들고 소녀들의 사진도 손에 들었다. 포기하려는 나를 몇 번이고 다시 의자에 앉게 만든 힘. 그때마다 내 머릿속에 스쳐지나간 것은 이 소녀들의 웃는 얼굴이었다.

이런 사건을 그냥 내버려둘 수는 없지 않은가.

몇 번이고 자문해도 내 대답은 하나였다. 나는 다섯 장의 자신을 수첩 속에 끼워 넣고 다시 마음을 다잡고 책상 앞을 떠났다.

기자가 현장에 가지 않고 책상에서 이것저것 생각한들 아무 소용이 없다.

현장으로 뛰어드는 거다!

2장

현장

7′
6′8″
6′6″
6′4″
6′2″
6′
5′8″
5′6″
5′4″
5′2″
5′
4′8″
4′6″
4′4″

현장에 간다는 것은 사람들을 만난다는 뜻이다.

나는 아시카가 사건의 공판 기록이나 조서 등을 통해 사건 관계자나 수사 관계자들의 이름을 정리한 취재 리스트를 작성했다. 유가족이나 증인, 취조당한 사람, 형사나 변호사는 말할 필요도 없다. 가능한 많은 사람들을 만나서 신빙성을 확인하고 취재를 더욱 깊은 곳까지 진행할 계획이었다. 그런 준비를 끝내고 관동 북부 지역으로 향한 것은 2007년 여름이었다.

먼저 가보고 싶은 장소가 있었다.

표고 118미터인 오리히메 산.

도쿄에서 북쪽으로 약 70킬로미터 떨어진 도치기 현 아시카가 시에 있는 작은 산 정상에 선 것은 뜨거운 바람이 부는 한여름 오후였다. 눈 아래 펼쳐진 오래된 거리를 관통하듯이 와타라세 강이 반짝이며 천천히 흐르고 있다. 아름다운 그 광경 속에서 어린 소녀를 노린 사건이 세 건이나 발생했다. 오른쪽을 돌아보면 큰 공장이 보인다. 이쪽은 군마 현 오타 시다. 이곳에서도 두 건…….

현 경계를 사이에 두고, 더구나 몇 년이라는 미묘한 간격. 경찰이 인정하지 않은 연쇄사건이다. 그 취재가 쉽지 않으리라는 것은 잘 알고 있다.

두 도시를 잇는 국도 407호선 현 경계에 가보았다. 그곳에는 현의 이름을 기록한 표지판 하나만 서 있을 뿐이었다. 현 경계를 넘는 사람들도 현을 넘고 있다는 의식이 거의 없을 것이다. 경찰 입장에서는 마치 국경과 같은지도 모르겠지만, 일반 시민에게 현 경계란 그런 것이다.

국도 407호에서 현도縣道로 들어가 아시카가 방면으로 향하니 길은 와타라세 강변을 따라 이어진다. 군마 현에서 이라바키 현으로 유입되는 와타라세 강은 이쯤에서 유역 면적이 확 넓어진다. 제2차 세계대전 전에 놓였다는 오래된 트러스교가 눈길을 끈다. 잘 손질된 운동공원에서는 조깅이나 축구, 야구를 즐기는 사람들의 모습이 눈에 띈다. 동물 모양을 딴 놀이기구나 그네도 보인다. 평화로운 광경에서 눈을 돌려 제방 뒤쪽을 보면 파친코 점이 보인다. 마쓰다 마미가 유괴당한 곳이다. 이 파친코 점에서 약 400미터 정도 떨어진 모래톱에서 마미는 주검으로 발견되었다.

니혼 텔레비전에 현장 검증 영상이 남아 있었다. 체포되어 와타라세 강에 연행된 스가야 씨의 모습을 카메라맨이 초망원 렌즈로 잡았다. 스가야 씨는 건장한 수사관들에게 둘러싸이자 완전히 매몰될 것 같은 왜소한 체격의 남성이었다. 모자를 깊숙이 눌러쓰고 수갑에 포승줄을 이중으로 찬 채 말라버린 갈대 속을 걷고 있다. 바로 옆에 있는 형사가 뭔가 말하고 있지만 목소리까지는 영상에 담기지 않았다. 스가야 씨는 자주 고개를 갸웃거리며 자신 없다는 듯이 주위를 가리켰다.

나는 그 모래톱으로 이동했다.

퇴적된 모래 위에 내 키를 뛰어넘는 갈대가 우거져 있다. 뙤약볕이 내리쬐는 가운데 나는 평소에 신고 다니는 캐주얼 등산화로 갈대를 가로지르며 정처 없이 돌아다녔다. 이제 와서는 시신이 유기된 현장은 정확히 알 수 없었다.

갑작스런 꿩 울음소리에 놀라 잠시 멈춰 섰지만 주위는 금세 고요해졌다. 푸른 하늘을 배경으로 서 있는 몇 그루의 상수리나무. 그 가지와 이파리가 부드러운 강바람에 흔들렸다.

한낮임에도 한적한 장소. 바로 이곳에 4세 여아가 시신으로 방치된 것이다. 나는 한여름의 뙤약볕을 맞으며 그 자리에 한참동안 멈춰서 있었다.

고작 십수 년 전 사건인데 취재는 마치 역사조사 같았다.

사건이 발생한 것은 1990년 5월 12일. 발생 시각은 낮이 꽤 길어진 초여름 저녁 무렵이었다. 제방 뒤쪽에 늘어선 두 곳의 파친코 점의 넓은 주차장에는 사건 당시 도치기 현 번호판과 군마 현 번호판을 단 차량이 뒤섞여 주차되어 있었다.

그날, 마미는 일을 마친 아버지 손에 이끌려 파친코 점에 왔었다. 아버지를 기다리는 사이 마미는 가게 안이나 주차장에서 혼자 놀았다. 그 모습을 목격한 파친코 점의 여성 종업원이 있었다고 한다.

먼저 그 여성이다. 이미 오래 전에 아시카가를 떠난 모양이지만 직접 취재가 원칙이다. 여러 번 방문한 끝에 만날 수 있었다. 당시보다 약간 관록이 붙은 인상의 여성은 내 질문을 반추하면서 오랜 기억을 자아내듯 입을 열었다.

"공중제비라고 해야 할까요? 그걸 제게 보여줬어요. 바닥이 딱딱한 주차장에서……. 활발하고 귀여운 아이였어요."

동그란 얼굴에 단발머리인 마미는 오렌지색 운동복 상의에 빨간 치마, 빨간 샌들을 신고 있었다. 낯을 가리지도 않고 방긋 웃으며 여성에게 말을 걸었다고 한다. 아직 4세다. 한창 천진난만할 때다.

여성은 전날에도 가게에 왔었던 마미를 목격했다. 주차장에서 혼자 놀고 있는 모습이 신경 쓰여서 결국 주의를 줬다.

"모르는 아저씨를 따라가면 안 된다. 아이스크림이나 과자를 사준다고 해도 절대로 안 된다고 말했어요."

"괜찮아. 나는 안 따라가."

밝은 얼굴로 그렇게 대답했다고 한다.

사건 당일, 마미의 모습을 목격한 사람은 그 밖에도 있었다.

니혼 텔레비전 뉴스에 다른 여성의 인터뷰가 남아 있었다. 당시 파친코 점 주차장에는 상품 교환소가 설치되어 있었다. 그곳에서 근무했던 여성이다. 그 여성 말로는 마미는 전날 함께 놀았던 길고양이를 찾았었다고 한다. 취재 영상에는 마미가 찾았던 그 고양이 모습도 담겨 있었다. 앞발을 가지런히 모으고 앉아 있는 통통한 갈색 고양이였다. 마미는 그 고양이를 만나기는 했을까? 이런 생각을 하면서 이번에는 그 여성을 찾아 시내를 돌아다녔다. 하지만 유감스럽게도 여성은 이미 고인이 된 지 오래였다. 다시 한 번 세월의 흐름을 깨달았다.

교환소 옆에는 집이 한 채 있다. 그 주인에게 물어보자 사건 당일에 마미를 목격했다고 한다.

"우리 집은 시바 견 네 마리를 키웠거든요. 당시는 마침 새끼가 있었을 때라서 이따금 아이들이 보러 왔었습니다. 무심코 들어왔다가 물리기라도 하면 큰일이라서 주의를 주곤 했죠. 그 문 근처에 서 있었어요……."

주인은 지금도 남아 있는 현관을 가리키며 말했다.

그때를 기점으로 마미의 모습이 사라지고 만다.

시각은 18시 30분경. 아버지가 이상한 낌새를 챈 것은 19시 전후였다. 아버지는 딸 이름을 부르며 찾기 시작했다. 파친코 점내나 주차장, 길 건너 와타라세 강 제방도 찾아봤지만 보이지 않았다. 연락을 받고 어머니가 달려왔지만 아무리 찾아도 마미의 모습은 없었다. 결국 가장 가까운 도치기 현 아시카가 경찰서에 신고했다.

경찰의 움직임은 신속했다. 우쓰노미야에 있는 지방 경찰청에서 급파된 형사들이 속속 현장에 도착했다. 수사간부 중 한 명은 현장에서 아버지를 만나자마자 이렇게 다그쳤다.

"왜 아이를 파친코 점에 데려왔어!"

수사간부의 뇌리에는 6년 전 하세베 유미 사건, 12년 전 후쿠시마 마나 사건이 자리 잡고 있었을 것이다. 결국 세 번째 사건이 발생했다는 초조감도 있었을지도 모른다.

심야가 되어서도 마미의 안부는 알 수 없었다. 주택가, 공사 현장, 강변 등 수색은 계속되었지만 단서는 찾지 못한 채 날이 바뀐다.

이윽고 슬픈 현실과 맞닥뜨리게 된다.

오전 10시 지나서 기동대원이 강변 모래톱에서 마미의 싸늘한 주검을 발견한 것이다. 마미는 전라 상태로 갈대 속에 누워 있었다. 질식사였다. 범인은 이미 도주. 경찰은 납치살인사건으로 전환하여 아시카가 서에 수사본부를 설치한다.

미해결 사건 두 건을 안고 있는 아시카가 경찰서에서 다시 발생한 세 번째 난제.

비상사태였다.

현장 수색을 통해 마미의 옷가지가 강에서 발견된다. 치마, 운동복, 반팔 셔츠를 둥글게 뭉쳐서 강에 던진 것으로 보인다. 반팔 셔츠에는 범인의 것으로 보이는 정액과 체모, 그리고 타액도 남아 있었다. 이 중대한 물증을 통해 밝혀진 범인의 혈액형은 B형이었다.

지리에 밝고, 파친코 점에 출몰하는 혈액형 B형 남자. 소아성애자……. 그런 범인상을 그린 수사본부는 아시카가 시내에서 대규모 수색 작전을 개시한다.

하지만 수사는 금세 난항에 빠진다.

지역에서는 돌파구가 보이지 않는 연쇄사건에 아이를 가진 부모를 중심으로 재발을 우려하는 목소리가 커졌다. "무려 세 명이나 죽었는데 왜 범인을 잡지 못하는가?" 경찰에 대한 비판의 목소리는 차츰 커졌다. 수사가 난항을 빚은 데는 몇 가지 이유가 있었다. 먼저, 이 사건은 우발적 요소가 많다는 점이다. 원한이나 인간관계에 의한 범죄가 아닌데다 수법도 제한되어 있었다. 경찰이 용의자 리스트에 올려놓은 시민 또한 한둘이 아니었다.

시내 상점가를 취재할 때 나이 지긋한 점주가 목소리를 낮추고 말했다.

"당시에는 말이지, 형사가 열심히 탐문을 했다고. 한 건도 해결하지 못했기 때문에 필사적이었던 거지. 우리 가게에도 몇 번이고 와서는 새로 나온 담배라며 피워보라고 권하더라고. 그 담배를 피우면 말이지, 꽁초를 가지고 돌아가는 거야. 침으로 혈액형을 알아보려는 거지. 거절하면 의심을 사기 때문에 다들 순순히 응할 수밖에 없었어……."

혈액형이 B형인 것만으로도 의심을 받는 남성들은 견디기 힘들었을 것이다. 경찰에 대한 시민 감정도 악화 일로였다.

3연속 미해결 사건. 이 중대한 사태에 경찰청이 잠자코 있을 수는 없었다. 형사국의 야마모토 히로이치 수사 1과장이 수사본부를 방문한다. 이어서 형사국장이 현장 시찰을 하고 일선 수사간부를 격려한다. 사건 발생으로부터 세 달 후인 9월에는 야마모토 수사 1과장이 도치기 경찰 수사 본부장으로 발령을 받아 수사를 진두지휘하게 된다. 야마모토 씨는 그 미야자키 쓰토무 사건을 해결한 인물이었다. 당시 신문에 이런 말을 남겼다. "미래가 있는 어린이가 10년간 세 명이나 희생된 것은 이상하다고 할 수 있다. 경찰의 존망을 걸고 전력을 다해야 할 사건이라고 생각한다."(아사히신문 1990년 9월 6일)

경찰청이 관심을 갖고 있는 사건. 도치기의 미해결 사건 세 건에는 이제 경찰 전체의 위신이 걸리게 된다. 상급 관청인 경찰청의 의향은 지방경찰에게는 절대적이다. 현장에서는 강력한 압박감을 느꼈을 것이다.

나는 당시 수사에 참여한 간부나 형사를 찾아다녔다. 당시 수사관 중에는 도치기 지방 경찰청에서 파견된 사람이 많았기 때문에 취재는 지방청 소재지인 우쓰노미야 시 주변 등으로도 확대했다.

발생 직후부터 최전선에서 수사 지휘를 맡았던 간부의 집을 방문했다. 목조주택의 현관 벨을 누르자 초로의 남성이 얼굴을 내밀었다.

현관 앞에서 명함을 건네고 말을 꺼냈다.

"아시카가 사건 말인데요……."

"……다 잊었어. 왜 이제 와서?"

복역 중인 스가야 씨가 재심을 신청했기 때문이라고 설명했다.

남성은 이미 퇴직한 지 오래였다. 조속한 사건 해결을 요구받는 수사간부라는 힘든 위치에 있었던 그는 기분 나쁘다는 얼굴로 입을 열었다.

"형사가 된 후로 줄곧 큰 사건만 맡아왔지만 본청 놈들은 회의할 때마다 화만 내더군. 이 세 건은 모월 모시까지 해결하라고 혼냈기 때문에 잊지 못하지만."

경시청(도쿄를 관할 구역으로 하는 경찰 기관-옮긴이)은 미야자키 쓰토무를 체포했는데 도치기 경찰은 뭐하고 있냐고 질타당하는 등 도치기 경찰의 입장은 좋지 않았다고 한다.

스가야 씨에 관해서 물으니 체포에는 확신을 갖고 있었다.

"체포하기 전부터 이놈이 확실하다고 생각했지. 다들 세 건 모두 동일범의 짓이라고 생각했잖아?"

사건 당일, 현장 주변에서 스가야 씨가 목격되었냐고 물었다.

"없어. 아무리 찾아도. 안 그래도 엄청나게 탐문 수사를 했거든. 하지만 나오지 않았어. 왜 나오지 않았나 하면, 스가야는 키가 작아서 눈에 잘 띄지 않았던 게지."

다른 수사간부의 집도 방문했다.

"위에서는 어떡해서든 체포하라고 하는데 말이야 쉽지. 우리도 죽어라 했다고. 시내에 살고 있는 B형에 소아성애 의혹이 있는 남자. 과거 범죄 경력부터 시작해서 하나부터 열까지 샅샅이 찾고 또 찾았지. 몇 명인가가 용의선상에 올랐다 사라졌어. B형은 수두룩하다 보니 세세한 곳까지 확인을 거칠 수밖에 없었지. 하지만 다들 알리바이가 있어서 용의자는 차츰 사라지고…… 그 남자밖에 남지 않게 되었네. 그가 마지막 한 명이었어."

그것이 스가야 씨였다고 한다.

왜 그에게 주목했는지 물어보자 계기는 한 경찰의 탐문이었다고 했다.

"우수한 경찰이 있었는데 그가 냄새를 맡은 거야. 정말 대단했다고. 은신처를 뒤졌는데…… 그 안에 아동 포르노가 가득하더군."

주말에만 집에 들르는 수상한 남자. 그런 이야기를 들은 경사가 그 집을 찾았다. 스가야 씨는 경찰의 방문에 그들을 안으로 들였다. 그곳에는 텔레비전이나 비디오테이프리코더는 물론 대량의 성인 비디오테이프가 있었다고 한다.

'거동 수상자'. 그 경찰의 눈에는 그렇게 보였다. 바로 수사본부에 보고했다. 셋집은 갑자기 '은신처'로 변모한다. 임의 취조에 응한 스가야 씨의 혈액형은 B형이었다.

"그리고 어린아이에 대한 그거 있잖아. 그 남자, 유치원 운전기사였으니까."

유아들과 접촉하는 유치원 버스 운전기사. 스가야 씨의 직업도 바꿔 생각하면 의심스러울 수밖에 없었다고 한다. 이후 수사관들은 스가야 씨를 미행하기 시작한다.

"파친코 점에 들르기는 했지만 전조 징후 같은 것까지는 없었어. 어린 소녀에게 말을 건다든가 하는……."

전조 징후란 어린 소녀를 뒤쫓거나 말을 걸거나 하는 등의 행위다. 스가야 씨는 전과가 없었다. 경찰들은 미행을 하며 별건 체포 기회를 노렸지만 교통 위반 하나 없었다고 한다.

형사는 스가야 씨가 근무했던 유치원에까지 탐문 수사를 했다. 유치원 경영자는 스가야 씨가 유아 살해 용의선상에 올랐다는 사실을 듣고 놀라 스가야 씨를 해고한다. 일자리를 잃은 스가야 씨는 적금을 깨서 생활하게 된다.

수사는 벽에 막혔다. 하지만 '마지막 1인'을 포기할 수는 없었다. 수사관들은 새로운 단서를 찾아 어떤 수단을 사용했다. 스가야 씨가 버린 쓰레기를 조사한 것이다. 쓰레기 집하장에 버린 봉투를 수사관이 회수. 그 쓰레기가 체포의 계기가 된다.

사건 발생으로부터 1년 반 후인 1991년 12월 1일의 이른 아침.

세 명의 수사관이 스가야 씨의 셋집을 찾는다. 그리고 임의동행. 취조실에서 혹독한 취조가 시작된다.

스가야 씨는 혐의를 부인하지만 형사가 말한다.

"이제는 과학수사 시대거든."

형사가 수거한 쓰레기봉투 안에는 빈 커피 캔, 담배꽁초, 휴지 등이 들어 있었다. 거기서 스가야 씨의 타액을 입수한 경찰은 DNA형 감정을 실시한다. 그 결과, 현장에 남아 있던 범인의 정액과 DNA가 일치한다.

이미 이날 조간에 이 같은 사실이 크게 실린 상태였다.

'현장에 남겨진 증거와 용의자의 DNA 일치', '중요 참고인, 조만간 임의동행', '전직 운전기사, 오늘 바로 임의동행', '같은 시에 거주하는 전직 운전기사(45)'.

신문에 실린 이상 수사본부로서도 연행할 수밖에 없었다. 진범이라면 신문을 보고 도망칠지도 모르는 일이었다. 왜 일이 이렇게 되었는지 당시 수사간부가 쓴웃음을 지으며 내게 말했다.

"우리는 잠자코 있었거든. 아무에게도 말하지 말라고 했는데 조간 신문에 이미 실려버린 거야. 정보를 흘린 건 경찰청이었겠지."

도치기 경찰의 수사 기밀이 본청을 통해 누출되었다는 것이다.

아시카가 서 앞에는 방송이나 기사를 접한 수많은 시민이 운집해 체포를 기다렸다. 청사를 포위한 그 에너지는 2층 취조실에 있던 45세의 남성에게 향했다. 아직이냐. 연쇄 살인범은 아직 자백하지 않았느냐며.

형사의 거듭된 취조에 스가야 씨는 결국 마미 살해를 인정한다. 늦은 밤 체포 영장이 발부된다.

자백 내용은 이렇다.

파친코 점에서 19시경까지 놀다가 환전을 하기 위해 밖으로 나왔다. 주차장 환전소에서 환금 후, 자전거로 집으로 돌아가려 했을 때 주차장 구석에서 혼자 놀던 마미를 보았다. 가까이 다가가자 마미는 주차장 바닥에 앉아 그림 같은 것을 그리고 있었다. "자전거에 탈래?"라고 말하자 "응"이라고 대답했다. 그래서 자전거 뒤에 마미를 태웠다.

둘이서 와타라세 강 제방으로 향하는 언덕길을 올랐다. 제방 위에서 왼쪽으로 핸들을 꺾어 강변 쪽으로 내리막길을 내려갔다. 야구장 옆을 가로질러 강으로 향했고 T자로 길을 지나 막다른길에 도달했다. 그곳에 자전거를 세웠다.

그 후 마미의 손을 이끌고 갈대숲을 지나 강 쪽으로 향했다. 잠시 걷자 콘크리트로 다진 강기슭이 나왔다. 스가야 씨는 그곳에서 마미에게 나쁜 짓을 하고 싶어져서 소리를 지르지 못하게 목을 졸라서 살해. 시신을 모래톱 갈대숲 속에 숨겼다. 범행 후에는 자전거를 타고 도주. 도중에 슈퍼에서 장을 보고 집으로 돌아갔다.

자백과 물증.

이 두 가지 증거가 갖춰지면 유죄는 확정이다. 스가야 씨는 우쓰노미야 지방검찰청으로 송치되어 '살인, 외설 유괴' 등의 죄목으로 기소된다.

당연하게도 경찰은 아시카가 시에서 발생한 다른 두 건의 아동납치살해사건도 스가야 씨의 범행으로 간주하고 취조를 계속했다. 스가야 씨는 세 건 모두 자신의 범행이라고 자백한다.

체포로부터 21일째 신문에 크게 실렸다.

'두 건의 아동살해도 자백'(아사히신문 1991년 12월 22일), '마나, 유미 살해도 자백, 아동살해사건 전면 해결 기미'(시모쓰케신문 1991년 12월 22일).

니혼 텔레비전에도 당시 형사부장의 기자회견 영상 자료가 남아 있었다.

"12년에 걸친 아시카가 지역사회의 불안을 해소할 수 있게 되어 정말 다행입니다. 세 건째에 드디어 검거하게 된 것은 사건 해결에 대한 경찰의 집념이 있었기 때문입니다."

경찰에게는 큰 짐이었던 사건을 해결한 것이다. 스가야 씨를 찾아낸 경사 등이 경찰청장상을 수상한다. 그는 기자들의 취재에 이렇게 답했다. "복권에 당첨된 심정입니다. 지금까지 시민에게 안전벨트를 착용하라고 계도를 할라치면 마미 사건도 해결하지 못하면서 이런 거 할 시간이 있냐는 핀잔을 들어 괴로웠습니다."(아사히신문 1991년 12월 5일)

도치기 지방 경찰청의 야마모토 본부장은 해결에 공헌한 경찰관에게 본부장상을 수여한다.

1992년 2월 20일, 아시카가 서에 설치된 세 건의 수사본부가 해체된다. 한 간부가 기자회견장에서 자랑스럽게 말했다.

"세 건의 사건 모두 해결할 수 있었습니다. 아시카가 시민, 현민에게 감사의 말을 전하고 싶습니다. 이 힘들었던 13년간, 집념의 수사가 결실을 맺어서 감개무량합니다."

사건은 전면 해결되었다. 불안 속에서 살던 시민은 가슴을 쓸어내린다. 이윽고 재판에서 범행의 세부사항이 밝혀질 것이다. 어린 소녀를 무려 셋이나 살해한 범인은 사형을 받을 것이다.

그런데 그 후 '연쇄사건'은 의외의 결말을 맞이한다.

검찰은 마나 사건, 유미 사건의 두 건에 대해 혐의 부족으로 불기소 처분을 내린다.

어째서일까?

먼저 '물증'이 전혀 없었다. 그리고 중요한 '자백'도 애매할 뿐만 아니라 모순투성이였다. 당시 수사간부에게 그 점에 대해서 묻자 표정이 어두워졌다.

"기소는 어려웠어. 일단 우리들로서는 검찰에 송치하기는 했고,

그것으로 사건은 전면 해결이라고 생각했지. 하지만 증거가 말이지……. 사건 자체가 너무 오래된 데다 유죄를 입증하기가 쉽지 않았어."

방석에 앉아 팔짱을 끼고 유감스럽다는 듯이 그렇게 대답했다.

정말 그런 걸까? 사실은 진범이 활개 치게 놔둔 게 아니고?

나는 굳이 질문을 던졌다.

"범인은 스가야 씨 이외에는 생각할 수 없나요?"

그는 내 앞에서 손을 크게 저었다.

"없어 없어. 그래서는 수사가 되지 않지. 책임을 지고 검찰에 넘겼으니까. 체포해서 그 사람의 인권을 침해하는 일을 하는 거니까. 경찰로서 납득할 만한 증거를 모아서 절차에 따라서 송치한 거니까 절대로 그런 일은 있을 수 없어."

화낼지도 모른다는 생각을 하면서도 굳이 다시 물었다.

"그럼 지금까지도 세 건의 사건 모두가 스가야 씨의 범행이라고 믿고 계신가요?"

평온하던 표정이 한순간에 굳은 그가 두 눈을 크게 뜨고 큰소리로 대답했다.

"그야 당연하지!"

전직 수사간부는 스스로를 납득시키듯이 크게 고개를 끄덕였다.

베테랑 수사관의 신념이 엿보였다. 오랜 경험에서 나오는 그 말의 힘은 묵직해서 스가야 씨가 진범이라는 사실에 확신을 갖고 있다는 사실을 알 수 있었다.

그런 순간에서도 내 추론이 전혀 흔들리지 않았다고 한다면 거짓말일 것이다. 경력이나 목소리 크기에 진 것이 아니다. 그들의 수사 쪽이 우리보다 압도적으로 많은 물량과 시간 속에 이루어진 것이다. 그 내용 전부를 알지 못하는 이상 내 자신감은 흔들릴 수밖에 없었다.

'왜 흔들리는 거지?'

나는 자문했다.

'취재가 부족하기 때문이다.'

스가야 씨를 진범이라고 확정지은 프로의 수사에 의문을 제기하기 위해서는 그들을 뛰어넘는 취재를 하지 않으면 안 된다.

나는 전직 수사간부에게 인사를 하고 집을 나섰다.

진짜 범인은 스가야 씨 이외에는 생각할 수 없다는 그의 목소리가 귓가에 맴돌았다.

과연 그럴까?

내 뇌리에는 그 검은 표지의 자료철이 계속 맴돌았다.

3장

전달

7′	7′
6′8″	6′8″
6′6″	6′6″
6′4″	6′4″
6′2″	6′2″
6′	6′
5′8″	5′8″
5′6″	5′6″
5′4″	5′4″
5′2″	5′2″
5′	5′
4′8″	4′8″
4′6″	4′6″
4′4″	4′4″

사진 속의 둥근 얼굴의 소녀는 빨간 셔츠를 입고 빨간 모자를 쓰고 있었다. 운동회였을까? 약간은 긴장한 듯한 표정이다.

다른 한 장의 사진에서는 상대를 완전히 믿는 듯한 눈동자로 이쪽을 향하고 있다. 옆에 함께 찍힌 것은 잉어 연. 소녀는 신문지로 만든 투구를 쓰고 있다. 단오절에 찍은 것이리라. 이 사진이 찍힌 직후인 1990년 5월 12일, 이 동그랗고 귀여운 눈동자를 가진 소녀의 미래는 고작 4세의 나이로 완전히 끊기고 만다.

나는 사진에서 눈을 떼었다. 취재를 시작한 뒤 몇 번이고 그렇게 사진을 바라보았는지 모른다.

아무리 열심히 노력한들 결코 만날 수 없다. 접점은 사진뿐. 사건 취재는 항상 그렇다. 어떤 아이였을까? 어떤 목소리로 재잘댔을까? 어떤 놀이를 좋아했을까? 어떻게든 유가족을 취재하고 싶었지만 어디에 살고 있는지도 알 수 없었다.

현장에 뛰어든 지 한 달. 마미 사건을 취재하는 한편, 스가야 씨가 자백했으면서도 불기소 처분을 받은 두 건의 사건도 병행해서 취재했다. 세 건의 범행을 자백했는데 한 건밖에 기소되지 않은 것은 어째서인가? 왜 그런 결과가 벌어지고 만 것일까? 당시 수사관에게 물으니 "뭐, 스가야도 불쌍한 녀석이지. 세 건 모두 기소당하면 사형이니까……"라며 현관 앞에서 목소리를 낮춰 말할 뿐이다. 하지만 어린 소녀를 셋이나 살해한 것이 사실이라면 그 범인은 사형당해 마땅하지 않은가? 어째서인지 자신 없는 듯이도 들리는 수사관의 말에 위화감이 느껴진다.

최초 사건은 1979년에 발생한 후쿠시마 마나 사건이었다.

시내 신사에서 5세인 마나가 모습을 감춘다. 싸늘한 주검으로 발견된 것은 6일 후의 일이었다. 와타라세 강변을 탐색하던 기동대원이 갈대 사이에서 두툼한 낡은 배낭을 발견한다. 약간 열린 배낭 틈으로 아이의 발목이 보였다. 마나였다. 속옷 모습이었고, 별다른 외상은 없는 채 질식사라는 것이 판명되었다.

먼저 생전 마지막으로 목격되었던 야쿠모 신사를 찾았다. 경내에는 은행나무가 늘어서 있었다. 녹색으로 우거진 조용한 신사였지만 이곳이 연쇄사건의 발화점이다.

당시 마나의 집은 신사와 인접해 있었다. 사건으로부터 20여년이 지난 현재 이미 그 집은 철거되어 주차장으로 변해 있었다. 가족이 어디로 이사 갔는지는 알 수 없었다.

그렇다고 유족 취재를 하지 않을 수는 없다. 주변을 샅샅이 탐문하며 다녔다. 개도 열심히 돌아다니면 뼈다귀라도 건진다. 의지할 것은 아무것도 없지만 내게는 그 방법밖에 없었다. 기자라고 하면 뭔가 특별한 연줄이나 비법이 있을 거라고 생각할지도 모르지만, 유감스럽게도 내게 그런 것은 없었다. 마구잡이로 들이댄 근처 음식점 주인이 어디로 이사 갔는지는 모르지만, 마나의 친척이라면 이따금 밥을 먹으러 온다고 했다. 예상치 못한 곳에서 예상치 못한 정보를 만나는 것이 탐문이다. 그 사람의 근무지를 알아내서 간신히 만날 수 있었다.

친척은 "애 부모는 사건에 대해서는 더 이상 말하고 싶지 않을 거예요"라고 했지만, 부탁 끝에 간신히 마나 아버지와 연결되었다. 전화로 사정을 이야기한 끝에 직접 만날 수 있었다. 일이 원하는 대로 흘러가지 않을 거라는 것은 잘 알고 있다. 특히 이번 취재는 오래된 사건이기도 해서 쉽지 않은 일이었다. 그렇기 때문에 취재처에 도달하기 위해서는 세심한 주의가 필요했다.

마나의 아버지인 후쿠시마 마모루 씨는 마나의 마지막 모습을 똑똑히 기억하고 있었다.

1979년 8월 3일, 점심 무렵이었다. 점심식사를 위해 회사에서 집에 오토바이로 돌아온 마모루 씨는 야쿠모 신사 경내에서 혼자 담벼락에 기대 있던 마나를 보았다. 신사는 마나의 놀이터였다고 한다. 마나는 아버지 모습을 보고는 활짝 웃었다. 마모루 씨는 웃는 마나에게 말을 걸었다고 한다.

"마나, 밥 먹어야지. 그렇게 말하고 집으로 들어갔습니다. 그게 마지막이었죠. 마나는 방긋방긋 웃고 있었어요. 그때 같이 집으로 데리고 들어갔었다면……."

회한에 찬 목소리로 그렇게 말한다.

사건으로부터 13년이 흘렀을 때 경찰에게서 연락이 왔다.

"스가야라는 사람이 체포되고 얼마 후 마나 사건도 자백했다고 경찰서에서 연락이 왔습니다. '범인이 잡혀서 다행이네요'라고 초로의 형사가 말했습니다. 하지만 그 후 어떻게 되었는지는 전혀 알려주지 않더군요."

형사사건에서 충분이 있음직한 이야기였다. 유족이 외면당하는 케이스다.

아시카가 시에서 발생한 세 건의 사건에 관해서 어떻게 생각하는지 물어보았다.

"이 작은 도시에 어린 소녀에게 손을 대고 살인까지 저지른 인간이 여러 명 있을 리가 없습니다. 그 정도로 맛이 간 인간이 더 있을 리 없죠."

그렇게 대답하고는 깊은 한숨을 내쉰다.

마나의 모친은 이미 이 세상 사람이 아니었다.

수사에 사용하겠다며 경찰의 마나의 사진을 몇 장이나 가져갔다. 하지만 지금까지 돌려받지 못했다고 한다. 수중에 남은 얼마 안 되는 귀중한 사진을 보여주었는데 액자 속에서 약간 쓸쓸한 눈길로 이쪽을 바라보는 마나는 아버지인 마모루 씨를 참 많이 닮았다.

"웃는 얼굴이 귀엽고 활발한 아이였어요."

마모루 씨가 먼 곳을 바라보며 말했다.

마나 사건으로부터 5년 후인 1984년, 이번에는 5세인 하세베 유미가 모습을 감춘다. 현장은 가족의 손에 이끌려서 찾은 파친코 점. 17시 무렵까지는 가게 입구에서 놀던 유미를 어머니가 목격했지만, 그 후는 불명. 목격자도 없고, 아이 우는 소리조차도 들리지 않았다. 그리고 1년 4개월 후, 유미는 가게로부터 2킬로미터 떨어진 시내 밭에서 백골로 발견된다. 사인은 특정할 수 없었다.

유미 아버지는 현관 앞에서 내 명함을 보며 이렇게 말했다.

"이제 와서 뭘 듣고 싶은 건가요? 물론 사건을 잊은 적은 없습니다. 범인은 붙잡혔다고 경찰에게 들었습니다. 그들은 열심히 노력했다고 생각해요. 범인은 증오스럽지만 파친코 점에 데려간 우리를 지금도 책망하고 있습니다……."

시신이 발견된 밭주인은 유미를 애도하며 그 장소에 복숭아나무를 심었다. 매년 봄에 예쁜 핑크빛 꽃을 피운다고 한다.

취조 당시 마나와 유미 사건을 모두 자백한 스가야 씨였지만, 그 후 진술을 번복한다. 그리고 두 사건은 불기소된 채 재판조차도 열리지 않는다.

하지만 경찰 기자회견과 이후 보도는 사람들에게 강렬한 인상으로 남았다. 아시카가 시내에서 물어보면 대다수의 사람들은 세 건 모두 전면적으로 '해결'되었다고 믿고 있었다. 무엇보다 일부 유족조차도 그렇게 생각하고 있었다.

그렇다면 유일하게 기소된 마미 사건은 어떻게 되었을까?

우쓰노미야 지방법원에서 열린 1992년 2월 2일 첫 공판에서는 기소 내용을 인정한 스가야 씨였지만, 12월의 6차 공판에서 그때까지의 진술을 번복한다. "취조 시 형사가 무서워서 거짓 자백을 했습니다"라고 전면 부인에 나선다. 공판 중의 180도 태도 변화에 담당 변호사조차도 당황했다고 한다.

이 단계에서 자백과 물증이라는 호화 증거 세트 중 한쪽이 사라지게 되었지만, 일단 한 번 입에 담은 자백이나 진술 조서가 그리 쉽게 번복되지는 않는다. 오히려 변호사까지 스가야 씨의 부인에 의문을 품고 정상참작을 요청하고자 이듬해 1월 7차 공판에서는 다시 자백을 인정하는 스가야 씨의 자술서가 제출된다.

나는 애당초 이 '자술서'라는 '물체 X'가 너무나도 맘에 들지 않는다. "우리들이 그렇게 말을 하게 시킨 게 아니라, 스스로 말한 것이다. 이것은 그 증거다"라는 식으로 재판부가 생각하기 때문이다.

아니나 다를까 무죄를 주장하고 싶었을 터인 스가야 씨는 자술서를 제출했음에도 불구하고 6월의 10차 공판에서 다시 자백을 부인한다. 자백은 여러 차례 번복된 것이다.

그렇다고 해도 수사 관계자가 절대적이라고까지 입에 담은 물증인 DNA형 감정은 흔들림이 없는 채였다.

그렇다면 이 'DNA형 감정'이란 무엇일까?

고백하지만 이제 와서 생각하면 이때의 나는 전혀 이해하지 못했었다. 물체 X를 넘어 물체 Z급으로 정체를 알 수 없는 것이었다.

예를 들면 경찰이 "현장에 남은 범인의 혈액을 DNA 감정했더니 용의자와 일치했다"는 말을 들으면 그것은 용의자가 바로 범인이라는 이미지로 연결된다. 어느 틈엔가 'DNA 감정 일치=범인'이라는 방정식이 뇌리에 박혀 있어 대충 그런 거 아닐까 정도로 생각했었다.

하지만 그 인식에는 큰 문제가 있었다.

과학이나 의학 쪽에 해박한 사람에게는 당연한 일이겠지만, 오랫동안 사건기자를 해온 나조차도 잘못 알고 있을 정도였다.

방금 'DNA 감정'이라고 적었지만, 이 책 처음부터 나온 단어를 다시 한 번 주목해주길 바란다. 모두 'DNA형 감정'이다. 매번 굳이 '형'이라는 단어를 추가한 데는 의미가 있다. 당시 감정은 '혈액형'과 마찬가지로 '형型' 분류였다. 개인의 DNA를 그룹으로 나눠서 식별하는 것이었다.

그 '형'이 범인의 것과 같다면 범인일 가능성이 있다는 것이다. 하지만 같은 형을 가진 다른 사람도 있기 때문에 'DNA형 감정 일치 = 범인'이라고 단정할 수 없다. DNA형 감정은 수사의 결정적 수단으로 여겨지기 쉽지만, 사실은 그렇지 않다. 분명 DNA형은 혈액형과는 달리 형의 종류가 훨씬 많다. 하지만 감정 결과로 나타나는 것은 어디까지나 형이다. 반대로 형이 약간이라도 다른 경우에는 무죄를 나타내는 결정적 증거라고 말할 수 있다. 동일 그룹에조차 속해 있지 않은 다른 사람이기 때문이다.

하지만 "DNA가 거의 일치했다" 등으로 보도되는 일은 없다. 최종적으로는 완전 일치 아니면 불일치 둘 중 하나밖에 없기 때문이다.

그런 것조차 몰랐던 나는 학생 시절로 돌아간 기분으로 하나부터 다시 공부할 수밖에 없었다. 대학교수나 DNA형 감정 전문가, 그 방면에 해박한 변호사 등에게 물어보러 다니거나, 난해한 전문서를 살펴보거나 했는데, 일단 그런 것들을 기초로 아시카가 사건의 DNA형 감정에 대해 서술하도록 하겠다.

아시카가 사건의 DNA형 감정은 사건 발생 이듬해인 1991년에 실시되었다.

앞에서도 서술했지만 범인의 시료로 사용된 것은 피해자의 셔츠에 부착되어 있던 정액이다. 대조 시료는 스가야 씨가 버린 휴지에 부착되어 있던 정액.

경찰이 이 두 개의 시료를 경찰청 부속기관인 과학경찰연구소, 이른바 과경연에 감정을 의뢰한다.

아시카가 사건 수사에 맞춰 경찰청 형사국 야마모토 히로이치 씨가 도치기 지방 경찰청 수사 본부장으로 파견된다. 그는 '광역중요지정 117호'인 미야자키 쓰토무 사건에서도 DNA형 감정으로 피해자 여부를 확인했던 인물로 과경연의 DNA형 감정에 대한 신뢰가 두터웠다고 할 수 있다.

과경연이 아시카가 사건에서 실시한 DNA형 감정법은 'MCT118 판별법'이라는 것이었다.

이것은 과경연이 독자적으로 도입한 방법인데, 현재는 사용되지 않는다. 책을 통해 이해하려 했지만 구체적인 감정 방법에 이르면 전문적인 세계로 돌입하기 때문에 상당히 어렵다. 이공계통은 물론 여러 분야의 공부를 게을리해온 내게 정말 고행의 길이었지만, 어떻게든 참고 공부를 계속할 수밖에 없었다. 개요만이라도 설명하자면 다음과 같다.

인간 세포 속의 '핵'이라 불리는 작은 기관 내부에 있는 DNA. 부모에게서 물려받은 DNA는 염기鹽基 물질로 구성되어 있으며, 그 염기 배열은 사람에 따라 고유의 패턴을 가진다. 그 패턴이 반복되는 회수로 개인을 식별하는 기술이 DNA형 감정이다. 하지만 그런 마이크로 세계를 살펴보는 것은 일반적인 현미경으로는 무리다. 그래서 과경연은 DNA형을 확인하기 위해서 전기영동장치라는 것을 사용했다.

먼저 혈액이나 증거품에서 DNA를 추출한다. 그것만으로는 감정하기 위한 양이 부족하다. 그래서 PCR 증폭이라는 기술로 감정하고 싶은 DNA만을 증폭시킨다. 그렇게 해서 늘린 DNA를 스포이트로 폴리아크릴아미드겔, 통칭 '겔'에 흘려 넣는다.

겔에 전기를 흘리면 DNA는 그 특성 때문에 플러스극에 이끌려 겔 속을 천천히 이동한다. 이것을 전기영동이라고 한다. DNA가 전기에 이끌려 겔 속을 헤엄치는 것이다. 전기를 끊으면 영동도 멈춘다.

문제는 이제부터다. 감정하고 싶은 DNA로 전기영동을 하면 DNA 패턴의 반복 회수에 따라 나아가는 거리가 변한다. 큰 DNA일수록 움직임이 나쁘고, 작은 DNA일수록 멀리까지 이동한다. 다만 DNA에 색이 있거나 한 것은 아니라 전기영동을 한 것만으로는 눈에 보이지 않는다. 그래서 겔을 염색해서 자외선으로 비추면 DNA가 모여 있는 장소가 그제야 보인다. DNA가 모인 선 모양의 장소를 '밴드'라고 부른다. 이 밴드 위치의 차이에 따라서 DNA형을 판정하는 것이다.

과경연은 실험을 끝낸 겔을 사진으로 촬영해서 증거물로 삼았다.

과경연에 따르면 MCT118 판별법의 '형 종류'는 당시 '325가지'라고 한다. 그때까지의 혈액형 감정으로는 ABO식이나 루이스식 등의 조합을 통해 30명에 한 명 정도의 분류밖에 하지 못한 것에 비해서 분류 정밀도가 비약적으로 상승했다고 할 수 있다.

과경연 감정에 의해 범인과 스가야 씨는 '16-26'형으로 일치했다고 한다. 혈액형도 B형으로 일치. DNA형과 혈액형 조합을 통해 출현율이 '1천 명에 1.2명'으로 좁혀졌다.

그 감정 결과라는 사진을 보았다.

그것은 원본이 아니라 복사를 거듭한 것으로, 흐릿한 흑백사진이었다.

셔츠에서 발견된 범인의 DNA와 스가야 씨의 DNA를 동시에 영동시킨 것으로, 스가야 씨의 밴드는 비교적 확실하게 보이지만, 범인의 것은 상당히 흐릿하여 잘 알 수 없었다. 범인과 스가야 씨가 동일인물이라면 당연하게도 DNA가 같으니, 전기영동으로 나아가는 거리도 완전히 같아야 한다. 그것이 과경연의 논리였다. 하지만 아무리 사진을 뚫어지게 살펴보아도 위치 자체가 미묘하게 다른 것처럼 보인다. 그렇다고는 해도 어차피 아마추어의 안목이고, 전문가가

"이건 일치하는 겁니다"고 하면 그걸로 끝이다. 사진 상에 빨간 펜으로 표시되어 있는데 바로 '여기'라고 밴드 위치를 강조하기 위한 것이었다.

아무리 공부를 하든, 뚫어지게 바라보든 이런 사진 한 장으로 완전 일치인지 불일치인지 내가 알 수 있을 리가 없다. 힘들게 입수한 사진이었지만 일단 포기했다.

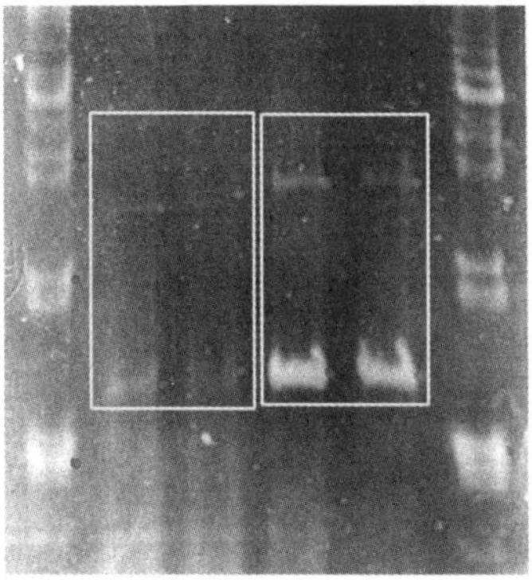

❖ 아시카가 사건의 DNA 사진
왼쪽이 범인, 오른쪽이 스가야 씨의 밴드
상부가 26형, 하부가 16형으로 판정되었다
좌우의 사다리 모양이 그 수치를 결정하는
123마커라고 불리는 척도

미제 사건의 범인을 특징지은 이 감정은 당시 엄청난 각광을 받았다. 스가야 씨가 체포된 다음 날 신문에는 이런 기사가 실렸다.

"'DNA 감정이 결정적'. 이번 마미 사건처럼 DNA 감정이 비장의 카드가 되어 용의자를 특정, 체포로 연결된 것은 일본 범죄사상 처음이라고 할 수 있다."(마이니치신문 1991년 12월 2일)

"'마이크로 수사 1년 반'. 극소량의 혈흔 등을 통해 유전자 레벨에서 개인을 식별하는 DNA 감정은 지문에 버금가는 수사 혁명이라고 할 정도로 획기적인 기술이다. 경찰청에서는 21세기 범죄수사의 중심이라고 평가, 전국 경찰에서 감정이 가능하도록 내년부터 기기 정비나 기술자 양성에 힘쓸 예정이다."(요미우리신문 1991년 12월 2일)

니혼 텔레비전에서도 아마 같은 뉴스가 흘러나왔을 것이다.

이 감정을 담당한 것은 과경연 법의제2연구실의 M실장, 주임연구관 S씨, 그리고 미국에서의 연구를 바탕으로 MCT118 판별법을 도입했다는 K기술관. 경찰은 신선한 이 수사 방법에 높은 평가를 내리고 언론 또한 절찬. 시대의 총아가 된 그들 세 명은 신문 인터뷰 기사에도 등장했다.

1993년 7월, 구보 마사토 판사는 스가야 씨에게 검찰의 구형대로 무기징역을 선고한다.

법원 또한 과경연 DNA형 감정에 대해서 "전문적인 지식과 기술 및 경험을 가진 자가 적절한 방법으로 DNA 감정을 시행했다"고 평하며, "MCT118형이 일치했다는 사실이 하나의 중요한 간접사실"이라고 높이 평가, 스가야 씨를 단죄했다. "본능이 이끄는 대로 저항할 힘조차 없는 어린 소녀를 살해하고, 소녀의 나체에 외설행위를 한 데다가 수풀에 유기한 피고인의 행위는 인간으로서 가장 부끄러운 것이자 그 책임을 엄격하게 물어야 한다. (중략) 남은 생애 동안 고작 4년 8개월 만에 이 세상을 떠난 마쓰다 마미의 명복을 빌면서 자신의 행위를 반성하는 것이 좋을 것이라 사료되어 무기징역형을 선고한다."

무죄를 주장하는 스가야 씨는 항소한다. 2심부터는 DNA형 감정에 해박한 사토 히로시 변호사가 변호를 담당, 변호인단이 결성되어 스가야 씨의 자백 신빙성을 놓고 법정에서 다툰다. 또한 개발된 지 얼마 되지 않은 과경연 DNA형 감정에는 문제가 있다며 증거 능력에 의문을 제기한다. 재판은 이 두 가지 무기로 무죄를 주장하는 변호인단과 반대로 DNA형 감정을 단단한 방패로 삼는 검찰과의 정면 승부가 된다.

하지만 2심에서도 스가야 씨의 무죄 주장은 무시된다.

1996년 5월, 도쿄 고등법원의 다카기 도시오 판사는 1심과 마찬가지로 DNA형 감정을 평가하며 항소를 기각한다. 1997년, 변호인단은 대법원에 "스가야 씨와 진범의 DNA형은 일치하지 않을 가능성이 있다. DNA형 재감정을 요청한다"고 상신한다.

2000년 7월 17일, 대법원은 이를 기각. "MCT118 DNA 판별법은 그 과학적 원리에 이론적 정확성이 있으며, 구체적인 실시 방법 또한 그 기술을 습득한 자에 의해서 과학적으로 신뢰할 수 있는 방법으로 시행되었다"고 판결문에 명시한다. 이 2000년 7월 17일의 대법원 판결은 이후 MCT118 감정의 판례가 된다. DNA형 감정이 아시카가 사건을 통해 일본에서 처음으로 증거 능력을 인정받은 것이다.

'DNA형 감정은 옳고 절대적이다.' 그런 신화가 이날 완성되었다.

스가야 씨는 무기징역이 확정되어 지바 교도소에 수감된다.

경위를 쭉 살펴본 나는 몇 가지 의문을 품게 되었다.

연쇄사건으로 판단해서 수사를 했을 텐데 해결할 수 있었던 것은 단 한 건. 스가야 씨는 살인사건을 세 건이나 저지른 것으로 의심받았지만 밝혀낸 물증은 'DNA형'뿐.

스가야 씨 연행 후, 현경은 그의 본가나 셋집을 가택수사했다. 당시 뉴스 영상을 보면 압수한 물품을 골판지 상자에 담아 나가는 것을 볼 수 있다. 골판지 상자 수가 상당했는데 그중에 물증은 없었던 건가?

한편 스가야 씨의 무죄를 믿고 지원을 계속하는 여성이 있었다.

아시카가 시에 사는 주부, 니시마키 이토코 씨다. 편지로 스가야 씨를 격려하고, 법정에서 무죄를 호소하게 한 사람이라고 한다. 직접 만나서 이야기를 들어보니, 니시마키 씨 자신도 예전에 유치원 버스 운전기사를 했던 적이 있어서 같은 일을 하는 스가야 씨가 사랑스런 아이를 죽였을 거라는 사실을 믿을 수 없었다. 그래서 구치소에 편지를 보내 면회를 신청했다고 한다.

"스가야 씨는 정말 온순한 사람입니다. 만나보면 알 수 있습니다. 남이 뭔가를 강하게 말하면 그에 맞추려는 사람이에요."

니시마키 씨는 그렇게 말하고 한숨을 내쉬었다.

모든 재판이 끝난 후, 압수한 스가야 씨의 물품은 반납되어 지금은 니시마키 씨가 빌린 도치기 현내의 창고에 잠들어 있다고 했다.

나는 그 압수물을 철저하게 조사하기 위해서 취재팀과 함께 창고로 향했다.

돌풍이 부는 가운데 이미 어두워진 창고 앞에 차를 세우고 촬영기기를 들고 2층으로 이어지는 계단을 올랐다.

우리의 목적지인 그 구석에는 오래된 골판지 상자 수십 개가 푸른 천에 덮여 있었다. 상자 겉에는 '마미 사건 No.○'이라고 당시 경찰이 붙인 것으로 보이는 빛바랜 종잇조각이 당장이라도 떨어질 것처럼 바람에 흔들리고 있었다. 골판지 상자에는 스가야 씨의 옷이나 바지, 운동화 등과 함께 VHS 비디오테이프가 꽉 들어차 있었다. 수사간부의 이야기가 머릿속에 떠올랐다.

"우수한 경찰이 있었는데 그가 냄새를 맡은 거야. 정말 대단했다고. 은신처를 뒤졌는데⋯⋯ 그 안에 아동 포르노가 가득하더군."

체포 직후 신문에는 이런 기사가 실렸다.

"'스가야 용의자 주말 은신처를 빌리다'. 이 주말 은신처에는 소녀가 나오는 성인 비디오나 포르노 잡지가 다수 있었으며, 스가야 용의자의 소아성애 취향을 충족시키기 위한 아지트였던 것으로 보인다.(요미우리신문 1991년 12월 2일)

경찰 측 정보로 작성한 기사일 것이다.

니시마키 씨에게 물어보니 당시 스가야 씨의 셋집에는 비디오테이프가 2천 개 넘게 있었다고 한다. 〈인디아나 존스〉, 〈남자는 괴로워〉, 〈자토이치〉 등 대중영화도 많았지만 경찰은 당연한 듯이 그런 것에는 눈길도 주지 않고 성인 비디오테이프 133개를 압수했다. 비디오테이프는 일일이 비닐 봉투에 넣고 증거품 번호도 부착했다. 시간이 멈춘 듯한 낡은 사진이 인쇄된 패키지. 반라의 성인 여성이 이쪽을 바라보고 미소를 짓고 있다. 기록을 겸해서 준코가 하나씩 읽고, 데즈카 카메라맨이 그 모습을 촬영했다. 〈거유 베스트 10〉, 〈E컵 전설〉, 〈가슴의 역습〉, 〈G컵 허리케인〉, 〈여동생은 젖소〉⋯⋯. 준코는 담담하게 읽어내려 갔지만, 이래서는 방송에 내보낼 수 없으므로 나는 소리 내어 읽지 않았으면 했다.

어쨌든 133개 모두 체크했지만, 모조리 글래머 여성의 비디오였다. 아동 포르노 같은 것은 단 하나도 없었다. 패키지에는 정가까지 찍혀 있어 쉽게 구할 수 있는 것들뿐이었다.

스가야 씨는 비디오 대여점에서도 비디오를 빌렸다고 한다. 그렇다면 그쪽도 조사해야 할 것이다. 뉴스 자료에 취재에 응했던 점포가 찍혀 있었다. 당시의 인기 아이돌 마쓰다 세이코를 따라한 헤어스타일의 귀엽게 생긴 점원이 뭔가 얘기하고 있었다.

압수품 상자의 내용물을 하나부터 열까지 모조리 기록한 후, 아시카가 시내를 차로 돌아다니자 금방 그 가게를 찾을 수 있었다. 그리고 놀랍게도 카운터 안에는 미소로 맞이하는 17년 전의 마쓰다 세이코가 있었다.

그녀는 현재 점장이었다.

"우리 가게를 자주 이용했기 때문에 똑똑히 기억하고 있습니다. 매주 금요일에 왔었어요."

사건 직후에 경찰 조사나 취재를 받았던 점장은 당시의 일을 자세히 기억하고 있었다. 스가야 씨가 자주 빌렸던 것은 성인 비디오와 조폭물이었다고 한다.

"성인 비디오는 글래머 비디오라고 해야 할까요, 아동 포르노물 같은 건 없었습니다. 경찰도 같은 질문을 했지만, 그런 건 전혀 없었어요. 조폭물도 내용은 권선징악 계열이었고요."

항상 미소 띤 얼굴로 원하는 걸 빌려서는 금방 떠나는 손님이었다고 한다.

소아성애자인지 아닌지는 범인을 특징짓는 중요한 요소였을 터다.

당시 수사간부에게 그 질문을 던져보았다.

현관 앞에서 "스가야는 정말로 소아성애자였나요?"라고 묻자, 전직 간부는 자신만만하게 입을 열었다. "가택수사에서도 증거물이 여럿 나왔거든. 아동 포르노라든가……."

수사 지휘를 맡았던 간부는 압수된 비디오가 아동 포르노라고 굳게 믿고 있었다. 경찰의 이런 단정이 언론에 그대로 흘러들어간 건가? 의혹을 느끼면서 "우리들도 조사해보았지만 아동 포르노는 단 하나도 없었습니다"고 전하자, 굳은 표정으로 이번에는 특별히 증거도 제시하지 못한 채 "소아성애자였어"라고 단호하게 말했다. 거듭 그렇게 생각하는 이유를 묻자 전직 간부는 결국 귀찮다는 듯이 내 얼굴을 빤히 보며 이렇게 말했다.

"그야 죽인 상대는 다 유치원생이었잖아. 셋 모두 어린 소녀였으니까 소아성애자가 확실해."

나는 그 대답에 잠시 할 말을 잃었다. 근거와 결론이 완전히 뒤바뀌었기 때문이다.

와타라세 강변도 몇 번을 찾아갔다. 모래톱의 모래를 밟으며 갈대를 헤치고 나아간다. 아무리 배회한들 그 무엇도 떨어져 있지 않다. 그런 것은 잘 알고 있다. 하지만 현장에서만 얻을 수 있는 아이디어가 있다. 스가야 씨가 살해 장소라고 자백한 콘크리트로 다진 강기슭은 이제는 돌들이 쌓여 매몰된 지 오래였다. 진실을 흘려보내 듯이 강은 종횡무진 그 모습을 바꾸면서 꿈틀거리고 있었다.

'현장'이 어디인지 알 수 없다는 것은 생리적으로 도저히 용납할 수 없었다.

때문에 정확한 검증을 위해 측량하기로 했다. 바보 같은 짓이라는 말은 하지 말았으면 한다. 내게는 중요한 일이다. 단서로서는 경찰이 법원에 제출한 현장 검증 조서 도면이 있었다. 다만 현장은 너무 넓어서 줄자 같은 것으로는 어떻게 할 수가 없었다. 그래서 도쿄에서 디지털 측량기를 빌려서는 그 무거운 기기를 짊어지고 모래톱으로 향했다.

반사용 프리즘과 무전기를 든 스태프가 현장 상류의 다나카 교나 제방에 서서는 1포인트씩 측량을 반복한다. 측량기는 버튼 하나로 500미터까지의 거리를 수 센티미터 단위로 정확하게 측량할 수 있다. 지금까지 금속 탐지기나 기중기, 방탄조끼에 가스마스크 등은 사용한 적이 있지만, 측량기는 이번이 처음이었다.

결국 네 시간 정도 만에 시신 유기 현장을 특징지을 수 있었다.

그 장소에서 삼각대에 올린 측량기로 강 건너편을 향해보았다. 280미터라는 수치가 표시된다. 눈금이 달린 스코프에 비친 그 앞은 강변 중앙에 있는 작은 밭이다. 마미 사건 11년 전에 후쿠시마 마나의 시신이 발견된 장소다.

두 현장의 상류에 놓인 다나카 교 위에 서 보니 더 잘 알 수 있었다.

군마 현에서 흘러들어오는 강 수면이 빛나고, 한 마리의 백로가 날개를 펼치고 활공한다. 너무나도 평화로운 강의 우안과 좌안. 그 대칭적인 위치에 두 소녀의 시신이 마주보듯이 유기되었다.

마치 악마의 의식과도 같은 그 행위에 나는 강한 혐오감을 느꼈다.

망막에 각인될 듯한 꺼림칙한 광경을 떨쳐내듯이 나는 작업을 계속했다. 마미 유기 현장을 나타내는 표식으로 나무 말뚝을 박았다. 처음에는 쓸모없이 보였던 작업이었지만 약간의 결과는 있었다. 그 말뚝에 대고 합장을 할 수 있게 되었다.

나는 주머니에서 작은 고양이 장난감을 꺼내 말뚝 아래에 놓았다.

앞발을 가지런히 모은 고양이가 나를 올려보았다.

❖ 다나카 교에서 바라본 와타라세 강의 우안과 좌안

어느 날 밤, 나는 혼자서 모래톱에 서 있었다. 반달이 뜬 어슴푸레한 밤이었다. 초목에 달빛이 가려져 발 언저리가 잘 보이지 않았다. 시간이 지남에 따라 다소 눈이 익숙해지기는 했지만 돌부리에 걸리거나 미끄러지면서도 간신히 말뚝에 도착한 나는 갈대가 바람에 흔들리는 소리를 조용히 들었다.

이런 곳에서 생을 끝낸 소녀가 있었다. 그것도 아직 4세라는 나이로.

이 사실을 생각할 때마다 나는 몇 번이라도 현장에 와야 한다는 의지를 다지게 된다. 감상에 젖기 위해서가 아니다. 뭔가 놓친 것은 없는지 그런 생각이 들기 때문이다. 사건은 밤에 일어났다. 그렇다면 현장 취재도 밤이다. 자백과 상황은 정말 일치하는 것일까? 몇 번이고 몇 번이고 반복해서 생각한다. 상상은 사실에 미치지 못한다. 하지만 할 수 있는 일은 현장에 계속 오는 것과 계속 생각하는 것뿐이다. 그렇게 해서 누구보다도 한 걸음이라도 '진실'에 가까이 다다갈 수밖에 없다.

자랑을 할 생각은 전혀 없다. 수많은 실패를 거듭해온 나다. 그저 우직하게 하는 것 외에 다른 방법은 없었다. 권력도 없고, 돈도 없고, 그저 언론계 끝자락에서 밥을 먹고 있을 뿐인 중년남이 할 수 있는 일은 그리 많지 않다.

결국 그때 내가 할 수 있었던 것도 발아래 풀에서 우는 벌레소리를 들으며 칠흑 같은 어둠 속에서 말뚝에 대고 합장하는 것 정도였다.

그날 밤이었다.

아시카가 호텔에 숙박한 나는 피로 때문인지 바로 잠에 들었다.

그런데 갑자기 눈이 떠졌다. 하지만 몸이 움직이지 않는다. 어깨와 발이 침대에 딱 달라붙은 채 몸이 전혀 움직여지지 않았다. 고개도 가눌 수 없었다. 이게 가위에 눌린다는 것인가? 어째서인지 또렷한 의식 속에서 나는 문득 느끼고 말았다.

침대 주변에서 기척이 느껴진다.

몇 명인가의…… 아이들이다.

여자아이들이다.

웃음소리가 들린다.

아이들이 침대 주위에서 폴짝폴짝 뛰고 있다.

기묘한 상황임에도 불구하고 이상하게도 나는 전혀 무섭지 않아서 침대에 누운 채 아이들의 기척을 즐겁다고 느꼈다.

한 소녀의 목소리가 들린 것은 바로 그때였다.

"자, 여기."

나는 소녀에게서 무언가를 건네받았다. 꼼짝도 못했던 내가 어째서인지 침대 가장자리에 걸터앉아 양철로 된 상자를 받아 들었다.

"상자를 열어봐."

내 손바닥에 작은 캔을 올린 동그란 얼굴의 소녀가 나를 올려다보며 조르듯이 그렇게 말했다.

그것은 사탕이나 쿠키라도 든 것 같은 귀여운 캔이었다. 자세히 보니 집 모양이었다. 경사진 지붕이 뚜껑처럼 되어 있었다. 전체는 금색으로, 형형색색의 기와나 문, 창문 등이 그려져 있었다.

졸라대는 소녀의 목소리를 들으면서 나는 뚜껑을 열려고 했다. 하지만 뚜껑 주위는 투명한 테이프로 둘러싸여 있었다. 자세히 살펴보자 캔 일부는 녹슬어 있었다.

나는 간신히 그 테이프 끝자락을 찾아 천천히 벗겼다. 테이프는 의외로 부드러워 내가 벗기는 힘에 살짝 늘어나면서도 조금씩 캔에서 떨어지기 시작했다. 그리고 나는 손톱을 사용해 그 뚜껑을 살짝 열었다…….

그 장면에서 눈을 떴다.

내가 있는 곳은 호텔 방으로, 옆을 돌아보니 작은 테이블 위로 아침 해가 비치고 있었다. 비틀비틀 일어나서 커튼을 펼치니 눈 아래 와타라세 강이 빛나고 있었다. 변함없는 일상 풍경이 거기 있었다.

나는 창 앞에 선 채로 땀이 밴 손바닥을 물끄러미 바라보았다. 그 캔 감촉이 아직도 남아 있었다. 서늘하며 약간 거친 양철 감촉. 조금씩 벗겨지는 테이프의 리얼한 감촉.

"상자를 열어봐."

어린 소녀의 목소리가 귓가에 되살아난다. 그 아이는 분명 내게 그렇게 말했다.

4장

결단

7′
6′8″
6′6″
6′4″
6′2″
6′
5′8″
5′6″
5′4″
5′2″
5′
4′8″
4′6″
4′4″

'소녀들에게서 상자를 받은 꿈이 내 등을 밀어주었다' 같은 어설픈 소리를 할 생각은 없다. 그 꿈은 내게 꽤 큰 충격을 안겼다.

꿈을 꾼 날, 취재용 차량 안에서 준코나 데즈카 카메라맨, 나카바야시 운전기사에게 그 이야기를 했을 때도 충격이 다 가시지는 않았다. 그게 진짜예요? 물론이지. 말도 안 돼. 무섭지 않았어요? 이런 이야기를 주고받으면서도 실제로 내 마음은 차갑게 가라앉는 듯했다.

솔직하게 말하면 내가 이 사건 취재를 시작한 것은 스가야 씨가 무죄일 가능성이 상당히 높다고 판단했기 때문이다. 전직 수사간부 등 경찰 관계자를 만나면 이따금 그 판단이 흔들릴 때는 있어도 내 추론이 완전히 파탄되어 있다고는 생각되지 않았다. 오히려 취재를 진행할수록 내 확신은 더욱 확고해졌다.

나는 아시카가 사건에 빠져 들어가고 있었다.

하지만 꿈에 나타난 것은 어린 소녀들이었다. 그중 한 명에게서 상자를 건네받았을 때 나는 뭔가를 잊고 있었다는 사실을 깨달았다. 내가 쫓아야 할 것은 '북관동 연쇄 아동납치살인사건'이지 아시카가 사건이 아니었다.

무엇을 위한 취재인가?

진범이 활개 치게 놔두지 않기 위해서가 아닌가. 진범을 밝혀내기 위해서가 아닌가.

그 양철 집 안에 있는 것은 스가야 씨일 리가 없다. 내게 필요했던 것은 진범을 찾아내겠다는 각오. 요컨대 양철 집 뚜껑을 열 결단을 내리는 것이었다. 마치 아이들이 그 사실을 알리기 위해서 꿈에 나타난 것만 같았다.

그러기 위해서는 반드시 필요한 전제조건이 있다. 먼저 스가야 씨를 이 사건에서 배제시켜야만 했다.

북관동 연쇄 아동납치살인사건 해결을 위해서 옥중에 있는 스가야 씨의 존재는 불필요했다. 사태만 성가셔질 뿐이다. 그가 유죄 선고를 받았기 때문에 다른 네 건까지도 방치되는 사태에 이르렀다. 그의 무죄가 증명되지 않는 한 수사기관은 진범을 찾으려 하지 않을 것이다.

이를 수정하려면 먼저 스가야 씨의 무죄를 증명하는 수밖에 없다. 혹은 소녀들이 꿈에서 재촉했듯이 수사기관보다 먼저 진범에 도달하는 수밖에 없다.

'아무렴 어때. 둘 다 하면 되지.'

나는 취재 차량 안에서 그런 생각을 했다.

❖ 와타라세 강변 공원

스가야 씨의 자백을 철저하게 검증하는 방법이라면 몇 갠가 생각해두었다.

우선은 현장 검증이다.

아시카가 사건이 발생한 1990년 5월 12일의 일몰 시간은 18시 36분이다. 동 시간대에 실험을 한다. 리얼하고 가능한 충실하게. 마미를 짐칸에 태웠다는 스가야 씨의 자전거는 압수된 물품과 함께 경찰에게서 반납 받아 지지자인 니시마키 이토코 씨가 보관하고 있었기 때문에 그것을 빌렸다.

푸른 차체의 미니 자전거. 작은 타이어에 흰 안장과 쌍 라이트. 지금은 좀처럼 볼 수 없는 오래된 디자인이다. 녹은 슬고, 타이어 바람은 빠지고, 라이트에 불도 들어오지 않아서 일단 수리부터 했다.

운전하는 것은 스기모토 준코. 신장 155센티미터, 체중 45킬로그램이다. 그녀의 체중을 공표한 것은 취재상 중요 포인트이기 때문이다. 이 체형은 우연히도 스가야 씨와 완전 동일했다. 그리고 자전거 짐칸에는 마미의 체중과 같은 18킬로그램 무게의 추를 준비해서 고무 밴드로 감아놓았다.

스가야 씨가 마미에게 말을 걸었을 것으로 추정되는 19시 00분, 준코가 목에 건 스톱워치를 누르는 것과 동시에 어둑어둑해진 파친코 점 주차장을 출발했다. 카메라가 그 뒤를 쫓는다.

진술대로 제방으로 올라가는 언덕길을 열심히 페달을 밟으며 올라간다. 준코가 뭔가를 외친다. 듣자니 언덕길에서는 무게 추 때문에 앞바퀴가 뜬다고 한다. 그 때문에 핸들이 맘대로 조종되지 않아 상당히 무서운 모양이다. 이런 사실은 직접 실험해보지 않으면 모르는 사실이다. 같은 자전거로 같은 중량 분배, 같은 장소를 달린 결과라면 중요하다.

제방 위에서 유턴하자 이번에는 강변으로 내려가는 내리막길이다. 스가야 씨는 여기서 브레이크를 잡았다고 진술했다. 수사본부는 그것을 '비밀 폭로(범인밖에 모르는 사실)'라고 했지만, 여기는 상당한 급경사다. 누구든 브레이크를 잡을 테니 당연한 추측에 불과했다. 비밀 폭로는 오히려 '미니 자전거로 언덕길을 오르면 앞바퀴가 뜬다' 쪽일 것이다.

강변 야구장의 백네트 뒤를 오른쪽으로 꺾어져 강을 향해 간다. 우리는 달빛 아래 자전거를 뒤쫓았다. 준코는 막다른 T자로에서 자전거에서 내려 받침대로 받쳤다.

스가야 씨는 이 앞의 갈대 속을 마미의 손을 잡고 걸었다고 했다. 그리고 콘크리트로 다진 강기슭 위에서 살해하고 시신을 유기했다고 자백했다.

준코는 살해 현장에서 유기 현장까지 18킬로그램의 추를 안아 날랐다. 돌을 밟거나 풀에 걸려 넘어지기까지 했다. 무거운 카메라를 짊어지고 뒷걸음치며 촬영하는 데즈카 카메라맨도 악전고투다. 현장 위치를 확인하기 위해 박은 나무 말뚝에는 밤에도 잘 알아볼 수 있게 붉게 점멸하는 소형 라이트를 미리 부착해두었다. 하지만 수풀이 우거진 상황에서는 발견하기 쉽지 않았다. 간신히 말뚝에 도착한 준코는 진술서에 적힌 시간대로 움직이기 위해 어둠 속을 열심히 걸어서 자전거가 있는 곳에 도착했다. 이미 몸은 휘청거렸다.

이후 스가야 씨는 슈퍼마켓에 들러 물건을 사서 셋집으로 향한다. 슈퍼마켓 폐점은 20시. 물건을 사는데 15분 정도 걸렸다고 진술했으니 역산해서 19시 45분까지는 슈퍼마켓에 도착해야 한다. 준코는 밤길을 자전거로 열심히 달려 다나카 교를 통해 와타라세 강을 건너고 시내를 가로질러 간신히 그 시간에 슈퍼마켓에 도착했다.

슈퍼마켓의 밝은 전등 아래서 본 우리들의 옷소매나 바지에는 이파리들이 엄청 달라붙어 있었고 신발은 흙으로 더러워져 있었다. 진술한 대로 행동했다면 스가야 씨도 같은 모습이었을 것이다.

스톱워치를 통해 소요 시간을 계산했다.

결과, 마미를 만난 후 시신을 유기할 때까지 시간은 30분 정도밖에 없다는 사실을 알게 되었다. 유괴하여 모래톱까지 이동한 뒤 살해. 몹쓸 짓을 하고 시신을 유기한 뒤, 의복을 강에 던진다……. 불가능하다고까지는 말할 수 없지만 상당히 빡빡한 스케줄임은 틀림없다.

이런 조사도 해보았다.

니혼 텔레비전 특별 프로그램 스태프 룸. 창이 없는 그 방에 기묘한 목소리가 울려 퍼진다. "생선, 생선, 생선……." 슈퍼마켓에서 흘러나오는 안내 방송 같은 것이 아니다. "정육, 채소……." 폭 5센티미터 정도의 롤 페이퍼를 손에 들고 그 안에 적힌 내용을 읽는 것이다.

날짜는 1990년 5월 12일, 사건 당일이다. 스가야 씨의 자백 후 경찰은 이 영수증을 들고 스가야 씨의 쇼핑 유무를 조사했다. 그 후 스가야 씨의 변호인단도 이 영수증을 검증했다. 우리도 자신의 눈으로 검증해야만 한다. 귀찮기는 하지만 그것이 바로 취재라는 것이다.

당시 슈퍼마켓에는 금전 등록기가 세 대 있었다.

하루치 영수증 롤은 합계 수십 개에 이른다. 그 하나하나를 모조리 펼쳐서 시간과 내용을 확인했다. 범행 후, 신발은 흙투성이에 옷에는 나뭇가지나 이파리 등을 붙인 채 슈퍼마켓에 온 스가야 씨가 산 것은 주먹밥과 민스 커틀릿, 캔커피. 스가야 씨는 조서에 "캔커피는 분명 190그램짜리로, 한 개의 가격이 95엔 정도였을 겁니다. 주먹밥은 랩으로 싼 것으로, 한 개 가격은 100엔 정도였다고 생각합니다"라고 진술했다.

그것과 동일한 숫자를 눈으로 쫓지만, 해당하는 시간대에 1천 엔 전후의 쇼핑 기록은 여섯 건뿐. 그중에서 자백과 일치하는 기록을 찾았지만, 없었다. '있다'는 결론을 끌어내기 위해서는 그것을 찾아내면 되지만, '없다'고 단정내리기 위해서는 모든 것을 확실하게 체크해야만 했다. 결국 스가야 씨의 진술에 부합하는 영수증은 발견되지 않았다.

경찰도 스가야 씨의 이 진술은 검증하지 못했다.

애당초 방금 살인을 저지른 사내가 굳이 무리해서 폐점 직전의 가게에 뛰어들어서, 굳이 15분이나 시간을 들여 주먹밥이나 민스 커틀릿을 살 필요가 있을까? 변호인단도 영수증 검증 끝에 15시 2분이라면 이에 거의 부합하는 쇼핑 기록이 있다고 지적했다. 진술에서 도출된 시간대보다 다섯 시간 정도 이르지만, 실제 쇼핑은 이 시간대가 아니었겠냐며 그것을 무죄를 주장하는 증거로 제출했다. 하지만 항소심 재판부는 "(피고인의) 자백은 상당히 애매하고 (중략) 당시 무엇을 샀는지 특징짓는 것은 곤란해서 증거 가치는 없다"며 일축했다.

형사사건의 판결은 유죄나 무죄 둘 중 하나밖에 없다. 이 경우, 유죄를 선고하는데 방해가 되는 것은 어떤 이유로 배척되었다고 할 수 있다. 하지만 자세히 읽어보면 이 판결문에 피고인의 "자백은 상당히 애매하고"라고 적혀 있지 않은가. '살인 자백'은 정확하지만, 쇼핑한 물건에 관해서는 애매한 모양이다. 어째서인지 한쪽의 형편에 맞게 구분되어 있다는 듯이 생각되는 것은 내 착각일까?

아차차. 예단해서는 안 된다.

그렇게 생각하기는 하지만 이런 의문도 생겨난다.

아시카가 사건의 방대한 조서 속에 신기한 그림이 있었다. 스가야 씨가 그린 것이다. 처음에는 짚신벌레인가 했는데 '신발'인 모양이다. 더구나 한 장은 신발 밑창 부분이다. 밑창 모양이 물결처럼 그려져 있다. 신발 앞부분에는 작은 공기구멍이 있고, 색은 흰색과 파랑. 일러스트 옆에는 스가야 씨의 것으로 보이는 글자로 설명이 적혀 있다.

1989년에 동네 가게에서 구입한 것.

마미를 죽였을 때 내가 신었던 운동화.

머릿속 어딘가에서 무언가가 반짝인다. 예의 자술서 같은 것일까? 족적 증거라는 것일까? 그런데 왜 일러스트인 거지?

다른 조서와 비교해보자 흥미 깊은 사실을 알 수 있었다. 그것은 경찰이 사건 발생 직후에 작성한 시신 발견 현장 도면이다. 그곳에는 (1)~(9)까지 번호가 적혀 있었다. 시신 머리 부분에 (1), (2). 그리고 의류가 발견된 강변에 (3)과 (4). 번호는 모래톱 위로 점점이 계속되어 있다.

이것은 족적 번호가 아닐까?

사건 직후에 니혼 텔레비전이 촬영한 뉴스 영상에는 감식반이 현장에서 석고를 부어 족적을 채취하는 장면이 찍혀 있었다. 공원 공중그네 근처에 놓여 있는 검은 사각 패널의 숫자는 (25)부터 시작해서 (50)번대까지 있었다. 경찰은 방대한 수의 족적을 채취했을 것이다. 다만 실제 조서에 남아 있는 것은 (1)~(9)뿐이다.

시신 발견 장소는 갈대 속이다. 평소에는 사람이 거의 들어가지 않는 장소다. 그렇다면 범인의 족적을 채취했을 가능성이 있다. 선명한 족적을 채취했다면 신발도 특정지을 수 있지 않았을까? 경찰은 유통 루트를 수사했을 테니, 일러스트의 비밀을 풀기 위해서 우리들도 신발을 뒤쫓아 보기로 했다.

시내 신발가게를 돌아다니며 당시 상황을 취재해보았다.

"형사 둘이서 신발 밑창 같은 것을 들고 와서 이런 신발을 판 적이 있냐고 묻더군요."

이런 증언이 나왔다. 다른 가게에서는 "경찰은 신발 메이커를 알고 있었어요. 어떤 신발인지 알고 있었습니다. 우리 가게에는 없었지만 마트에서 아마 1980엔 정도에 파는 상품이었어요. 사진도 갖고 있더군요"라는 증언도 나왔다.

나는 이 신발 밑창 일러스트의 비밀을 당시 수사간부에게 물어보았다.

"현장에서 족적이 나왔죠?"

나는 상대의 얼굴을 빤히 바라보았다. 대답이 나올 때까지 시간이 좀 걸렸다.

"글쎄, 족적은 없었던 것 같은데……."

"몇 갠가 나오지 않았던가요?"

"전혀 없었어. 장소가 콘크리트인 곳도 있었고."

나는 현장인 모래톱 이야기를 하고 있건만 말을 돌리려는 의도가 빤히 보였다.

"거기 말고 시신 발견 현장 말예요. 현장 도면에 (1)~(9)까지 족적이 표기되어 있던데요."

"그건…… 족적만…… 떴다는 게 되겠지."

그렇게 대답하더니 눈길을 피한다.

이 상황은 한 걸음도 물러설 수 없는 장면이다. 그렇다면 직구를 던져보자.

"결국, 스가야 씨의 신발과는 일치하지 않았던 거군요?"

"……."

"범인의 신발이라고 확신했죠? 사진을 들고 시내 신발가게를 샅샅이 돌아다녔으니까요."

"……음, 확신했었네."

아무래도 근본은 솔직한 사람인 모양이다.

"스가야 씨는 그 신발을 갖고 있었나요?"

"글쎄……. 기억이 잘……."

갑자기 말을 흐린다.

같은 신발을 스가야 씨가 신었더라면 그것은 핵심 증거가 되었을 것이다. 밑창의 닳은 부분 등을 통해 완전 일치를 증명할 가능성도 있다.

하지만 그 신발은 가택수사에서 발견되지 않았다. 경찰이 압수한 상자 속을 샅샅이 뒤진 나는 거기 있던 신발이 일러스트와 일치하지 않는다는 사실을 알고 있다.

애당초 말이 안 되는 이야기다. 신발 겉 디자인을 그리라면 모를까 갑자기 신발 밑창을 그리라고 하면 기억력이 특별히 뛰어난 사람을 제외하고는 실물을 보지 않고 그리는 것은 무리다. 예를 들어 내 신발 밑창은 비브람솔인데, 등산용 특수 밑창이다. 어떤 밑창인지 알고 있는 나도 내 신발 밑창을 그리라고 하면 전혀 그릴 수 없다. 혹시 어떤 자료를 보여주고 스가야 씨에게 그리게 한 것은 아닐까? 나는 그렇게 의심하지 않을 수 없었다.

취재는 가능한 한 마지막까지 계속한다. 취재가 부족하면 내 자신이 흔들린다. 모르는 사실이 있다는 것은 공포다. 불안한 점이 있으면 제대로 보도를 할 수 없다.

재현 실험 다음에는 목격 증언의 수수께끼를 검증하기로 했다. 재판 기록에는 직접적인 목격 증언이 없다. 사건 당일은 토요일로, 파친코 점도 손님으로 북적였다고 하고, 저녁 무렵의 와타라세 강변에는 사람들도 꽤 있었을 것이다. 그런데 이 사건에 목격자가 전무하다는 것이 나는 이해되지 않았다. 수사팀은 주변 도로, 주차장, 개인 주택 등 탐문을 계속했지만, 당시 스가야 씨를 목격한 사람은 나오지 않았다. 경찰의 전직 간부는 "키가 작아서 눈에 잘 띄지 않았던 게지"라는 식으로 얼버무렸다.

같은 토요일 저녁 무렵, 제방을 따라 나 있는 도로에 서 보았다. 교통량이 꽤 많았다. 끊이지 않는 차량 행렬 탓에 도로를 횡단하기가 쉽지 않았다. 니시마키 이토코 씨의 이야기로는 현재는 강 하류에도 다리가 있지만 사건 당시는 상류의 다나카 교밖에 없었기 때문에 이 도로는 교통 체증이 자주 발생했다고 한다. 차량 행렬은 파친코 점 앞까지 늘어서 있을 때가 많았다고 한다.

마침 그 장소에서 검문을 하는 장면이 찍힌 뉴스 영상이 있었다.

미니 자전거 페달을 비척거리며 밟는 중년남과 짐칸에 타서 남자의 카디건 소매를 잡고 있는 빨간 치마를 입은 어린 소녀. 이런 특징이 있는 두 사람이 교통 체증이 있는 도로를 횡단했다면 분명 목격자가 있었을 거라는 생각이 들지만 결국 목격자는 나오지 않았다.

2심 판결문은 목격자 부재에 대해, "범행 당일 상황으로 보건대 확실한 목격자가 나오지 않더라도 의심스럽지 않다"고 되어 있었다.

정말 그럴까?

사건 발생 이후 오랜 시간이 흐른 뒤의 취재였지만, 당시의 일을 기억하고 있는 사람은 의외로 많았다. 특히 아시카가 시에서 발생한 세 번째 연쇄 아동납치살인사건이다. 시신 발견도 행방불명된 다음 날 아침이다. 경찰 차량이 시내를 돌아다니고, 검문소가 설치되고, 경찰이나 언론사 헬리콥터가 상공을 선회하는 대사건이 발생하면, 각자가 '어제 저녁, 나는 뭘 했었지?'를 반추하게 될 것이다. 남성이라면 더욱 그렇다. 자기 알리바이를 확인했던 그 특이한 체험 덕에 지금도 그날의 일을 생생하게 기억하고 있을 것이다.

하지만 취재를 거듭해도 스가야 씨 같은 사람을 봤다는 사람이나 어린 소녀를 태운 자전거를 봤다는 목격자는 나오지 않았다.

하지만 다른 중요한 장면을 본 사람들은 있었다!

그 사람들은 사건 발생 직후에 경찰에 목격 증언을 했다. 하지만 이상하게도 그 증언은 연기처럼 사라지고, '이 사건에 목격자는 없다'가 되고 만다. 듣자 하니 목격 증언을 한 사람들 중 경찰과 함께 현장에까지 나가서 확인을 거친 후 합계 100페이지가 넘는 두꺼운 조서까지 작성한 사람이 두 명이나 있었다.

그중 한 명은 와타라세 강 제방 근처에 살고 있는 자영업자인 요시다(가명) 씨다. 요시다 씨는 사건이 발생한 그날 18시 무렵부터 강변에 있었다. 잔디 위에서 골프 연습을 했었다고 한다.

"어쩌다 제방 쪽을 쓱 보았더니 어린 여자아이 손을 잡고 내려오는 남자가 보이더군. 제방 경사면을 걸어 내려오더라고. 둘이서 손을 잡고."

손을 잡고 내려오는 남자와 어린 여자아이. 자전거는 타지 않았다.

장소도 스가야 씨가 자전거에서 내렸다는 비탈길이 아니다. 제방에는 직각으로 가로지르는 콘크리트 계단이 있다. 그 계단을 내려와서 바로 앞의 잔디로 된 경사면을 곧장 가면 그네가 있는 공원이다. 반대쪽 오르막길 입구는 파친코 점 주차장 코앞. 요컨대 가게에서 도보로 나온 두 사람이 그네가 있는 공원을 향해 갔다면 이쪽 루트가 자연스럽다고 할 수 있다.

"남자는 그리 젊어 보이지 않았어. 거리가 멀어서 얼굴까지는 잘 보이지는 않았지만 아이는, 그러니까…… 4세 정도일까. 두 사람이 걸어간 그 앞에 시신이 있었다고 하니까. 아, 그 녀석이 범인이라고 생각했지."

스가야 씨의 진술 내용을 자세히 모르는 요시다 씨는 체포된 사람이 자기가 목격한 남자라고 믿고 있었다. 어떤 남자였는지 묻자 요시다 씨는 마치 준비하고 있었다는 듯이 말했다.

"날래 보이는 남자였어. 마르고 길쭉했지. 맞아. 만화 〈루팡 3세〉. 루팡 3세를 꼭 닮았어."

루팡 3세를 닮은 남자.

나는 마르고 길쭉한 그 만화의 주인공을 머릿속에 떠올렸다.

스가야 씨와는 닮지 않았다.

나는 '루팡'이라는 이름을 머릿속 메모리에 뚜렷하게 기록했다. 가방에서 꺼내 보여준 것에 대한 요시다 씨의 반응은 내게 어떤 확신을 안겨주었다.

남자와 소녀를 목격한 사람은 한 명 더 있었다. 마쓰모토(가명)라는 주부다. 그녀는 경찰의 참고인 조사에서 이렇게 대답했다.

"나이는 4세 정도, 키 100센티미터 정도, 체격은 보통, 빨간 치마에 치마보다 밝은 색상의 상의를 입은 여자아이였습니다."

학교 미술선생이었던 이 여성은 한 장의 스케치를 남겼다. 연필로 그린 흑백 그림이다. 구름이 낮게 깔린 하늘. 왼쪽에는 원근감이 느껴지는 제방이 있다. 구도 중앙에는 넓은 잔디 위를 가로지르는 어른과 아이의 모습. 두 사람은 화면 왼쪽에서 오른쪽으로 걸어가고 있다.

겅중겅중 걷는 남자가 루팡을 닮은 남자일 것이다. 거리가 있기

❖ 마쓰모토 씨의 스케치

때문에 얼굴은 확실히 그려져 있지 않다. 남자 옆에는 치마를 입은 소녀. 두 사람이 향해가고 있는 그 앞이 시신이 발견된 현장이다.

흑백으로 그려진 루팡의 모습을 바라보자, 종이 위에 연필을 움직이는 여성이 모습이 떠올랐다. 그 여성은 어느 정도의 이미지를 갖고 있었을까? 범인과 피해자라고 확신했을까? 아니면 "이런 사람들을 봤습니다" 정도일까. 아무리 두터운 조서가 있다 한들 내가 알고 싶은 것은 신뢰할 수 있는 정보인지 아닌지다. 그 스케치를 보는 순간 반드시 이 사람을 만나야겠다고 생각했다. 만나지 않으면 세부 뉘앙스까지는 알 수 없다. 하지만 마쓰모토 씨의 주소는 알 수 없었다. 사방팔방으로 손을 써봤지만 이미 아시카가 시를 떠났는지 행방이 묘연했다.

그림 속 폭이 넓은 치마의 소녀를 물끄러미 바라보았다.

'빨간 치마.'

이 소녀야말로 마미가 아닐까?

18시 30분경에 파친코 점 주변에서 마지막으로 목격된 마미. 그 직후, 주차장 바로 뒤쪽 제방 너머 강변에서 빨간 치마를 입은 소녀가 목격되었다. 이 두 가지 사실이 연결되면 루팡이야말로 진범이라고 생각하는 게 자연스러운 추론 아닐까?

경찰도 그렇게 생각했을 것이다. 그렇기 때문에 요시다 씨와 마쓰모토 씨 합계 100페이지가 넘는 두꺼운 조서까지 작성했다. 하지만 재판에 검찰 측 증거로 제출되지 않았다.

당시 수사간부에게 이 사실에 대해 물어보았다.

"아니, 그렇지 않네. 그 증언은 신뢰할 수 없었어. 사건과 관계없는 증언은 수도 없이 많았거든. 목격 정보 같은 건 거의 믿을 수 없지. 다른 사람에 대한 일은 그리 잘 기억하지 못하니까. 두 사람이 봤다는 남자도 복장이나 헤어스타일이 서로 달랐거든……."

위화감이 느껴졌지만, 내게는 그것을 뒤집을 증거가 없다. 머릿속에서 '증언 은폐'라는 단어가 빙글빙글 맴돌았지만 이대로 물러설 수밖에 없었다.

와타라세 강변으로 돌아가서 요시다 씨가 골프 연습을 했다는 잔디 위에 서보았다. 무성하게 잡초가 자란 제방 경사면에는 사람들의 발자국이 있었다. 루팡 3세를 닮은 마른 체격의 남자가 소녀와 함께 내려오는 모습이 뇌리에 떠오른다.

제방에 앉아서 그네가 있는 공원을 내려 보았다.

일단 머릿속을 정리하고 싶었다.

'자전거를 탄 두 사람'이라는 목격자는 없었지만, '걷던 두 사람'이라는 목격 증언은 있었다.

눈앞에 넓은 잔디가 펼쳐져 있다. 두더지가 판 구멍인지 여기저기 구멍이 보인다. 그네 근처를 걷던 두 사람을 목격하고 스케치를 남긴 주부가 있었다. 현재 그네는 푸른색으로 칠해진 뼈대만 남아 있다. 사건 직후 감식반이 그네 주변에서 석고로 족적을 채취하는 영상을 떠올린 순간 머릿속에서 무언가가 반짝였다.

가만히 있을 수 없어 급행열차를 타고 도쿄로 향했다. 나는 열차 안에서 열심히 어떤 영상을 떠올리려고 했다. 니혼 텔레비전에 보존되어 있던 아시카가 사건에 관련된 모든 자료를 나는 다 보았었다. 탐문하는 형사, 검문 모습, 하늘에서의 현장 촬영, 족적을 채취하는 감식반의 모습……. 그 속에서 뭔가 중대한 것을 본 듯한 느낌이 들었다.

보도국으로 달려 올라가 곧바로 테이프가 수납된 사물함을 열고 비디오테이프 하나를 찾았다. 그 테이프를 비디오테이프리코더에 넣고 플레이 버튼을 눌렀다.

화면에 나온 것은 그 공원이다. 날짜는 사건 며칠 후. 출입금지 테이프가 바람에 흔들리고 있다. 그네가 보이고 기동대원들이 경찰봉을 들고 돌아다니고 있다. 화면에 입간판이 찍혀 있다. 목격 정보를 얻기 위해 설치한 것이다. 마미의 얼굴 사진과 빨간 치마 모습이 그려져 있다. 카메라는 간판 글자를 읽듯이 조금씩 아래로 훑어 내려간다. 나는 바로 그 장면에서 화면을 멈췄다. 입간판에는 이렇게 적혀 있었다.

"마미가 이곳을 지나갔습니다. 목격하신 분은 제보를 부탁드립니다."

공원을 가로지른 소녀를 마미로 단정했었다?

도치기 경찰은 마쓰모토 씨가 목격한 빨간 치마를 입은 소녀를 마미로 간주했던 시기가 분명 있었다. 테이프 상자에 기록된 취재일을 보니 요시다 씨와 마쓰모토 씨가 증언을 한 바로 며칠 뒤였다. 경찰은 요시다 씨와 마쓰모토 씨의 증언을 통해 남자와 함께 걷던 빨간 치마를 입은 여자아이를 마미로 간주했다. 그런데 체포된 스가야 씨는 "자전거 짐칸에 태웠다"고 자백하고 만다. 그 순간부터 '걷는' 목격 증언은 방해가 된 것이 아닐까? 모니터를 뚫어지게 바라보던 내 마음 속에 의문이 샘솟았다.

아시카가 사건에 의혹을 갖기 충분한 재료가 모였다는 느낌은 있었다.

그런 한편 "스가야는 완전 무죄인가?"라는 질문을 받으면 나는 아직 확신을 갖지 못했다. 내 추론에 의하면 스가야 씨는 범인일 수가 없다. 하지만 무죄라면 스가야 씨는 왜 자백을 했는가? 취조를 시작한 지 하루도 채 지나지 않아 자백하지 않았나? 내가 확인한 자백 조서에는 이렇게까지 적혀 있었다.

"제가 작년 5월 12일, 마미를 죽였다는 사실은 틀림없습니다."

도치기 경찰의 진술서 용지. 그 끝에 달필로 '경찰본부 형사부 수사 제1과장 H'라는 사인과 함께 도장이 찍혀 있었다.

"죽였다는 사실은 틀림없습니다."

그 문장이 내 가슴을 후벼 팠다.

정황상 스가야 씨는 범인일 수 없다고 내가 아무리 외쳐봤자 그 본인이 일단 "죽였습니다"고 자백했다. 현재는 누명을 썼다고 주장하고 있기는 하나, 스가야 씨가 정신이 오락가락하거나 모순투성이의 망상을 늘어놓는 인물이라면 안 그래도 위험 부담이 높은 이 같은 보도를 시작한다는 것은 도저히 무리였다.

애당초 형사사건의 누명 가능성을 보도하는 기자나 거대 언론사는 좀처럼 없다. 특히 확정된 판결에 이의를 제기하는 기자는 더욱 극소수다. 국가와 정면으로 맞부딪치는 보도가 되기 때문이다. 용의자를 체포한 경찰, 기소한 검찰, 그리고 판결까지 나왔다면 법원 그중 누군가와, 혹은 그 모두와 대립하게 되기 때문이다.

싸우려고 해도 취재는 쉽지 않다. 체포, 기소한 측에 취재 요청을 해봤자 돌아오는 대답은 뻔하다. "네, 범인이 틀림없습니다. 물론 수사에 확신을 갖고 있습니다." 체포된 측에 취재를 하려 해도 교도소 담장 안. 그런 상황에서 보도를 하면 팩트 체크를 거치지 않은 보도, 즉 '담보 없는 보도'가 된다.

애당초 대형 언론사가 다루는 정보는 '관청발 정보'가 많다.

각 정부기관의 홍보 담당자나 출입 기자단이라는 시스템을 거쳐 정보가 언론사로 들어가고 그것이 매일 지면이나 방송을 장식한다. "수상 관저에서 관방장관은…….", "후생노동성의 통계는……" 이런 식이다. 사법 관련이라면 법무성을 비롯하여, 법원, 검찰청, 경찰청, 경시청이 죽 모여 있는 가스미가세키(도쿄 지요다 구의 지명. 일본 행정기관 청사가 모여 있는 일본 정치, 행정의 중심지-옮긴이)가 중심이다. 일반적인 사건, 사고, 재해라면 관할 경찰서가 중심이다. 그렇기 때문에 사건 담당 기자들은 사건이 발생하면 경찰서에 모여 담당 경찰관을 취재한다. 수사 관계자의 관사나 자택을 방문하기도 한다. 거기서 입수하는 정보는 각 언론이 거의 같을 경우도 있고, 어쩌다 특종을 잡기도 한다.

물론 수사관도 취재에 술술 다 답변하지는 않는다. 상대는 공무원이다. 원래 비밀을 엄수해야만 한다. 그래서 기자들은 갖은 방법을 동원해서 취재한다. 평소의 신뢰 관계를 통해 의외의 정보를 가르쳐 줄지도 모른다. 하지만 결국 경찰도 수사기관이나 자신에게 불리한 사실은 인정하지 않고, 설사 사실이라고 해도 기사로 내보내지 말라고 하기도 한다. 중요한 정보 제공처인 만큼 향후 관계가 파탄날 것 같은 취재나 보도는 하기 힘들다.

이렇듯 정부로부터 얻은 정보를 바탕으로 하면 '담보가 있는 보도'가 된다. 보증인은 정부다. 여러 의미에서 안전하다. 언론의 자주성은 어디 갔냐고 반문할지도 모르지만, 어쩔 수 없는 일이기도 하다. 사건, 사고의 수는 많지만 기자의 수는 경찰관이나 소방관 수에 한참 미치지 못한다. 언론이 국가의 모든 동향을 감시한다는 것은 어떤 의미로는 난센스다. 국민은 국가를 신뢰하고, 국가는 국민의 알 권리에 응한다. 그것이 이상적인 모습이다. 대부분의 경우 공공기관이 발표하는 내용은 사실이고, 의심스러우면 그때 체크하면 된다. 중요한 것은 시스템이 제대로 기능하느냐의 문제인 것이다.

하지만 언론이 정부발 담보에 지나치게 의존해서 오른쪽에서 왼쪽으로 정보를 그저 흘리기만 하면 어떻게 될까? 실제로 현장에도 가지 않고, 용의자나 유족과 만난 적도 없는 수사간부에게서 기자가 이야기를 들을 뿐인 '전달의 전달' 취재까지 있을 정도다.

요컨대 언론의 검증 능력이 중요하지만, 그것이 누명과 관련된 보도가 되면 담보 정도로는 부족하다.

"국가의 판결에 이의 있습니다!"

한마디로 말하면 그런 보도를 한다는 것이다. 앞에서도 말했지만 99.8퍼센트라는 일본의 유죄율에 도전하는 것이다. 아무리 의욕 넘치는 기자라 해도 정말 정신이 까마득해질 정도로 어려운 보도라 할 수 있다.

또한 과거에 체포, 기소, 판결이 있을 때마다 수사 측의 발표대로 사건 보도를 반복했을 경우, 같은 사건의 누명 보도를 시작하면 딜레마에 빠지게도 된다. 과거의 담보 보도를 제 손으로 번복하는 것이 되기 때문이다.

힘들게 각오를 굳히고 누명 의혹 보도를 했다고 치자. 결과, 용의자나 피고인이 무죄가 되어 만사 오케이……일까? 하지만 만약 그 인물이 진범이었다면 어떻게 될까? 그 후 다시 유사범죄를 저지르면 책임은 누가 져야 할까?

생각하고 싶지도 않은 일이지만, 실제로 그런 케이스가 있었다.

1970년대 초반, '수도권 여성 연쇄살인사건'이라고 불리는 사건이 발생했다. 도쿄나 지바 현 등지에서 비슷한 수법으로 여러 명의 여성이 강간 후 살해당했다.

1974년이 되어서야 오노 에쓰오라는 남성이 체포된다. 남성은 몇몇 사건을 자백했지만 후에 취조 방법이 문제되고, 언론에서도 누명을 쓴 게 아니냐는 목소리가 높아졌다. 1심에서는 무기징역이 선고되지만, 1991년 도쿄 고등법원은 무죄를 선고한다. 석방된 오노는 기자회견장에서 악질적인 취조를 호소하여 언론은 그를 누명의 상징처럼 보도했다.

하지만 5년 후, 오노는 다시 체포된다.

이번에도 역시 살인죄였다. 동거하던 41세 여성을 살해 후 목을 잘라서 시신을 유기한 죄로 무기징역 판결을 선고받는다. 경찰 입장에서는 "그러니까 우리가 말했잖아"라고 말하고 싶어질 만한 결과다.

그렇다고 해도 왜 이렇게까지 악질적인 남자가 사형이 아니라 무기징역형일까? 과거 사건에서도 범행을 자백했는데 말이다. 그것은 일사부재리라는 원칙 때문이다. 형사사건에서는 동일 사건으로 확정 판결을 받은 이상 그 사건을 다시 심리할 수는 없다. 따라서 오노 에쓰오의 과거 사건의 진상은 지금도 오리무중이다. 변호사나 그의 무죄를 지원하던 사람들에게는 정말 뒷맛이 나쁜 사건이다. 누명 의혹을 보도한 언론도 이 쓰라린 경험을 잊을 수 없는 것이 아닐까?

이렇듯 누명 보도에는 다양한 장벽이 따라붙기 마련이지만, 내 앞을 막아선 장벽은 조금 달랐다. 누명 보도에는 높은 담벼락이 있다고는 해도 어차피 나는 어떤 기자단에도 소속되지 못한 기자다. 내 앞을 막아선 장벽은 스가야 씨를 직접 취재하지 않고 보도할 수는 없다는 나 자신의 취재 방침이었다. 게다가 가장 중요한 당사자는 실제 장벽 안에 갇혀 있는 형국이다.

그래서 결국 지바 교도소를 취재하기로 했다.

아스팔트 도로 끝에 죽 늘어선 붉은 담벼락. 중앙에는 회색 철문이 웅장하게 솟아 있다.

담 앞의 작은 건물에서 면회 신청서에 이름과 주소를 적었다. 지지자인 니시마키 씨와 준코도 함께였다. 사실은 니시마키 씨가 우리를 데려와준 것이다. 붉은 담을 지나니 의외로 넓은 그 문 안에 사물함이 설치되어 있었다. 휴대전화나 짐을 그곳에 맡기고 면회소의 대합실까지 나아갔다.

하지만 거기까지였다.

단정하게 제복을 차려입은 교도관은 가슴에 달린 금속 배지를 빛내며 1980엔짜리 유니클로 셔츠를 입은 내게 사무적으로 말했다.

"최근 법무성의 통보로 면회는 가족이나 과거에 교류가 있었던 사람으로 한정되었습니다."

그 통보란 게 대체 뭐지? 기자와 만나게 하지 않겠다는 의미인가?

"본인은 무죄를 호소하고 있잖습니까!"

본인의 주장을 바깥에 내보내지 않으려는 속셈이냐고 물어보았지만, 무슨 말을 하든 교도관은 무표정한 얼굴로 법무성의 통보란 말만 반복할 뿐이다. 그렇다면 그 통보라는 것을 보여달라고 주장해보았지만 그것도 보여줄 수 없다고 한다.

코앞에는 금속 탐지 게이트가 있다. 그 너머에는 접견실 문이 보인다. 하지만 결국 그곳에는 니시마키 씨만 들어가게 되었다. 스가야 씨 본인 앞 몇 미터까지는 왔는데, 중요한 취재를 차단당한 내 마음은 복잡했다. 대합실 의자에 걸터앉아 팔짱을 끼고 신음했다.

무죄를 주장하는 사람과 그 사실을 취재하려는 기자. 그것을 막는다는 것이 무슨 뜻인지 법무성은 알고 있나? '수형자의 변명 따위 바깥에 내보내지 마라. 국가에게 불리한 주장을 하려는 녀석을 꽁꽁 숨겨라.' 법무성은 그런 말을 들어도 할 말이 없는 것이다. 하지만 이쪽이 아무리 목 놓아 외쳐봤자 가스미가세키의 법무성이 발송했다는 종이쪼가리에 우리는 손도 발도 꼼짝할 수 없었다.

면회를 끝마친 니시마키 씨와 함께 교도소를 나왔다. 분한 마음을 담아 돌아보았지만 붉은 벽돌담은 높이 솟아 있을 뿐이었다.

스가야 씨에 대한 남은 취재 수단은 하나뿐이다.

편지 교환이다.

때는 21세기, 이곳은 정보 대국인 일본이다. 와이파이라든가 광통신이라든가 그런 초고속 디지털 시대에 우표를 붙인 종이만 왕래할 수 있는 공간이 남아 있었던 것이다. 그 편지조차 교도소 내부에서 밖으로 보내는데 수량 제한이 있다고 한다.

나와 준코는 스가야 씨 앞으로 열심히 편지를 보냈다. 직접 취재를 하는 것이 베스트지만, 그 길이 단절된 이상 어쩔 수 없다. 문장을 통해 본인만이 알고 있는 뉘앙스를 캐치할 수밖에 없었다.

붉은 벽돌담 너머에서 온 편지에는 구석에 사각형 날인이 찍혀 있었다. 검열에 통과했다는 의미일 것이다.

“스가야 도시가즈입니다.” 편지지에 수려한 서체로 적혀 있었다.

“저는 죄가 없습니다. 마미 양을 죽이지 않았습니다. 시미즈 씨를 만나고 싶었지만 정말 유감입니다. 올 6월부터 과거에 교류가 없었던 사람과는 면회할 수 없게 되었습니다. 교도소 방침이라 저는 어찌할 도리가 없습니다. 정말 죄송합니다.”

‘스가야 씨가 미안해할 일이 아닌데’라고 생각하면서 계속 읽어내려 가자, 편지에는 H와 Y라는 두 형사의 실명이 적혀 있었다. 취조와 조서 작성을 담당한 사람이 바로 H경위다.

“형사는 결코 용서할 수 없습니다. 아침에 자고 있는데 집에 다짜고짜 들이닥쳐서는 고함을 치며 팔꿈치로 저를 가격했습니다. 만난 적도 없는 마미 양의 사진을 보여주며 사죄하라며 윽박질렀습니다…….”

스가야 씨의 편지를 통해 연행 당시의 상황이나 자백했을 때의 상황이 차츰 그려지기 시작했다.

1991년 12월 1일 이른 아침.

당시 45세인 스가야 씨는 아시카가 시내에 집을 빌려 살고 있었다. 훗날 언론에서 ‘은신처’라고 보도하게 되는 집이다. 니시마키 씨에게 들으니 스가야 씨의 본가는 아시카가 시 중심부에 있었지만, 스가야 씨는 낡고 작은 집을 빌려 독립했었다. 독립이라고는 해도 유치원 통근이나 식사 등의 편리성 때문에 실제로는 본가에 묵는 날이 많았다. 따라서 주말에만 묵는 형태가 되었다고 한다.

"스가야 있냐? 경찰이다"라며 H경위나 Y형사 등 수사 1과 형사 셋이 들이닥쳤다고 한다.

"멋대로 탁상 난로를 치우더니 거기 앉으라고 했습니다. '스가야, 너 아이를 죽였지?'라며 갑자기 윽박지르더군요."

잠옷 차림이었던 스가야 씨는 "그런 적 없습니다"라며 부정했지만, 건장한 체격의 H경위가 팔꿈치로 갑자기 가슴을 가격해 뒤로 발랑 고꾸라졌다.

"몇 번이고 부정했지만 '네가 했잖아'라며 멋대로 결정짓더군요."

Y형사가 상의 주머니에서 한 장의 사진을 꺼내 보여주었다. 마미의 사진이었다. 그 사진은 뉴스나 시내에 뿌려진 전단지에서 본 적이 있었다. 그제야 그 사건에 대한 것이라는 것을 알았다고 한다.

"사죄하라고 했지만, 저는 하지 않았습니다. 하지만 명복을 빈다는 의미로 사진에 대고 합장을 했습니다. 그러자 '합장을 했으니 네가 범인이다'라면서……."

스가야 씨는 아시카가 서로 임의동행되었다. 임의라고는 해도 말뿐이다. 그날은 지인의 결혼식에 참석할 예정이었지만 경찰은 스가야 씨를 강제로 경찰차에 태웠다.

취조실에서도 H경위의 단정적인 취조는 계속되었다.

"네가 범인 맞잖아."

"동네 지리에 익숙하기 때문에 네가 범인이야."

거짓말 탐지기 검사도 받았다고 한다.

경위는 이렇게도 말했다.

"현재는 과학수사 시대라 다 알 수 있다고."

DNA형 감정이라는 무기로 압박한 것이다.

"저는 하지 않았다고 몇 번을 말해도 듣지 않았습니다. 책상 밑으로는 정강이를 발로 차더군요. 머리카락을 잡고 얼굴을 들어 올리고는 '바보 같은 얼굴이군'이라고도 했습니다."

취조는 심야까지 계속되었다. Y형사는 "스가야, 했으면 솔직하게 말해주지 않을래?"라며 다소 부드럽게 말했지만, H경위는 "왜 자수하지 않았지? 빨리 자백하면 편하게 해주지"라며 계속 고압적인 자세였다고 한다.

스가야 씨는 계속된 압박과 피로감에 버티지 못했다.

"어쨌거나 그 자리를 모면하고 싶었습니다. 그래서 '파친코 점에는 갔습니다'라고 말하고 말았습니다."

그러자 H경위는 "오, 그러냐"라며 그때까지의 강경한 태도와는 정 반대의 반응을 보였다. 경찰이 바라는 자백을 하면 편해진다. 자신은 돌이킬 수 없는 공간 속에 있다는 사실을 스가야 씨는 깨달았다. 결국 거짓 자백을 하고만 스가야 씨는 옆에 앉아 있던 Y형사의 무릎에 얼굴을 묻고 후회의 눈물을 흘린다.

"어떻게든 취조에서 도망치고 싶었습니다. 그래서 거짓 자백을 하고 말았습니다. 저는 정말로 나약했습니다."

다음 날 새벽에 눈앞에 들이밀어진 체포영장과 손목에 채워진 은색 수갑. 충격은 이만저만이 아니었다. 작은 유치장 바닥에서 이불을 덮고 누운 그는 앞날이 불안해서 잠들 수 없었다.

강압적인 취조는 연일 계속되었다. H경위는 아시카가 시에서 발생한 다른 두 건의 아동납치살인사건 자백도 요구했다.

"네가 했잖아!"

그렇게 외치면서 의자에 앉아 있는 스가야 씨의 무릎을 잡고 앞뒤로 흔들고 의자를 발로 차기도 했다. 자포자기 상태였던 스가야 씨는 세 건 모두를 허위로 자백한다.

이렇게 해서 스가야 씨는 연쇄 살인범이 되었다.

스가야 씨의 편지에는 매번 이런 말이 적혀 있었다.

"DNA형 감정은 잘못되었습니다."

"DNA 재감정을 원합니다."

검열을 거치는 교도소 내에서 보내는 편지다. 이제 와서 무죄를 호소하는 것보다 얌전히 지내면서 가석방이라도 바라보는 쪽이 더 쉬운 길이었을 것이다. 하지만 스가야 씨의 편지는 단호히 DNA형 재감정을 호소하고 있었다.

혐의 사실 전부를 자백한 스가야 씨는 체포 두 달 후 무렵부터 편지를 쓸 수 있게 되었다고 한다. 어머니나 여동생 앞으로 우쓰노미야 구치소에서 몇 통의 편지를 보냈다. 그 편지를 볼 기회가 있었는데 그 무렵은 아직 검열을 두려워해서 우회적으로 무죄를 호소하고 있었다.

"여기는 춥고 다리는 차갑고 몸도 아파. 자유가 없어. 더는 싫어. 처음 왔을 때는 옷을 다 벗은 채로 검사도 받았어. 이런 일을 당할

짓은 하지 않았는데 나는 정말 분해."

"집에서는 분명 뭔가의 착오일 거라고 생각하고 있겠죠? 부디 저를 믿어주세요."

"하루라도 빨리 여기서 나가서 돌아가고 싶어. 또 편지 쓸게요."

어느 날 편지 말미의 문장이 내 눈길을 끌었다.

"그리고 세금 낼 게(2천 엔) 남아 있어요. 부디 잘 부탁드립니다. (시청에) 폐를 끼치게 되어 죄송합니다."

스가야 씨는 자신이 체포되었는데도 세금 체납을 걱정하고 있었다.

나는 스가야 씨에게 자백을 받아냈다는 H경위와 Y형사를 만나보기로 했다. H경위는 당시 수사 1과의 베테랑 간부이자, 사건 발생 시부터 아시카가 서로 파견된 수사주임이었다. 나는 도치기 현의 오래된 전화부 등을 모조리 뒤져 같은 이름을 가진 사람에게 일일이 전화하면서 두 사람을 찾았다.

H경위는 이미 퇴직하고 우쓰노미야 시내의 콘크리트로 지은 주택에서 여생을 보내고 있었다. 현관에 나타난 그 사람과 얼굴을 마주하니 익숙한 얼굴이었다.

현장 검증 영상에서 본 적이 있기 때문이다. 체포된 스가야 씨가 와타라세 강변에 연행되었을 때 옆에 서 있던 형사였다. 당시와 변함없이 다부진 체격에 눈빛도 예리했다.

"스가야 씨가 무죄를 주장하고 있습니다만……"이라면서 운을 떼 보았다.

“재판은 공명정대. 내게 물어도 범인이 아니라고 말할 수 있을 리가 없잖소.”

팔짱을 끼고 나를 물끄러미 바라본다.

“‘바보 같은 얼굴이군’이라고 말하며 스가야 씨의 머리채를 잡아끌고, 발로 찼다고 스가야 씨가 말했습니다만”이라고 묻자, “그런 짓을 하면 반드시 문제가 생기지. 때리지 않았어도 때렸다고 하는 놈들이니까. 나는 반장에다 지도보좌였소. 형사를 지도하는 입장이었단 말이지. 엄정한 수사였소. 용의자를 때릴 리 없지.”

얼굴을 찌푸리며 고개를 젓는다.

DNA형 감정이 수사에 끼친 영향에 대해 물어보았다.

“DNA는 막 도입되었을 뿐이라 우린 잘 알 수가 없었어. 별로 기대하지는 않았지.”

하지만 H경위는 ‘과학수사’라는 단어를 무기로 스가야 씨를 압박했을 터였다. 정말로 DNA형 감정을 믿지 않았던 걸까?

“B형은 수두룩했지. 그러니 치밀하게 수사를 할 수밖에 없었어. 다들 알리바이가 있었는데 스가야만 알리바이가 없었어. 몇백 명 중에……. 정말 샅샅이 다 조사했거든. 범인이 잡히지 않는다고 무고한 사람에게 뒤집어씌운다는 일은 있을 수가 없지. 그럼 안 돼. 나중에 재판에서 무죄 판결을 받거나 진범이 튀어나올 수도 있잖나? 다른 사람을 체포했다간…….”

그의 말에서는 흔들림 없는 자신감이 느껴졌다.

파트너인 Y형사도 만날 수 있었다.

그 또한 퇴직 후 지금은 큰 병원에서 근무하고 있었다. Y씨는 취조 시 스가야 씨가 울었다는 사실을 똑똑히 기억하고 있었다. 다만 그 사실을 전혀 다르게 받아들이고 있었다.

"스가야는 취조실에서 내 무릎에 매달려 40분 정도 울었다고. 내 바지는 녀석의 눈물로 완전 축축해졌지. 이 녀석이 진범이다, 드디어 자백한 거라고 확신했지."

스가야 씨의 편지에 따르면 그것은 후회의 눈물이기는 했지만 의미가 전혀 달랐다.

"수사는 정말 안 해본 것이 없었어. 할 수 있는 모든 것을 다했지. 물론 스가야가 진범이라고 확신해. 녀석이 자백했으니까"라며 가슴을 펴고 단언했다.

자칫하면 사형을 선고받을 중죄임에도 불구하고 왜 스가야 씨는 끝까지 무죄를 주장하지 못했을까? 아무래도 그 점은 취조실이라는 특수한 상황에 있지 않을까? 그 안에서 인정받는 것은 자백뿐. 무죄 호소도, 변명도 일절 받아들여주지 않았을 것이다.

자백했지만 결국 무죄였던 일은 의외로 많다.

2002년 도야마 현에서 발생한 성폭행 미수사건에서는 용의자인 운전기사가 3일간에 걸쳐 아침부터 밤까지 취조를 받았다. 형사는 지친 남성에게 "가족도 '네가 한 게 분명해. 제발 죗값을 달게 받아'라고 말했다"고 전했다고 한다. 뭐가 뭔지 알 수 없게 된 운전기사는 결국 혐의를 인정, 재판에서 징역 3년이 확정되어 수감된다. 그런데 그 후 다른 경찰서에서 체포된 남자가 성폭행 미수사건을 자백해서 진범임이 판명된다.

2003년 가고시마 현의 '시부시 사건'(당시 가고시마 현 소오 군의 현의회의원 정족수는 세 명으로, 추가 출마자 없이 집권당인 자민당 후보 세 명의 무투표 당선이 예상되었지만 나카야마 신이치 씨가 무소속으로 출마하여 당선된다. 이후 경찰이 나카야마 씨와 가족, 지역 주민들을 공직선거법 위반으로 대거 체포, 자백 강요나 이례적인 1년 이상에 걸친 장기구류 등으로 사회 문제시되었다-옮긴이)에서는 무죄인 사람이 잇달아 자백하는 기묘한 사태가 발생한다. 현의원 선거에서 당선된 의원이 주민에게 술이나 현금을 돌렸다는 이유로 관련자들이 공직선거법 위반 혐의로 체포, 기소되었지만, 열두 명 전원에게 무죄가 선고되었다. 이런 케이스를 알고 있으니 자백이 얼마나 위험한 것인지를 깨닫게 된다.

중세시대에나 볼 수 있었던 '자백이야말로 최대 증거'와 같은 낡은 수사가 현재에도 반복되고 있는 것은 아닐까? 형사들은 "자백을 시켰다"며 자신의 공적을 자랑하기 일쑤지만, 사실 형사소송법에서 '자백했다'와 '자백을 시켰다'는 엄청난 차이가 있다.

형사소송법에는 본인에게 불리한 사실을 진술한 경우는 증거로 삼을 수 있다고 되어 있다. 용의자가 일부러 자신에게 불리한 거짓말을 할 리가 없다는 판단에서다. 이걸 기준으로 이런 법률이 있다. "강제, 고문 또는 협박에 의한 자백, 부당한 장기 구류 또는 구금된 후의 자백, 그 밖에 임의성이 없다는 의심이 있는 자백은 증거로 삼을 수 없다."(형사소송법 319조)

즉, 본인의 '임의성'이 중요한 것이고, 남이 시켰다면 '아웃'이다.

그렇다면 임의인지 아닌지 어떻게 판단할까? 여기서 수수께끼의 물체 X가 등장한다. '자술서'다. 경찰로서는 '특별히 본인에게 강요하지 않았지만 본인이 멋대로 자백했습니다'라는 '임의의 증명'을 종이로 옮긴 것이 자술서인 것이다. 내가 왜 자술서를 꺼림칙하게 생각했는지 그 이유를 이제는 알았을 거라 본다.

자백에 기반하여 판결이 내려지고, 사형이 확정되었음에도 불구하고 그 후 무죄가 된 사건도 있다.

구마모토 현에서 발생한 '멘다 사건'이다. 사형 판결로는 처음으로 재심을 통해 무죄가 확정된 사건이다.

멘다 사카에 씨는 부부를 살해하고 두 명의 아이를 다치게 했다는 혐의로 경찰에 체포되어 무려 34년을 복역한 끝에, 고문과 강요에 의한 자백을 주장하며 재심에서 무죄 판결을 이끌어냈다. 그는 34년 동안 복역하는 가운데 70여명의 사형수를 지켜보았고, 그중에는 자신처럼 법을 몰라서 협박과 회유에 넘어가서 자백한 사람들도 있었다고 했다.

당시 월간지 〈그런디〉의 일로 멘다 씨를 인터뷰했을 때 그가 내게 이렇게 말했다.

"왜 이런 누명을 쓰는지 아나요? 그것은 해당 경찰관에게 상장이나 상금이 나오기 때문이에요. 큰 사건을 해결해서 용의자가 유죄 판결을 받으면 경찰은 출세하게 됩니다. 신문 역시 크게 다루고요. 때문에 자백만 받으면 된다는 식의 수사가 없어지지 않는 거예요."

북관동 연쇄 아동납치살인사건에 몰두하던 어느 날, 스기모토 사회부장이 나를 호출했다.

"시미즈 씨, 잠깐 시간 좀 내줄래요?"

이번에야말로 정리해고인가 하고 생각했지만 그렇지 않았다. 스기모토 부장을 따라간 곳은 초밥집도 아니었다. 소개받은 사람은 경시청의 전직 고위간부였다. 오랜 수사 경험을 자랑하는 베테랑이다. 언론에 대한 이해도 또한 높다고 한다. 위험한 소재를 다루고 있기 때문에 다양한 의견을 들어보라는 배려인 모양이었다.

나는 그 베테랑 수사관 앞에 '다섯 개의 동그란 표식'이 있는 지도나 연표 등의 자료를 늘어놓고 연쇄 아동납치살인사건에 대한 내 추리의 근거를 설명했다.

"흥미롭군요. 괜찮을 것 같네요. 이런 사건은 몰랐습니다."

흥미가 있는 듯 몸을 내밀며 그렇게 말했다.

여기까지는 좋다. 하지만 문제는 이제부터다.

나는 천천히 숨을 들이쉰 뒤 각오를 굳히고 말을 이었다.

"하지만 이중 한 건은 사실 세간에는 해결된 것으로 알려져 있습니다. 물증은 DNA형 감정으로……."

"네, 자백도 했습니다."

누누이 설명하는 동안 베테랑 수사관의 등은 자석에 이끌리듯 다시 의자 쪽으로 돌아갔다. 풍선의 바람이 빠지듯 흥미가 사라지는 것이 보였다.

어쨌든 자세한 자료를 보고 싶다는 전직 고위간부님에게 훗날 자료를 모조리 보냈지만, 되돌아온 대답은 간단하고 명쾌한 것이었다.

"잘 봤습니다. 그는 범인이 확실합니다. 증거가 DNA형 감정이니까 절대 틀림없습니다."

당연하다면 당연한 반응일지도 모른다. 판결이 확정된 사건의 무죄 증명이나 진실 추구 같은 것은 경찰 입장에서 보면 코앞에 택시 승강장을 두고 길에서 택시를 잡으려고 손을 드는 손님이나 마찬가지다. 상식적인 기자라면 이미 손님이 타고 있는 택시를 잡으려 하지는 않는다. 하지만 스기모토 부장은 묵묵히 내가 취재를 계속할 수 있게 해주었다.

전직 고위간부의 반응으로도 알 수 있듯이 DNA형 감정은 어디서든 '절대적'이었다. 당시 과경연 감정을 통해 범인과 스가야 씨는 '16-26'형으로 일치, 그렇기 때문이 범인이라는 논리다.

스가야 씨가 유죄 판결을 받게 된 다른 큰 축인 자백에 관해서는 취재 결과 다양한 모순점이 떠올랐지만, DNA형 감정 쪽은 아직도 벽이 너무 두터워보였다. 하지만 취재를 진행함에 따라 내게는 실마리가 보이기도 했다. 앞에서 서술한 대로 감정은 어디까지나 '형'에 관한 것이므로 동형이인同型異人은 얼마든지 존재할 수 있었다.

더구나 이 MCT118 판별법은 그 후 데이터베이스 샘플 수가 늘어남에 따라 위태로운 상황에 놓이게 된다. 출현율이 변화한 것이다. 범인 혈액형과 '16-26'형을 가진 자는 체포 당시 '1천 명 중에 1.2명'이라고 했지만, 그것이 1993년에는 '1천 명 중에 5.4명'이라며 네 배 이상 늘어난다. 스가야 씨 변호단의 단순 계산에 따르면 같은 형은 아시카가 시에만 2천 명도 넘을 것이라고 했다.

또한 1992년의 'DNA 다형多形 연구회'에서 신슈대학 연구자가 과경연이 실시한 실험 방법이 중대한 문제를 안고 있다는 사실을 지적했다.

과경연 감정에서는 밴드의 '형'을 판명하기 위해서 '123염기 래더 마커'라고 불리는 일종의 척도를 사용했었다.

이 마커를 DNA와 동시에 전기영동시킨 후 그것을 기준으로 수치로서 '형'을 구분하는 것인데, 신슈대학 연구자들의 실험을 통해 이 123마커와 겔 조합에 문제가 있다는 사실이 밝혀졌다. 전기영동을 정확하게 할 수 없다는 것이었다.

한 법의학자가 알기 쉽게 설명해주었다.

"123마커는 척도의 눈금이 세밀하지가 못했어요. 알기 쉽게 예를 들자면 1센티미터 단위를 재는데, 척도의 눈금이 약 8센티미터였다. 그것뿐만이 아니라 눈금 자체도 제멋대로였죠. 이 점이 결정적이었습니다."

과경연도 문제를 인정하지 않을 수 없게 되어, 이후 과경연은 척도를 '알레릭allelic 래더 마커'라는 것으로 변경한다. 즉, 기존에 사용하던 123마커의 결함을 인정한 것이지만, 이미 재판 증거로 제출된 결과물에 관해서는 문제없다고 주장했다.

이것은 무슨 뜻일까?

과경연은 〈과학경찰연구소 보고〉라는 보고서를 통해 이렇게 설명했다.

"123염기 래더와 시터스 알레릭 래더는 폴리아크릴아미드겔상에서 이동에 규칙적인 대응이 인정됨으로써 종전에 사용하던 123염기 래더에 의한 MCT118 DNA형 번호와 시터스 알레릭 래더에 의한 번호의 DNA형 상호 대응은 가능."

"신 마커는 구 마커에 규칙적으로 대응합니다. 그러니까 구 마커 DNA형 번호를 신 마커 DNA형 번호로 일괄 변경할 수 있습니다"라는 뜻인 모양이다. 하지만 "DNA형 번호를 비교한 결과, 123염기 래더에서는 14형으로 판정되는 것이 시터스 알레릭 래더에서는 16형인 것 등 (중략) DNA형 번호가 2~5번 정도 차이가 있다"라고 서술해서 종래 수치에 잘못이 있었다는 사실을 인정했다.

즉, 지금까지의 감정 결과에 2~3 정도의 수치를 더하는 법칙으로 DNA형을 바꾼다. 예를 들면 14는 16으로, 16은 18, 26은 30 등으로 감정 결과를 변경하기로 했다는 것이다.

하지만 이 보고서에 따르면 18이 '20이나 21', 30이 '34나 35' 등 동시에 두 개의 DNA형에 대응하는 경우도 있다고 하는데, 결합 마커에 의한 감정이 과연 올바른 결과를 도출해낼 수 있는지 아마추어인 나로서는 고개를 갸웃거릴 수밖에 없었다.

성가시게 일일이 변환하는 작업을 하는 것보다 아예 재감정을 하면 되는 거 아닌가?

누구나 이렇게 생각하겠지만, 과경연은 그렇게 하지 않고 서류상의 변경만으로 끝냈다. 이 행위는 다소 억측을 불러일으키기도 했다. 사실 과경연이 논문 속에서 이 'DNA형 번호 변경'을 발표한 것은 1993년 8월, 즉 스가야 씨의 1심 판결 직후다. 마치 아시카가 사건 판결을 기다리고 있었다는 듯한 타이밍이 아닌가. 더구나 이 판결이야말로 DNA형 감정 결과를 증거로 채택한 일본에서의 첫 판결이자, DNA형 감정이 가져온 크나큰 성과였다.

앞에서도 살짝 다루었듯이 MCT118 판별법은 과경연의 K기술관이 미국 대학에서 DNA형 감정 연구를 한 후, 과경연이 독자적으로 도입한 것이다. 수사에 도입된 것은 1989년. 1991년 8월에 아시카가 사건을 통해 실전 투입, 스가야 씨가 체포된 지 얼마 후 경찰청은 "내년부터 기기를 정비하고 기술관 육성을 하겠다"고 발표했다. 예산도 투입된 것이다. 왠지 수상한 냄새를 느끼는 것은 나뿐만이 아닐 것이다.

어쨌든 이후 범인과 스가야 씨의 DNA형은 '18-30'으로 변경된다.

항소심에서는 변호인단 측이 마커 변경을 문제 삼았다.

1994년 항소심에서 증인으로 출두한 과경연 주임연구관 S씨는 123마커가 잘못된 DNA형을 표시한 것에 관해서 이렇게 설명한다.

"당시는 123마커 이외에는 없었습니다. 모든 DNA 사이즈를 제대로 나타낼 것이라고 생각했기 때문에 사용했습니다. 하지만 다양한 DNA 연구가 진행됨에 따라 DNA 구조가 영동 거리에 영향을 끼친다는 것을 알게 되었습니다. 당시 전 세계 연구자 중에 그 사실을 알았던 사람은 없었을 겁니다."

당당한 증언이지만, '기준'이 잘못되었다는 사실을 인정했다. 큰 실수로 보이지만, 과경연에 대한 재판부의 신뢰가 두터웠는지 고등법원은 DNA형 변경에 의문을 품지 않고 스가야 씨에게 유죄 판결을 내린다. 그리고 MCT118 판별법에 의한 감정 결과는 계속되는 스가야 씨의 상고심 '대법원 2000년 7월 17일 판결'에 이르러서는 그 증거 능력을 확정짓는다.

'절대적'이라는 DNA형 감정이지만, 초기형인 이 MCT118 판별법만큼은 왠지 수상쩍었다. 실제로 나는 자료를 보면 볼수록 '100퍼센트 범인!'이라기보다 '(확률적으로) 범인일 가능성이 높지 않을까?' 정도의 능력밖에 없는 것이 아닐까 생각하게 되었다.

애당초 '감정'이라는 단어 자체가 의심스럽다.

분명 DNA 그 자체는 사람마다 다르다. 아마도 절대적으로 다를 것이다. 하지만 실제로는 '형태'를 감정하는 것이고, 그 형태를 판단하는 것 또한 어디까지나 인간이다.

몇 번을 하든 같은 결과가 도출되는 실험을 '과학적 실험'이라고 부른다.

DNA형 감정이 과학적이라면 스가야 씨가 주장하듯이 몇 번이고 재감정해서 같은 결과를 도출하면 되는데, 검찰과 경찰은 스가야 씨와 변호인단의 DNA형 재감정 요청에 묵묵부답이었다.

그러는 동안 이 사건을 방송에서 어떻게 다룰지 결정을 내려야 하는 시기가 다가왔다. 책상 앞에서 의자에 등을 기대고 의자를 흔들며 생각에 빠졌다.

취재라는 이름의 비행기는 이미 격납고에서 나와 유도로를 지나 활주로를 주행하는 단계까지 와있다. 나머지는 이륙할지 말지의 판단이다. 이미 속도는 점점 올라가고 있는데 폭풍우가 휘몰아치는 날씨가 예상되는 가운데 이륙해서 그 후 어떻게 할지, 어디로 향해 가야 할지 결정하지 못한 상태였다.

이륙 결정 속도를 'V1'이라고 한다. 그 전이라면 역분사와 브레이크로 이륙을 중지할 수 있다. 한계점에 도달하기 전에 각오를 굳히지 않으면 이륙도 정지도 할 수 없다.

탐사보도에 있어서 이 판단은 중요하다. 보도할 가치가 있는지 아닌지, 그 결단이 저널리스트로서의 생사를 가른다 해도 과언은 아니다.

조종간을 당기지 않으면 기체는 단순한 오버런. 활주로 끝의 바닷속으로 빠지고 만다. 한편 사법부의 판단과 반대되는 보도를 시작해버리면 사법부와 정면으로 충돌하게 된다. 엄호사격(타 언론사의 후속보도)을 기대할 수 없는 고독한 싸움이 될지도 모른다. 경험이 없지는 않지만, 그것은 너무나도 불안한 싸움이다. 만약 그것이 두렵다면 유죄와 무죄의 가능성을 두루 다루는 중립적인 보도를 할 수도 있다.

하지만 그래서는 일본은 '움직이지 않는다'.

'일본을 움직인다'는 전제로 판단할 때, 이 경우 아시카가 사건의 재심이 열려야 일본이 움직였다고 할 수 있을 것이다. 이는 정말 쉽지 않은 문제다. 사형이나 무기징역 같은 강력범죄의 재심은 앞서 서술한 멘다 사건 이외에 극소수밖에 없으며, 1989년의 '시마다 사건'(1954년 3월 10일에 시즈오카 현 시마다 시에서 발생한 아동납치 살인사건을 말한다. 아카호리 마사오가 범인으로 체포되어 사형 판결을 받지만, 체포로부터 35년여 만에 재심을 통해 무죄 판결을 받아 석방된다-옮긴이)을 끝으로 20년이 지나도록 열린 적이 없다. 재심이 개시되려면 명확한 '새 증거'가 필요하기 때문이다.

아시카가 사건의 새로운 증거는 변호인단이 비밀리에 실시한 스가야 씨의 DNA형 재감정이었다. 스가야 씨가 자기 머리카락을 봉투에 넣어 교도소에서 보낸 것을 니혼대학 의학부 오시다 시게미 교수에게 감정을 의뢰했다. 신형 마커에 다른 타입의 겔을 조합한 MCT118 판별법으로 재감정을 실시했더니, 스가야 씨의 DNA형이 당초 범인의 형태로 알려졌던 '18-30'형이 아니라 '18-29'형으로 나온 것이다.

숫자적으로는 차이가 '1'밖에 나지 않지만, 이 수치는 염기 배열 패턴의 반복 회수 단위를 뜻한다. 따라서 숫자 하나의 차이로 완전히 다른 형태, 즉 완전 남이라는 것이 된다. 더불어 숫자가 두 가지 조합으로 되어 있는 것은 한쪽이 아버지에게서 물려받은 DNA형이고, 다른 한쪽은 어머니에게서 물려받은 DNA형이라는 사실을 나타낸다.

다만 오시다 교수의 감정에서 밝혀진 것은 어디까지나 '스가야 씨의 DNA형'뿐이다. '범인의 DNA형'은 법원이 보관하고 있는 셔츠에 부착된 정액을 재감정하지 않는 한 알 수 없었다.

변호인단은 한쪽만이라도 중요한 증거라고 주장하지만 과연 그것만으로 법원이 움직일까?

역시 이건 너무나도 힘든 미션이 아닐까?

이미 마음은 굳혔지만 다시 한 번 두 장의 종이를 책상 위에 나란히 올려보았다.

"마미를 죽였다는 사실은 틀림없습니다"라고 적힌 자백 조서.

"저는 죄가 없습니다. 마미 양을 죽이지 않았습니다"라고 본인이 쓴 편지.

"그는 범인이 확실합니다. 증거가 DNA형 감정이니까 절대 틀림없습니다"고 단언한 경시청 전직 고위간부의 얼굴이 떠오른다. '절대 틀림없다'라……. 소심한 피의자가 궁지에 몰린 끝에 한 자백과 알려지지 않았을 뿐 실제로는 문제가 많은 구식 DNA형 감정, 증거라고는 이 둘밖에 없는 거 아닌가?

그리고 다른 장면도 뇌리에 떠오른다.

그 꿈이다.

양철 상자 꿈을 꾼 사실을 취재 스태프에게 말한 다음 날 일이다. 평소처럼 승합차로 현장을 향할 때 차 핸들을 잡고 있던 나카바야시 운전기사가 뒤를 돌아보지 않고 이렇게 말했다.

"시미즈 씨, 어젯밤은 제 방에도 왔었습니다. 여자아이가 맨발로 방안을 걷고 있더군요."

아아, 역시……. 나는 신기하게도 그렇게 생각했다. 그의 말에 그 꿈이 다시 떠올랐다. 분명 아이들은 맨발이었다. 맨발로 방 카펫 위에서 점프를 했었다.

준코나 데즈카 카메라맨이 무섭다며 외마디 비명을 질렀지만 나는 전혀 무섭게 느껴지지 않았다.

그 아이들은 더 놀고 싶었을 것이다.

책상 앞에서 제정신을 차린 나는 양손을 펼쳐보았다. 묘하게도 감촉이 확실하게 되살아났다.

"상자를 열어봐."

어린 소녀가 다시 한 번 내 귓가에 속삭이는 듯한 느낌이 든다.

강가에서 아무리 준비운동을 해봤자 강은 영원히 건널 수 없다. 내가 해야 할 일은 준비운동이 아니라 건널 수 있는 루트를 찾아내는 것이다.

5장

보도

7′ 7′
6′8″ 6′8″
6′6″ 6′6″
6′4″ 6′4″
6′2″ 6′2″
6′ 6′
5′8″ 5′8″
5′6″ 5′6″
5′4″ 5′4″
5′2″ 5′2″
5′ 5′
4′8″ 4′8″
4′6″ 4′6″
4′4″ 4′4″

아시카가 사건을 보도하기로 결정한 이상 꼭 만나야 하는 사람이 있었다.

마쓰다 마미의 유족이다.

사건 발생 당시의 기사를 봐도 양친은 언론 취재에 응하지 않았다. 장례식에서 슬퍼하는 모습이 찍힌 것이 전부다. 1990년, 아직 '보도 피해'라는 단어가 쓰이지 않던 때다. 오랫동안 현장에서 뛰어온 나는 당시 언론이 어떤 취재를 했을지 상상이 간다.

현재는 어딘가에서 조용히 살아가고 있을 유족. 그 사람들을 다시 소용돌이 속으로 끌어들이는 데 인간으로서 저항감은 있었다. 하지만 사건을 정확하게 보도하기 위해서는 피해자의 이름이나 사진도 필요하다. 그러기 위해서는 유족의 양해는 필수였다.

그리고 무엇보다 '가장 작은 목소리에 귀를 기울여라'. 그것은 취재에 대한 나의 가장 기본 원칙이자 족쇄이기도 했다. 이 사건이라면 그것은 어린 나이로 살해당한 마미의 목소리이자, 그것을 대변할 수 있는 것은 부모님밖에 없었다.

나는 취재 초기부터 마쓰다 마미의 부모님을 찾았다. 간신히 찾은 마쓰다 씨의 지인에게 편지 전달을 부탁하는 등 금방이라도 끊어질 듯한 가느다란 실을 놓치지 않도록 지난한 작업을 계속했다.

여름이 지나고 바람이 쌀쌀해진 어느 가을밤이었다.

결정적 순간은 항상 그렇듯이 갑자기 찾아온다. 책상 위에 올려둔 휴대전화가 진동했다. 기다리던 사람에게서 온 전화였다. 마미의 어머니, 마쓰다 히토미 씨.

연락해줘서 감사하다는 말을 하는 내게 마쓰다 씨는 단숨에 이렇게 말했다.

"불편하니 다시는 편지하지 마세요. 취재에 응할 생각은 없습니다. 이 말을 하려고 연락했을 뿐이에요……."

도저히 취재 요청을 할 수 없게 만드는 단호한 항의전화였다. 뺨을 세차게 얻어맞은 듯한 기분이었다. 나는 머릿속으로 신중히 말을 골랐지만, 다음 말도 상대가 먼저 꺼냈다.

"이제 와서 뭘 어쩌겠다는 건가요……."

지당한 말씀이다. 이제 와서는 민폐에 불과할 터였다. 생각하고 싶지도 않은 기억을 떠올려야만 하는 것이다. 마음은 아플 정도로 통감한다. 하지만 동시에 발신번호표시제한으로 걸려온 이 전화가 끊기면 보도도 이대로 끝이라는 생각이 들었다. 어쨌든 성심성의껏

전화를 이어나갈 수밖에 없었다.

사건 피해자와 기자. 그 사이에는 커다란 골이 있는 것이 당연하다.

입장, 과거, 불신……. 그 거리를 천천히 조금씩이나마 좁히는 것이 내가 해야 할 일이었다.

관동 어딘가에서 공중으로 발신된 마쓰다 씨의 음성이 지하에 매설된 선을 달려 교환기를 거쳐 다시 전파로 변환되어 내 휴대전화에 접속되어 있는 것 자체가 기적이다. 언제 끊어질지 모르는 그 통화에 안절부절못하면서도 통화는 천천히 계속되었다. 그녀의 목소리는 마미의 목소리인 것처럼 착각하게 만들 정도로 내 마음속에 울렸다. 항의는 차츰 줄어들고, 그녀는 내 설명에도 귀를 기울이게 되었다. 이 사람은 사실은 무언가를 이야기하고 싶었던 것은 아닐까? 그 한 줄기의 빛에 걸어보기로 한 나는 열심히 말을 이어나갔다. 무언가가 전해진 것 같은 느낌이 든 순간 어떤 예고도 없이 전화가 갑자기 끊어졌다.

팽팽하던 고무줄이 갑자기 끊겨 얼굴에 맞은 듯한 충격.

내가 지금 뭔가 안 좋은 말이라도 한 것은 아닐까? 혼란스러워하면서도 기억을 찬찬히 되새겨보았다. 아니, 모든 것이 그랬을지도 모른다. 유족 입장에서 보자면 무슨 말을 하든 다 괴로운 이야기에 불과하다. 나는 휴대전화를 손에 든 채 말로는 나오지 않는 신음소리를 내지를 수밖에 없었다. 취재는 이제 끝이다.

다음 날 미련을 떨쳐낼 수 없었던 나는 몇 번이고 휴대전화를 꺼내서는 착신 기록에 남아 있는 '발신번호표시제한'이라는 문자를 바라보았다. 손바닥에 쥔 휴대전화가 비닐 테이프로 단단히 감긴 채 열리지 않은 양철 상자처럼 보였다. 기도하는 것을 좋아하지는 않지만 휴대전화를 꽉 쥐면 기도가 통할 것 같은 느낌조차 들었다.

밤의 장막이 드리워졌을 무렵이었다. 기적처럼 휴대전화 액정에 '발신번호표시제한'이라는 문자가 다시 떴다. 아직이야. 아직 마쓰다 씨라고 확신할 것은 아니야. 착신음을 다섯 번 세고 각오를 굳히고는 통화 버튼을 눌렀다.

귀에 댄 휴대전화 저편에서 흘러나온 목소리는…… 금방이라도 끊어질 것 같은 작은 목소리였다.

"어제는 죄송했습니다. 휴대전화 배터리가 다 닳아서……."

내 입에서 준비하지 않았던 말이 튀어나왔다.

"기다리고 있었습니다……."

그날 이후 마쓰다 씨는 몇 번인가 내게 전화를 주었다. 발신번호표시제한도 곧 사라졌다. 그리고 결국 만나기로 했다. 취재에 응하기 위해서가 아니라 언론에 대한 불신감을 표현하기 위해서였을 것이다.

만나기로 한 장소는 교외에 있는 평범한 패밀리 레스토랑이었다.

흔한 BGM 사이사이로 포크와 접시가 달각거리는 소리가 울리는 그 가게에는 가족 손님 몇 팀인가가 일상의 한때를 보내고 있었다. 그런 가운데 마쓰다 씨는 처음으로 기자라는 인종과 정면으로 마주했다. 17년이라는 시간을 넘어, 평온한 생활을 파괴하는 듯이 나타난 나라는 남자는 대체 그녀의 눈에 어떻게 비칠까?

마쓰다 씨는 내 명함을 손에 들고 불쑥 말했다.

"제가 이야기를 한들 변하는 것이 있을까요? 범인은 이미 체포되었잖아요? 왜 이제 와서 취재를 하시는 거죠?"

유족이 먼저 내게 취재를 시작했다. 나는 내가 알고 있는 모든 것을 대답하기로 했다. 그것이 최소한의 성의였다. 나는 전화로도 설명한 내용을 반복했다.

"체포된 스가야가 현재 무죄를 주장하고 있습니다."

설사 사실이라고 해도 피해자 가족 앞에 이 말을 꺼내는 것은 잔혹했다. 유족 입장에서는 최악의 정보일지도 모른다. 시공을 뛰어넘어 유족 앞에 나타난 기자가 이번에는 범인의 누명 가능성을 취재하고 있는 것이다.

"이제 와서……. 저는 그 남자가 범인이라고 믿어요. 그날부터 쭉 그렇게 믿고 살아왔습니다."

"현재 재심 청구를 했습니다. 혹시 재판은 방청하신 적이 있나요?"

"……기자들 때문에 가지 못했습니다. 신문에도 실렸을지도 모르지만 몰랐습니다. 보고 싶지도 않았으니까요."

정말 심한 보도 피해를 당했다고 한다. 사랑하는 딸을 잃고 절망의 밑바닥에 가라앉았을 때 언론은 자택을 포위하고 카메라 셔터를 계속해서 눌러댔다. 장례식을 생중계까지 했다. 그녀 입장에서 보면 나도 그들과 한패에 지나지 않는다.

"사건 직후에는 커튼을 굳게 닫아놓았어요. 집 바깥은 기자들이 진을 치고 있어서 마당에 널어둔 세탁물은 두 달 가까이 그대로였죠. 주위 사람들은 저희를 신경 써서 텔레비전이나 신문을 보여주려고 하지 않았어요."

"왜 아이를 파친코 점에 데려왔어!" 그런 목소리가 항상 귓가에 울리는 날들이었다.

"방송이나 세상의 비난에 귀를 막고 입도 닫고 집도 직장도 계속해서 바꿨습니다. 텔레비전, 신문, 잡지는 일절 믿지 않기로 했어요. 정말로 아무 말도 하지 않고 살아온 17년이었습니다……."

마쓰다 씨는 경찰에게서 상세한 범행 경위도 설명받지 못했다. 부부가 첫 공판을 방청하기 위해 법원에 향했을 때도 형사가 이렇게 말했다. "기자들이 잔뜩 몰려왔기 때문에 그냥 돌아가는 편이 좋겠네요." 순순히 그 말에 따랐다는 마쓰다 씨는 스가야 씨의 자백 내용이나 판결 내용을 내 입을 통해 듣게 되었다.

"범행을 인정한 거죠? 스가야라는 사람은……."

"네, 그렇습니다. 당초에는 자백했습니다."

"……마미를 데려간 거죠? 그렇게 말했다고 형사님께 들었습니다."

"자전거에 태워 유괴했다고 자백했습니다."

그러자 마쓰다 씨가 이상하다는 표정을 지었다.

"네? 자전거? 걸어서가 아니고요?"

"아뇨, 자전거 짐칸에 태웠다고 했습니다. 재판에서도 그렇게 밝혔고요."

"짐칸이라고요?"

"네, 안장 뒤의 짐칸입니다."

"그럴 리가 없어요. 마미는 자전거 짐칸에 못 타는걸요."

"그런가요? 아직 어리다 보니."

"말도 안 돼요. 마미는 짐칸에 유아용 안장을 설치한 자전거가 아니면 못 타요."

마미는 자전거를 좋아했다고 한다. 사건 전, 유치원에 데려다줄 때는 자전거를 이용했다. 하지만 그것은 유아용 안장을 설치한 자전거로, 일반 짐칸에는 앉지 못했다고 했다.

어머니가 아니면 모르는 사실이다.

나는 여러 질문을 던졌다. 차츰 서로의 사실 인식이나 스가야 씨의 자백 내용과의 모순점, 수사 그 자체에 대한 부자연스러움 등이 수면 위로 부상하기 시작했다. 나는 DNA형 감정에 대한 의문이나 목격자가 없다는 사실에 대해서까지 그녀에게 이야기했다. 마쓰다 씨도 어떤 의문을 품기 시작한 것 같았다.

나는 가장 묻고 싶었던 질문을 던졌다.

"마미는…… 어떤 아이였나요……."

나는 알고 싶었다. 더 이상 만날 수 없는 마미라는 아이에 대해 진심으로. 나는 어느 틈인가 나도 모르게 재킷 안주머니 주변을 겉에서 살짝 누르듯이 만지고 있었다. 그곳에는 항상 넣고 다니는 소녀들의 사진이 있다.

마쓰다 씨는 작게 한숨을 내쉬고 이렇게 말했다.

"동물을 좋아했어요. 특히 고양이를 좋아해서 세 마리나 키웠었죠. 흰색 바탕에 검은 얼룩이 있는 판다 같은 고양이였어요. 잘 때는 양팔에 고양이를 안고……."

그렇다. 사건 당일 마미는 파친코 점 주차장에서 고양이를 찾았었다. 앞발을 모으고 앉아 있는 갈색 고양이. 마미는 그 고양이를 만나기는 했을까…….

"부모라서 그런 걸지도 모르겠지만 정말 나이에 어울리지 않게 똑똑한 아이였어요. 4년하고 8개월밖에 안 되었는데도 덧셈, 뺄셈을 할 수 있었죠……."

거기까지 말하고는 처음으로 약간 미소를 지었다. 나는 동그란 얼굴의 마미가 손가락을 이용해서 덧셈을 하는 모습을 머릿속에 그려보았다.

마쓰다 씨는 물이 담긴 잔을 손에 든 채 이런 말을 했다.

"왜 그 아이였던 걸까요……. 운명이었겠지만 그때가 가장 천사였어요. 그런 천사를 죽인다는 것은 인간이 아니라고 생각해요. 그 아이는 아무런 죄도 없는데……."

너무나도 슬픈 얼굴이었다.

가게 앞에서 마쓰다 씨를 배웅하면서 생각했다. 내가 사건을 다시 상기시키고 말았다. 그것도 가족들이 모이는 패밀리 레스토랑이라는 장소에서 유족에게 사건과 마주하기를 부탁했다.

스가야 씨가 무죄라면 그것을 보도하는 것은 필요하다.

하지만 피해자나 피해자 유족은 어떨까?

무죄가 사실이라면 어쩔 수 없다고 납득할까? "오랜 세월 범인이라고 믿었던 누군가가 사실은 무죄였습니다"고 하면 그들은 그 사실을 받아들일 수 있을까? "범인은 그가 아니었습니다"로만 끝낼 수 있을 리가 없다. 누명을 쓴 피해자와 사회에서 활개 치는 진범은 표리일체다. 누명 보도만으로 취재를 끝낼 수는 없다.

나는 여기서 다시 한 번 각오를 다졌다. 마쓰다 씨의 뒷모습을 바라보며 그렇게 결심했다.

두 달이 흘렀다.

2007년 12월 1일, 차가운 바람이 부는 오후, 마쓰다 히토미 씨는 와타라세 강 제방에 서 있었다. 바로 최근까지 떠올리기도 싫은 장소였을 것이다. 그곳에 그녀는 있었다. 오른손에 흰 꽃다발을 들고.

그녀 옆에는 10대 아이들이 함께였다. 사건 2년 후에 태어난 마미의 여동생과 그 후에 태어난 남동생이었다.

둘 다 위로 언니(누나)가 있었다는 사실은 알고 있었다. 하지만 마미의 마지막은 어제 처음으로 알았다. 마쓰다 씨는 아이들에게 사실을 전하기로 결심했다.

그 결단은 내 가슴을 더욱 무겁게 만들었다. 왜냐하면 내 취재가 그 모든 일의 발단이 되었기 때문이다.

마쓰다 씨 입장에서는 취재에 응한다는 것은 있을 수 없는 일이었다. 수많은 마이크와 수많은 카메라에 쫓겼기 때문이다. "현재 심정은 어떠신가요?", "범인을 어떻게 생각하십니까?", "왜 파친코 점에 아이를……." 그런 대응에 이사를 반복했다. 몇 번이고 이사를 해도 기자라는 녀석들은 어느 날 갑자기 나타났다. 체포, 기소, 판결……. 그때마다 전화벨이 울리고 초인종이 울렸다. 용서할 수 없었을 것이다. 만나고 싶지도 않았을 것이다.

바로 그런 기자 앞에서, 그것도 지금 카메라가 돌고 있는 가운데서 있는 것이다.

나는 그런 순간이 싫지 않았다. 사람이 무언가를 극복하는 순간, 내게는 그런 식으로 생각되었다. 구원받는 느낌이 들었다.

"전에 딱 한 번…… 여기 온 적이 있어요."

마쓰다 씨가 그렇게 말했다. 마미가 차가운 주검이 되어 발견된 직후의 일이다.

"그때는 기자들이 진을 치고 있었어요. 경찰차로 바로 근처까지 갔었죠."

오늘은 그곳에 걸어서 간다.

제방을 내려가 야구장을 따라 손을 잡고 모래톱으로 향하는 세 사람의 뒷모습. 지금 마쓰다 씨는 어떤 마음으로 그곳으로 가고 있는 것일까?

측량할 때 모래톱에 박은 나무 말뚝 앞으로 안내했다. 내가 무신경하게도 현장이라고 불렀던 그곳은 그녀에게는 딸의 마지막 장소다.

무릎을 꿇는 뒷모습.

카메라는 떨어진 장소에서 조용히 그 모습을 담을 뿐이다.

차가운 바람이 불고 있었다. 마른 갈대와 참억새가 바스락 소리를 냈다.

❖ 마미의 시신이 발견된 장소에서 합장하는 유가족

예상하지 못한 사태가 일어나는 것이 바로 현장이다.

처음으로 눈물을 흘린 것은 어머니가 아니었다. 눈물은 마미를 한 번도 만난 적이 없는 여동생과 남동생의 뺨을 타고 흘러내렸다.

강물 소리와 함께 고성능 마이크를 통해 목소리가 녹음되었다.

"자, 누나에게 인사해야지. 내가 동생이라고."

남동생의 눈물이 발아래 모래로 떨어진다.

"괴로웠지. 깜깜한 밤에 모르는 사람에게 이런 곳까지 끌려와서."

마쓰다 씨가 말했다.

"언니를 만나고 싶었어……. 왜 언니였던 거야?"

흐느끼며 여동생이 말했다.

"엄마도 그걸 모르겠단다. 살아있기만 바랐는데."

"살아있다면 지금 스물두 살……."

히토미 씨는 팔에 하고 있던 은팔찌를 풀어 앞에 있던 꽃에 살짝 걸었다.

"성인식 대신이야……."

합장하는 어깨가 가늘게 떨렸다.

강물이 흐르는 소리에 섞여 들리는 흐느낌 소리.

헤드폰을 통해 그들의 대화를 모니터링 하는 하마구치 음향감독의 눈도 새빨개졌다.

여동생이 중얼거리듯 말했다.

"4년밖에 살지 못했지만, 그 4년 동안 엄마와 아빠와 함께 보내서 언니도 행복했을 거야. 그러니 하늘나라에서 편하게 지냈으면 해. 언니가 있었다는 사실을 나는 자랑스럽게 생각할 테니까……."

나는 하늘을 올려다보았다.

강바람이 부는 겨울의 회색 하늘이 흐릿하게 보였다.

이것으로 괜찮은 걸까?

17년 동안 지켜온 알을 깨버림으로써 동생들은 몰라도 좋을 가족의 사건을 알게 되었다. 그것이 옳은 일인지 아닌지 나는 알 수 없다. 하지만 나는 가장 작은 목소리를 들었다.

"왜 언니였던 거야?"

그 목소리를 전하는 것이 내 일이다.

방송 시작은 2008년 1월로 결정되었다. 정식 명칭도 〈ACTION 일본을 움직이는 프로젝트〉였다.

서브타이틀은 '연쇄 아동납치살인 진상 추구'. 골든 타임대에 방송 광고도 시작했다. 프로그램 메인 PD는 스기모토 도시야 사회부장이 겸임한다.

알리고 싶은 것은 연쇄 살인사건의 가능성이다.

유괴 현장은 파친코 점이 많고, 마미 사건과 마나 사건의 시신 유기 현장은 강을 사이에 두었다는 등 다섯 건의 공통점을 정리한다. 사건 피해자 다섯 명의 소녀의 이름과 사진을 사용하기 위해 각 유족의 대표자들에게도 허락을 받았다. 그것은 오랜 시간이 지난 사건 보도에서는 필수조건처럼 생각되었다.

물론 유족의 마음도 전해야 한다. 와타라세 강 모래톱에 서 있는 세 사람의 모습이다.

한편 무죄 보도의 큰 포인트는 두 가지다.

하나는 스가야 씨의 자백의 애매함. 목격자가 없고, 비밀 폭로가 없으며, 쇼핑 목록이 발견되지 않는 것 등 의문점을 담을 수 있을 만큼 담았다.

와타라세 강 현장에서는 스가야 씨의 자전거를 마쓰다 씨에게도 보여주면서 의견을 구했다. 그녀는 자전거 짐칸을 내려다보면서 이렇게 말했다.

"이 짐칸에 탔다는 건가요? 평소 유치원에 갈 때는 유아용 안장이 장착된 자전거에 태우고 갔었거든요. 짐칸에 탔다는 것은 아무래도 납득하기 힘드네요."

두 번째 포인트는 DNA형 감정이다. 시청자에게 이 사실을 이해시키는 것은 쉽지 않았다. 사토 히로시 변호사와의 인터뷰를 통해 초기 DNA형 감정은 정밀도가 낮았다는 사실을 담았다. 그리고 무엇보다 스가야 씨 자신이 DNA형 재감정을 바라고 있다는 사실도 빼놓을 수 없었다.

분량은 40분이 넘었다. 영상 앞부분 취재 장면에서는 다섯 건의 사건 현장을 첨부했다. 헬기로 공중 촬영도 했다. 공중 촬영을 할 때 사전 취재를 통해 포착한 아주 중요한 '한 지점'도 함께 촬영해두었다.

니혼 텔레비전 S1 스튜디오에 세트장도 설치했다. 방청석에는 우리들을 포함한 보도국 스태프 50명이 나란히 앉았다. 수많은 조명이 비치는 그곳을 무대로 드디어 영상이 흘러나왔다. 커다란 모니터를 바라보니 '전설의 기자가 진상을 파헤치다' 같은 낯간지러운 자막이 흘러나와서 깜짝 놀랐다. 전설이라니, 난 아직 현역이라고.

"만약 스가야 도시카즈가 무죄라면 다섯 건의 사건은 모두 미해결이라는 것이 됩니다."

보도 원고로서는 이례적으로 "만약 ~라면"이라는 워딩이 스튜디오에 울려퍼졌다.

"스가야는 DNA 재감정을 바라고 있습니다"라는 말과 함께 흘러나온 영상 맺음말은 다음과 같았다.

"우리들은 이 다섯 건의 아동납치살인사건을 철저히 검증할 생각입니다. 동일범에 의한 사건 가능성은 없는지, 만약 그렇다면 범인은 지금도 어딘가에 숨어 있다는 것이 됩니다."

동업자들의 반응이 눈에 선했다.

'뭐야 이건, 바보 기자의 망상인가? 게다가 일본을 움직인다니. 엄청난 짓을 저질렀구만.'

몸과 마음이 위축됨과 동시에 어딘가가 뜨거워졌다.

나는 방청석에서 핸드 마이크를 손에 들고 짧게 설명했다. 이 보도의 책임 소재를 명확히 하기 위해 직접 얼굴도 내보였다.

이렇게 해서 '일본을 움직인다'는 프로그램에서 무모하게 보이는 보도가 시작되었다. 니혼 텔레비전 홈페이지에는 〈ACTION〉 코너가 신설되어, 나와 준코가 연쇄사건 블로그를 작성하기로 했다.

방송 후, 스가야 씨에게서 의외의 편지가 도착했다.

교도소 휴게실 텔레비전으로 제한된 시간이었지만 방송을 본 모양이다.

"방송을 보고 당시에 있었던 일이 떠올랐습니다. 당시 경찰의 말도 안 되는 대응에 화가 났습니다."

와타라세 강에서 통곡하는 유족의 모습을 본 스가야 씨는 이렇게도 적었다.

"마미 양의 부모님도 정말 원통하실 겁니다. 저는 절대로 진범을 용서할 수 없습니다. 다른 사람에게 죄를 덮어씌우고 자신만 잘 살고 있다니."

그리고 다시 "DNA 재감정을 받고 싶습니다"고 적었다.

저녁 뉴스에서도 특집으로 17분 동안 보도했다. 주부가 많이 시청하는 시간대다.

반응은 제각각이었다. "이런 사건이 있었군요. 전혀 몰랐습니다"라는 놀라움부터 "자백의 진위를 조사하는 장면이 탐사보도 같아서 재밌었습니다"라는 감상이 있는 한편, "이런 방송을 해도 괜찮은 거냐? 대법원에서 확정된 사건이잖아", "이 방송은 대체 어떻게 끝낼 생각이야?"라는 당연한 목소리들도 튀어나왔다. 탐사보도에 정해진 대본은 없다. 어디에 착지해야 좋을지 뛰어내린 나조차도 알 수 없었다.

고립감이 장난 아니었다. 타 방송에서의 후속보도도 전혀 없었다. 상쾌할 정도로 완전 무시였다. 우리 편이 있었으면 하는 생각에, 잡지기자 시절부터 친구이자 오케가와 사건에서도 힘든 취재를 함께 했던 '미스터 T'라면 흥미를 가지지 않을까 해서 전화를 걸었지만 그 또한 이번 사건에는 부담을 많이 느끼는지 완곡하게 거절했다. 나는 고립무원 상태에서 취재한 사실을 계속 보도할 수밖에 없었다.

방송 개시 다음 달인 2008년 2월 13일의 일이었다.

갑자기 아시카가 사건의 재심 청구가 기각되었다. 우쓰노미야 지방법원은 5년간이나 방치했던 스가야 씨의 청구에 대해서 하필이면 방송 개시 직후 결론을 내렸다.

니혼대학 의학부 오시다 교수에 의한 스가야 씨의 모발 감정에 따르면 스가야의 DNA형은 과경연이 검출한 '범인의 DNA형'과는 일치하지 않았다. 변호인단은 그 사실과 마미의 사인의 의문점 등을 새로운 증거로 제출했지만 우쓰노미야 지방법원의 이케모토 스미코 판사는 오시다 교수의 감정을 부정했다.

그 이유는 다음과 같다.

"검사대상자료인 모발이 실제로 청구인의 두발에서 채취된 모발이라는 보장이 없다."

스가야 씨의 모발이라고 하는데 사실은 누구의 머리카락인지 알 수 없다며 문전박대한 것이다. 이런 결론을 내리기 위해 법원은 5년이나 뜸을 들인 것인가? 재감정이라는 검증 행위 그 자체에 등을 돌린 것이라고밖에는 생각되지 않았다.

재심 청구 기각 다음 날 사토 히로시 변호사가 지바 교도소를 찾았다. 스가야 씨에게 결과를 전달하기 위해서다. 교도소 문 앞에서 찬 북풍을 맞으며 사토 변호사는 눈물을 흘리며 말했다.

"만약 신이 단 하나의 소원을 들어주겠다고 한다면 스가야 씨의 무죄라고 항상 바라고 있습니다."

이 말만 하고는 등을 돌리고 붉은 벽돌담 안으로 사라졌다.

결과를 전해 들은 스가야 씨는 천장을 올려다보며 눈물을 참았다고 한다.

심야, 아무도 없는 프로그램 스태프룸에서 나는 멍하니 책상 앞에 앉아 있었다. 죽 늘어서 있는 텔레비전 모니터도 다 꺼진 방은 낮과는 다른 장소인 것처럼 적막에 휩싸여 있었다.

보도 개시 직후의 재심 청구 기각. 그것은 내게는 너무나도 괴로운 일이었다. 공이 울리는 소리에 뛰쳐나간 복서가 갑자기 어퍼컷을 맞고 쓰러진 것이나 마찬가지였다. 프로그램을 계속할지 말지의 문제가 아니었다. 법원이 잘못된 결론을 내리게 등을 떠밀고 만 것이라면? 그런 망상에 가까운 자책까지 했다.

머릿속 한구석에 항상 있는 것은 꿈속에서 건네받은 집 모양 양철 상자였다. 열릴 것이라 생각했던 그 뚜껑이 쾅 하고 닫힌 듯한 느낌이 들었다.

통로 저편에서 누군가의 웃음소리가 들린다. 그것조차 경찰이나 언론의 조소처럼 생각되었다. 사내에서도 이 보도를 걱정하는 소리가 나오기 시작했다. 그것은 돌고 돌아서 내 귀에도 들렸다.

"정말 무죄가 맞기는 한 거야?"

"만에 하나 무죄라 해도 확정 판결을 보도로 뒤집는다는 것은 쉽지 않지."

"결국 시미즈도 운빨이 다했군……."

무모한 보도. 고립무원.

의지할 것이라곤 내 취재밖에 없는 탐사보도. 탐사보도에는 당국이 보도 내용을 인정하거나, 타사가 같은 내용의 후속보도를 하는 등 어떤 '결과'가 보이지 않으면 '진실'로 인정해주지 않는다는 현실이 있다. 나 자신은 그런 사실에 집착하지는 않는다. 세상을 위한 일이라고 믿고 무언가를 전하면 된다. 결과는 필요 없다. 그렇게 생각했지만 그래서는 일본은 움직이지 않는다.

본래 해야 할 것은 북관동 연쇄 아동납치살인사건 보도지만, 아시카가 사건으로 콧대가 납작해져 꼼짝도 할 수 없게 되었다. 스가야 씨와 변호인단은 도쿄 고등법원에 즉각 재심 항고를 한다고 하지만, 그것 또한 절망적으로 생각되었다. '재심의 문'은 열리기는커녕 반대로 철저하게 용접되고 말았다. 지바 교도소의 두터운 철문과 제복 차림으로 서 있는 교도관의 모습이 떠오른다.

이런 어중간한 상황에서 끝인가?

재심 청구 기각이라는 말을 듣고도 스기모토 부장은 꿈쩍도 안 했지만, 나는 자료가 계속 늘어나 결국 무너질 것 같은 책상 앞에서 한숨만 내쉴 수밖에 없었다. 상반신을 일으켜 상의 안쪽 주머니에서 수첩을 꺼내 살짝 펼친다. 거기엔 다섯 명의 여자아이의 사진이 있었다.

어쩌지?

나는 대체 누구에게 무엇을 묻고 있는 것일까? 항상 웃는 얼굴의 그 아이들에게 자조하는 듯이 물었다.

아직 무엇 하나 진실을 밝혀내지 못했다. 어떡해서든 이 상황을 돌파해야만 한다. 하지만 어떡해야 좋지? 아무리 생각해도 내가 알고 있는 방법은 하나밖에 없었다. 끝까지 발버둥 치는 것이다. 기자라면 취재로 밝혀낸 사실을 계속해서 보도하는 것밖에 방법은 없다.

하나부터 다시 시작이다.

〈재심 기각, 그래도 남는 의문〉 편을 방송했다. 법원 입장에서 보자면 상당히 거슬리는 제목일 것이다. 하지만 의문은 의문이다. 재심 청구가 기각된 이유가 충분하지 않다는 사실을 전하고 'DNA 재감정을 해야 한다'고 끊임없이 보도를 계속했다. 스가야 씨와 피해자의 셔츠 모두 재감정이다. 반드시 어딘가에 돌파구가 있다. 적어도 계기 정도는 있을 것이다. 나는 내 손조차 보이지 않는 칠흑 같은 미로 속에서 계속해서 손으로 더듬어서 탈출구를 찾았다.

그리고 그것은 갑자기 찾아왔다.

어느 날 아침이었다.

전날 밤도 취재로 늦어져서 침대에 누운 것은 새벽녘이었다. 아침 9시가 되어 엉금엉금 자리에서 일어난 나는 휴대전화가 진동 중이라는 사실을 깨달았다. 내가 모르는 지방 번호였다. 과거 취재원 아니면 텔레마케팅 전화가 아닐까 하며 일단 받았다.

"마쓰모토라고 합니다만……."

들어본 적이 없는 남성의 목소리에 잠에서 덜 깬 채 응대했다. 왜 이 사람은 화난 목소리지? 마쓰모토? 나는 다음 순간 번개를 맞은 듯이 정신이 번쩍 들었다.

삭제된 목격 증언을 했던 마쓰모토 씨의 관계자가 아닐까? 증언을 했던 마쓰모토 씨는 여성이다. 와타라세 강변에서 빨간 치마를 입은 소녀를 데리고 간 남자를 목격한 주부. 전직 미술선생이라 스케치를 남긴 사람. 아무래도 전화한 사람은 그 마쓰모토 씨의 남편인 것 같았다.

더구나 상당히 화가 나신 모양이다.

그는 수화기 너머로 정신없이 쏘아댔다.

"내 근무처는 어떻게 알아낸 거요?", "대체 왜 이제 와서 취재를 하겠다는 거요?", "이미 사건은 해결되었잖소"와 같은 말이 이어졌다. 당연한 의문을 화난 말투로 빠르게 뱉어냈다.

마쓰모토 씨 관련해서는 딱히 뒷조사를 한 것도 아니었다. 그 그림을 보고 나서 꼭 마쓰모토 씨를 취재하고 싶었던 나는 시간이 날 때마다 연락처를 수소문했지만 결국 아무것도 알아내지 못했다. 심부름센터를 쓸 생각도 없고 돈도 없다. 다만 취재 중에 남편의 이전 근무처를 알아냈다.

그곳에 편지를 보냈다. 단순한 방법이다. 마쓰다 히토미 씨와 만났을 때와 같은 방법이다. 아무래도 그 편지가 오랜 시간이 지나 마쓰모토 씨 남편에게 도착한 모양이다.

마쓰모토 씨 남편 입장에서는 사건 18년 후에 갑자기 언론 쪽에서 온 편지다. 기분 나쁘게 생각하는 것도 무리는 아니라고 생각했지만 내 예상과는 달랐다. 분노한 원인은 더욱 깊었다.

"댁들은 믿을 수 없소!"

그것은 막 일어난 내 고막을 뒤흔들 만한 목소리였다. 그 근원에 있는 것은 언론에 대한 불신이었다. 사건 후, 목격자로서 경찰 수사에 협력한 마쓰모토 씨는 현장까지 가서 검증에 입회하고 조서 작성도 친절하게 도왔다. 이변은 그날 밤에 일어났다.

부엌문을 통해 처음 보는 신문기자가 난입한 것이다.

어린아이를 노린 사건이 연속되는 아시카가 시에서 잡히지 않는 범인에 대해 시민들이 공포에 떨고 있던 무렵이다. 더구나 마쓰모토 씨 부부에게는 피해자와 같은 나이대의 아이가 있었다. 선의의 증언자의 주소와 정체가 바로 그날 기자에게 알려지고 말았다는 사실에 엄청난 공포와 분노를 느꼈다고 한다. 물론 기자는 바로 쫓겨났다.

갑자기 찾아온 기자에게도 잘못은 있다. 하지만 경찰이 누설하지 않는 한 마쓰모토 씨의 존재조차 알 수 없다. 가장 큰 문제는 도치기 경찰서의 정보 관리 소홀이었지만, 마쓰모토 씨 남편의 분노는 기자에게, 그것도 아무래도 '대표격'인 내게 향해진 모양이다. 어떻게 항변한들 사태는 악화할 뿐이지만, 지금은 상대방의 분노를 얌전히 받아낼 수밖에 없었다.

"당신네 기자라는 인종은 자기들밖에 생각 안 하는 이기적인 집단이거든……."

"그 사건은 이미 판결이 내려졌잖소. 보도는 신중해야 하는 거 아니요? 만에 하나라도 범죄자일 가능성이 있다면 그런 보도는 세상에 하등 도움이……."

끊임없이 계속되는 마쓰모토 씨 남편의 말. 휴대전화는 어느새 팝콘 제조기처럼 뜨겁게 달아올라 있었다. 마쓰모토 씨 남편의 열변은 이미 한 시간 이상 계속된 상태였다. 휴대전화 배터리가 닳을 정도가 되어 서둘러 충전기를 연결했더니 마쓰모토 씨 남편은 마지막으로 다시 한 번 질타를 하고는 전화를 끊었다.

한 시간 넘게 전화를 받느라 화장실이 급했다. 그러다 문득 휴대전화를 돌아보자 그곳에는 마쓰모토 씨 남편의 전화번호가 남아 있었다.

언제라도 금방 끊어질 실은 틀림없으나, 그 번호는 마쓰모토 씨 남편이 애써 남겨준 것이라고 제멋대로 생각하기로 했다. 여기일지도 모른다. 여기가 돌파구일지도 모른다.

어쨌든 발버둥 쳐볼 가치는 있어 보였다.

며칠 후, 나는 질리지도 않게 마쓰모토 씨의 남편에게 전화를 걸어서는 또 혼났다. 하지만 남편은 사죄하는 거라면 만나도 좋다고 말해주었다.

나와 준코는 인사치레용 과자 선물을 들고 남편의 근무지로 향했다.

혼나기 전에 배나 채워야겠다는 생각에 역 앞 식당에서 유부우동을 시켜놓고 작전을 세웠다. 하지만 어떤 비책이 있거나 한 것은 아니어서 일단 머리부터 숙이는 방법밖에는 없을 듯했다.

우리들은 각오를 하고 남편의 근무처를 찾아가 응접실 문을 노크했다.

그런데 인상이 참 좋아 보이는 부인이 미소와 함께 우리를 맞이해주었다. 마쓰모토 씨 남편은 마쓰모토 씨도 동석시켜주었던 것이다.

그토록 찾아 헤매던 사람이 눈앞에 있었다.

마치 첫사랑 연인을 재회한 것처럼 가슴이 두근거렸다. 드디어 마쓰모토 씨 이야기를 듣게 되지만, 그 전에 30분 정도 남편분께 보도 윤리에 관해서 꾸지람을 들어야 했다.

마쓰모토 씨에게서 들은 당일 상황은 이랬다.

구름이 살짝 낀 사건 당일 저녁 무렵, 마쓰모토 씨는 아이를 데리고 와타라세 강변에서 놀고 있었다. 근처 잔디에는 골프 연습을 하던 남성이 있었다. "만화 〈루팡 3세〉. 루팡 3세를 꼭 닮았어"라고 증언했던 요시다 씨다. 마쓰모토 씨는 그네 근처에서 아이와 네잎 클로버를 찾고 있었다. 문득 고개를 들자 마침 구름 틈사이로 오렌지빛 석양이 잔디를 물들이는 가운데 어린 소녀와 남성이 걷고 있었다.

"여자아이가 남성 앞뒤를 쫄랑거리며 걷고 있었어요. 자연스러운 형태로. 산책하는 듯한 분위기였습니다. 아이도 편안해 보였고요. 함께 걷고 있는 사람을 신뢰하고 있다, 그런 느낌이었습니다."

시간은 18시 40분 정도였다고 한다.

"남성은 흰색 계통의 옷을 입고 있었던 것 같아요. 그렇게 큰 체구는 아니었습니다. 일직선으로 걸어가는 느낌이었어요. 강 쪽을 향해서 빠른 걸음으로 겅중겅중 걸어가더군요. 보폭이 꽤 컸어요."

여자아이의 특징은 마미의 당일 복장과 일치했다.

"단발머리에 빨간 치마가 눈에 띄더군요. 상의는 그 치마보다는 약간 엷은 색이었고요……."

치마 색은 역시 빨강. 마쓰모토 씨의 증언은 마치 흑백 스케치에 파스텔로 색을 입히는 작업 같았다. 그날 마쓰모토 씨의 딸은 핑크색 치마를 입고 있었기 때문에 그것과 비교해서 색도 기억했다고 한다. 여성만이 가능한 증언이었다.

마쓰모토 씨의 남편도 당시의 일을 잘 기억하고 있었다.

"아내는 그림을 가르치는 일을 하고 있었기 때문에 눈으로 본 사물을 순간적으로 기억하는 능력이 뛰어나거든. 사건 직후 뉴스에서 여자아이 사진이 나왔을 때 '아! 이 아이 봤는데'라고 말하지 뭔가.

그래서 바로 경찰에 연락했지."

이거다! 마쓰모토 씨는 "아! 이 아이 봤는데"라고 말했던 것이다. 결코 지나쳐서는 안 될 일이었다. 마쓰모토 씨의 인상은 애매모호한 것이 아니라 단정이다. 조서만 봐서는 알 수 없는 중요한 사실이다.

취재 막바지에 마쓰모토 씨 남편이 문득 말했다.

"사실은 그런 일이 있었기 때문에 언론에는 한번 제대로 항의하고 싶었소. 시미즈 씨에게 그 불똥이 튄 거지. 그래도 당신, 변명 한 마디 안 하고 용케 참더군. 내가 이 사람이라면 믿어도 좋을 거라고, 취재에 응하라고 언론을 두려워하던 아내를 설득한 거요."

마쓰모토 씨 남편은 그렇게 말하고는 빙긋 웃었다.

첫 대면인 부부 앞에서 나도 모르게 눈물이 흘러나올 뻔했다.

그 후, 마쓰모토 씨는 와타라세 강 현장까지 친히 이동해서 목격한 장소에서 카메라 인터뷰에 응했다. 당시 증언을 돌이키면서 스케치도 다시 한 번 그려주었다. 마미가 파친코 점 부근에서 마지막으로 목격된 것이 18시 30분경. 그로부터 약 10분 후 바로 뒤쪽의 강변을 따라 걷던 빨간 치마를 입은 여자아이.

우연이라고는 생각할 수 없었다.

무엇보다 두 사람이 걸어갔던 그 앞에서 시신이 발견되었다.

하지만 중요할 터였던 이 증언은 1년 반 후 돌연 삭제된다. 왜냐하면 DNA형이 일치해서 '범인이어야만 하는' 스가야 씨가 "자전거 짐칸에 태워서 유괴했다"고 자백했기 때문이다. 그 순간 '걷던 두 사람'에 대한 목격 증언은 방해가 되었다. 이후 마쓰모토 씨와 요시다 씨의 조서는 봉인된다. 한편 스가야 씨의 상세한 자백 내용을 전달받지 못했던 마쓰모토 씨는 내 취재에 응하기 전까지 자신의 증언이 '스가야 씨 체포에 도움을 주었다'고 믿고 있었다.

나는 다시 이 목격 증언에 대한 의문을 전직 수사간부에게 물어보았다.

"언덕길을 내려온 남자가 있지 않았던가요? 빨간 치마를 입은 여자아이와."

또 당신이냐는 듯한 귀찮은 얼굴로 그는 간단히 대답했다.

"그건 결국 알아내지 못했어. 어떤 사건이든 그런 건 있는 법이지. 거짓 증언자들이 자기 눈으로 똑똑히 봤다고 하더군. 하지만 빨간 치마를 입은 여자아이는 거리에 널렸으니까. 다른 사람이야."

헛소리 하지 마. 그런 아이가 얼마든지 있을 리가 없잖아! 나는 현장에 집착하기 때문에 확신을 갖고 말할 수 있다. 내가 와타라세 강의 강변을 지나다닌 횟수는 이미 100번도 넘었을 거다. 계속 걷고 또 걷고, 관찰하고, 카메라를 돌렸다. 평일에도 주말에도 아침에도 저녁에도 한밤중에도. 하지만 그 과정에서 빨간 치마를 입은 어린 소녀를 본 적은 단 한 번도 없었다. 하물며 사건 당일 같은 시각에 같은 복장을 한 소녀가 두 사람이나 있었을 가능성은 지극히 희박하다. "널려 있다"고? 당신들은 상세한 조서를 작성하고, 입간판까지 세울 정도로 목격자를 계속 찾았잖아.

상식적으로 생각 좀 해보라고 말한들 소용이 없을 것이다. 이들은 그렇기 때문에 스가야씨를 체포한 것이다.

이 시점을 기해서 나는 당시 수사를 전혀 믿지 않게 되었다.

사실 '걷는 두 사람'에 대한 목격자는 마쓰모토 씨와 요시다 씨 외에도 있었다. 마쓰모토 씨가 목격한 잔디 광장에서 약간 떨어진 곳에서 두 사람의 모습을 목격한 소년이 있었다. 지금은 청년으로 성장한 그에게서도 이야기를 들었다.

사건 당일 그는 친구와 강여울에서 돌을 가지고 장난치고 있었다. 그러다 문득 강변을 돌아보니 콘크리트로 다진 강기슭 위를 걷던 남자와 소녀를 목격했다. 그 강기슭 끝은 시신 발견 현장. 두 소년도 사건 당시 경찰에 목격 증언을 하지만 이 증언 또한 깨끗하게 삭제된다.

수사진 측에서 법정에 제출한 자료는 전체의 일부에 지나지 않는다. 경찰이나 검찰에는 재판에 제출하지 않는 조서나 수사 메모가 있다. 그런 자료는 기소 후, 형사부 검사가 공판 담당 검사에게 전달하고 그때 공판에 제출할 기록을 선별한다. 법정에 제출하는 것은 어디까지나 용의자를 유죄로 만드는 데 유리한 기록뿐이다. 전직 검사를 취재한 바에 따르면 법정에 제출하지 않는 증거를 검찰 내부에서는 '잔기록殘記錄'이라고 부른다고 한다.

'잔기록'.

증거는 원래 경찰이나 검찰을 위한 것이 아니라 진실을 추구하기 위한 중립적인 것이 아니었던가? 그런데 현실에서는 수사 측에서 입건을 위해서만 사용하고 있다.

수사 측은 자신이 구성한 사건의 토대를 부정하는 증거를 '소극 증거'라고 부르기까지 한다. 부정하는 증거가 존재함에도 자신의 '사건 구성'이 틀렸다고는 생각하지 않는 모양이다. 앞에서 서술한 도치기 경찰의 전직 수사간부처럼 "거리에 널렸다"라는 식으로 정리해버린다. 더구나 사건 구성이 애초에 잘못되었을 경우 잔기록이야말로 사실은 '적극 증거'였을지도 모르는데 그런 것은 상관없다는 투다.

애당초 증거 평가는 법원의 역할 아니던가.

나는 우쓰노미야 지방 경찰청에 몇 번이고 취재 신청을 했다. 하지만 대답은 항상 다음과 같았다.

"재심 청구 중인 사건에 대해서는 답변 드릴 수 없습니다."

재심 청구를 했기 때문에 취재하고자 하는 것인데 말이다. 아시카가의 세 건은 모두 해결되었다고 당당하게 기자회견을 한 경찰이 누명 가능성을 지적당할 것 같으니 이번에는 취재 거부다.

경찰은 자신들에게 불리한 사실은 감춘다.

음모론을 말하고자 하는 것이 아니다. 나는 그것을 사실로서 알고 있고, 진절머리가 날 정도로 많이 겪었다. 관련해서 책까지 썼다. '오케가와 사건'이다. 나는 북관동 연쇄 아동납치살인사건과 오케가와 사건의 구조는 유사성이 많다고 생각한다. 이야기가 약간 길어지지만 참고 봐주셨으면 한다.

1999년 10월, 사이타마 현 JR 오케가와 역 앞에서 사건이 발생한다. 21세의 여대생 이노 시오리가 누군가의 칼에 찔려 살해당한 가슴 아픈 사건이다.

통통한 체격에 단발머리인 범인이 현장에서 목격되지만 그대로 도주한다.

나는 사건 직후부터 취재를 담당했다. 당시 나는 사진 주간지 〈FOCUS〉의 기자였다. 기자단에 가입하지 않았다는 이유로 관할인 가미오 서로부터 취재를 거부당해 별 수 없이 직접 단서를 찾다가 시오리 씨의 친구들과 만났다. 사정을 알고 있는 친구들은 겁을 내면서도 내게 열심히 호소했다. 스토커 그룹이 피해자를 노리고 있었다고. 그들은 그 스토커 그룹을 두려워했다. "시오리는 '만약 내가 살해당한다면 범인은 고마쓰'라고 말했어요."

그녀는 친구에게 자신이 죽기 전까지의 경위나 주범인 남자의 이름을 말했었다. 그것이 고마쓰다. 시오리 씨가 잠깐 사귀었던 남자지만 바로 남자가 이상하다는 것을 깨닫고 헤어졌다. 그러자 남자는 시오리 씨를 협박하고, 남자의 상사라고 자칭하는 녀석들이 자택에 들이닥치기도 했다. 그 밖에도 시오리 씨를 중상모략하는 내용의 전단지가 그녀 자택 주변에 대량으로 뿌려졌다. 실명과 사진을 그대로 드러낸 채로. 이것은 조직적인 범죄행위였다.

시오리 씨는 가미오 서에 도움을 요청하지만 결국 그녀는 누군가에게 살해당하고 만 것이다.

사건에 이르기까지의 경위가 정확하게 드러난 시오리 씨의 '유언'과 만난 나는 그날부터 무언가에 홀린듯이 취재를 계속했다. 그녀의 유언대로라면 고마쓰 주변에 실제로 살인을 저지른 범인이 있을 것이다. 취재를 계속하다 알게 된 사실은 자동차 영업사원이라고 말하며 접근했던 고마쓰가 사실은 유흥업소 경영자였다는 사실이었다. 나이도 거짓이었다. 시오리 씨는 남자의 정체도 모른 채 살해당한 것이다.

사내들의 근거지는 도쿄 이케부쿠로였다. 나는 탐문과 잠복을 계속했다. 이윽고 고마쓰 부하 중에 살해 현장에서 도망친 사내와 인상착의가 일치하는 인물이 있다는 사실을 파악했다. 통통한 체격에 단발이다. 사건 당일의 수상쩍은 행적도 확인했다. 이름도 확보했다. 중대한 정보였다.

경찰에 취재를 거부당하기는 했지만, 이 사건은 살인사건이다. 나는 이 정보들을 신문기자 지인을 통해 수사본부에 제공했다. 결과, 그 남자는 역시 현장에서 목격된 남자와 동일인물이라는 사실이 확인되었고, 고마쓰나 이 남자들이 스토커 행위를 반복했다는 사실도 판명되었다. 나머지는 체포해서 신문을 하면 될 뿐이지만, 그 사내들의 주거지는 경찰도 파악하지 못했다.

나는 잠복을 통해 그들의 행방을 뒤쫓았다.

그리고 이케부쿠로에 있는 그들의 은신처에서 살인 실행범을 포함한 일당을 발견했다. 나와 오랫동안 팀을 짰던 사쿠라이 오사무 카메라맨이 초망원 렌즈로 공범을 포함해 일당 전원의 모습을 카메라에 담았다. 경찰보다 먼저 범인을 찾아낸 것이지만, 어쨌든 빨리 범인을 체포하기만을 기도했다. 엄청난 특종이었지만 범인들이 기사를 보면 도망칠 테니까 잡지에 게재할 수는 없었다. 나는 시오리 씨의 원한을 풀어주고 싶었다. 범인을 도망치게 만든 멍청한 기자 따위는 되고 싶지 않았다. 나는 사이타마 경찰에게 정보를 제공하고 계속해서 기사 게재를 미뤘지만 경찰은 도무지 범인을 체포하려 들지 않았다.

살인범은 그곳에 있는데 왜 체포하지 않는가?

악몽 같은 날들이 시작되었다. 아무리 잡지 게재를 미룬다 해도 한계가 있다. 나는 경찰이 아니라 기자다. 경찰을 위해서 취재하고 있는 것이 아니다. 보도하는 것이 나의 일이다. 눈앞에 닥친 잡지 마감은 연말. 더 이상은 미룰 수 없다는 편집장의 압박에 나는 결국 단신으로 가미오 서에 들이닥쳤다. 여전히 취재를 거부하는 부서장에게 카운터 너머 소릴 질렀다.

"취재가 아닙니다. 알리고 싶은 사실이 있어서 왔을 뿐입니다. 다음 주 오케가와 역 앞 살인사건의 용의자에 관해서 중요한 기사를 게재할 예정입니다. 이미 그 내용은 수사본부가 알고 있을 겁니다."

주간지가 멋대로 기사로 써서 범인을 놓쳤다는 변명을 하지 못하게 경찰서 안에서 큰소리로 주지시켰다. 사정을 모르는 경찰들은 아마도 미친 남자의 망상이라고 생각했을 것이다. 하지만 이렇게라도 하지 않으면 범인을 체포하지 않는 경찰은 대체 뭐란 말인가.

잡지 마감 당일, 아슬아슬한 타이밍에 범인은 체포되었다. 그 후에도 스토커 고마쓰의 형 등 계속해서 실행범의 주변 인물이 이 사건에 관여했다는 죄로 체포되었다. 하지만 핵심인 고마쓰에게 수사가 미칠 기색은 전혀 없었다. 게다가 살인사건이 아니라, 스토커 행위에 의한 명예훼손죄 명목으로 비공개 지명수배되었을 뿐이었다.

행방을 감춘 고마쓰가 시신으로 발견된 것은 홋카이도였다. 고마쓰가 홋카이도에 있다는 정보를 입수한 나는 사쿠라이 카메라맨과 홋카이도까지 그를 추적했지만, 결국 늦고 말았다. 양쪽의 주장이 대립할 경우 양쪽을 모두 취재한다는 방침을 지키고자 했지만, 고마쓰는 엄동설한의 홋카이도 굿샤로 호수에서 싸늘한 주검으로 발견되었다. 경찰은 자살로 판단했다.

'오케가와 역 앞 여대생 살인사건'이라는 사건의 대략적인 내용은 이상과 같다.

하지만 이른바 '오케가와 사건'은 여기서 끝이 아니다.

그 후 경찰의 대응이 문제시되었다. 사건 전, 시오리 씨는 "스토커에게 살해당할지도 모른다"며 경찰에 도움을 요청했었다. 하지만 그 사실은 그 어디에도 기사화되지 않았다. 경찰이 자신들에게 불리한 사실을 발표할 리도 없고, 경찰 발표 없이는 기자들도 굳이 기사화하려 하지 않기 때문이다.

여기서부터 내 취재는 완전히 고립되고 말았다.

누명 보도와 마찬가지지만, 사법, 특히 경찰과 대립축이 생겨버리고 말기 때문이다.

확증이 없는 기사 소스가 있을 경우 언론은 과연 그것을 검증할 수 있을까? 정보 발신 측은 사실대로 정직하게 대답할까? 그 사실을 통감한 것이 오케가와 사건이었다.

진상은 이렇다.

고마쓰에게서 협박당하던 시오리 씨는 위험을 느끼고 사이타마현 가미오 경찰서에 "이대로 가다간 살해당할지도 몰라요. 살려주세요"라며 몇 번이나 호소한 끝에 간신히 '명예훼손' 고소장을 제출했다. 당시에는 스토커 규제법은 없었다. "이런 건 사건이 안 돼", "이런 건 남녀 간의 문제니까 경찰은 개입할 수 없어"라면서 진지하게 받아들이지 않는 경찰을 간신히 설득해서 제출한 고소장이다.

안심한 것도 잠시 뿐, 얼마 지나지 않아 형사가 시오리 씨의 집을 찾아와서 고소를 취하해달라고 말했다고 한다. 시오리 씨는 취하 요청은 거절했지만 낙담했다. 경찰이 진지하게 수사해주지 않을 거라는 사실을 깨달았기 때문이다. 시오리 씨는 "스토커가 경찰에 손을 쓴 모양이다. 결국 경찰은 아무것도 해주지 않았다. 나는 이제 살해당할 거다. 내가 살해당하면 범인은 고마쓰"라며 친구들에게 고소장과 같은 내용의 유언을 남긴다.

살해 현장인 오케가와 역 앞은 가미오 서 관할이었다. 살해당할지도 모른다며 계속해서 호소하고 고소까지 한 당사자가 실제로 살해당했을 때, 해당 경찰서가 얼마나 허둥댔을지는 충분히 상상이 간다.

그렇다면 가미오 서는 어떻게 대응했을까?

영상으로 남아 있는 그 기자회견은 너무나도 잔혹했다. 가미오 서는 시오리 씨가 고소장을 제출했다는 사실을 애매하게 다루고 넘어간 뒤, 어째서인지 시오리 씨의 복장이나 소지품을 차례차례 구체적으로 늘어놓았다. 검은 미니스커트, 프라다 백, 구찌 시계……. 신원불명 시신이라면 모를까 이런 것까지 발표하는 이면에는 어떤 의도가 있다고밖에 할 수 없을 것이다.

그 후의 보도를 보면 알 수 있다. 한낮에 역 앞에서 살해당한 여대생. 워낙 충격적인 사건이었던 만큼, 명품 나열은 시오리 씨에게 어떤 프레임을 덧씌우기에 성공한다. 과열된 언론들의 취재 열기에 수사간부는 이렇게 흘린다. "피해자는 술집에서 아르바이트를 했다", "그 사건은 윤락업소 여성을 대상으로 한 B급 사건이다", 그러면서 스토커 남자에 대해서도 "윤락업소 경영자"라며 흘린다. 수많은 기자가 이 두 가지 경찰 정보를 하나로 다루는 실수를 저지른다. 이후 '윤락업소 사장과 사귀다 살해당한 명품을 좋아하는 윤락 여대생'이라는 이미지가 피해자에게 보태지고, 피해자에게도 문제가 있다는 식의 보도가 판을 친다. 하지만 현실은 그렇지 않다.

나는 유품의 실물을 본 적이 있지만 시오리 씨가 갖고 다녔다던 '명품'은 평범한 20대 여성이 들고 다니는 것이지, 엄청 고급도 아니다. 실제로 저축한 돈으로 산 것이다. '윤락녀'라는 호칭은 또 뭐란 말인가. 시오리 씨가 친구의 부탁으로 술을 파는 가게에서 단기간 아르바이트를 했던 것 말인가? 그것도 자기에게는 안 맞는다며 금방 그만두었기 때문에 그녀는 아르바이트비조차도 받지 않았다. 경찰 입장에서는 바든 룸이든 윤락업소든 술을 파는 곳에서 일하는 여성은 잠재적 윤락여성이라는 건가? 시오리 씨는 고마쓰가 자동차 영업사원인 줄 알았으며 본명조차 알지 못했다. 게다가 어떤 일을 하든 죽어도 좋을 리가 없다.

이것을 이미지 조작이라고 하면 어폐가 있을까?

경찰의 언론 대책은 피해자 유족도 가만두지 않았다. 경찰 발표만 믿고 스토커나 피해자의 유언에 대한 정보가 전혀 없던 언론은 피해자 집을 포위했다. 결과, 유족은 카메라나 마이크에 쫓겨 외출조차도 할 수 없게 되었다. 그러자 '경비'라는 이유로 그들은 피해자 집에 형사를 상주시켰다. 유족과 언론과의 연결은 차단되어, 정보가 나올 곳은 경찰뿐이라는 상황이 되었다.

나는 운 좋게 시오리 씨의 유언을 먼저 알았기 때문에 함정에 빠지지 않았지만, 그 전까지의 다른 취재에서 비슷한 함정에 빠지지 않았다는 자신은 없다.

어쨌든 범인 일당을 뒤쫓았을 때의 나는 시오리 씨의 유언 중 시오리 씨에게 형사가 와서 고소 취하를 요청했다는 사실이 신경 쓰였다. 그게 과연 사실일까? 나는 다른 기자를 통해 가미오 서 간부에게 확인해보았다. 그러자 이런 대답이 돌아왔다.

"조사해봤지만 우리 서에 그런 형사는 없습니다. 기록도 보고도 없습니다. 게다가 그런 요청을 할 이유가 없죠. 가짜입니다. 스토커 집단이 거짓으로 고소를 취하시키려 한 거겠죠."

시오리 씨 집에 이 스토커 그룹이 강제로 들이닥쳤을 때는 정체를 알 수 없는 회사 조직을 가장했다고 하고, 시오리 씨의 유언에 따르면 고마쓰는 "경찰도 내 말에는 거역 못해"라고까지 말했다고 한다. 그렇기 때문에 나도 이때는 가짜 형사라는 말을 믿었다. 그런 한편 위화감도 느꼈다. 형사를 사칭하는 스토커? 아무리 그래도 보통 그렇게까지 하나?

간부가 거짓말을 했다는 사실이 밝혀진 것은 우연한 계기를 통해서였다.

시오리 씨의 아버지인 이노 겐이치 씨를 만났을 때 우연찮게 물어보았던 한마디가 단서가 되었다.

나는 사건을 보도하기 전에 꼭 시오리 씨 유족을 만나야 한다고 생각했다. '가장 작은 목소리를 들어라'라는 취재 원칙을 따른다면, 이 경우는 피해자 유족이 그랬다. 나는 시오리 씨 집을 둘러싸고 있는 다른 언론사와 마찬가지로 거절당할 각오를 하고 시오리 씨 유족에게 취재를 신청했다. 편지를 쓰고 말미에 내 휴대전화 번호를 적어서 우편함에 넣었다. 그때도 지금도 나는 변함없이 편지만 쓰고 있다.

그날 밤의 일이었다.

이노 씨에게서 전화가 걸려왔다. 놀랐다. 보도 피해 당사자인 피해자 유족이 하필이면 사진 주간지 기자인 내게 전화라니.

그것에는 이유가 있었다. 나는 그때까지 시오리 씨의 유언에 입각하여 기사를 계속 써왔다. 경찰이 발표하는 네거티브 정보는 다루지 않았다. '미인 여대생의 숨겨진 얼굴'이라는 타이틀이 횡행하는 가운데 이색적인 기사였을지도 모른다. 내 취재에 응해준 시오리 씨의 친구들은 기사를 열심히 읽은 모양인지 어느새 "믿을 수 있는 기자가 있다"며 시오리 씨 부모님께 이야기를 전한 모양이다. 그런 경위로 나는 시오리 씨 부모님을 취재한 유일한 기자가 되었다.

나는 형사 부재 시에 시오리 씨 집을 방문했다. 그곳에서 처음으로 알게 된 사실에 나는 경악하고 말았다. 그것은 사이타마 경찰의 사건 전의 대응에 대해 물어보고 있을 때의 일이었다.

나는 아무렇지도 않게 질문했다.

"가짜 형사까지 왔었다면서요? 고소를 취하해달라며……."

그 질문에 이노 씨는 이렇게 대답했다.

"아뇨. 그 말을 한 것은 진짜 형사였습니다. 조서를 직접 작성했던 H형사였습니다."

고소장을 접수한 담당 형사가 고소장을 취하시키려고 했다?

그런 일이 있을 수 있을까?

사실이라면 그것은 가미오 서가 고소장을 수리했으면서도 수사를 하지 않았다는 것이 되며, 태만 수사는커녕 시오리 씨를 죽게 놔두었다고 해도 할 말이 없을 정도였다.

바로 사이타마 지방 경찰청과 가미오 서에 취재를 신청했다. 이제는 경찰 그 자체가 취재 대상이 되었기 때문이다. 하지만 경찰은 "출입 기자단에 소속되어 있지 않은 기자의 취재에는 응할 수 없다"며 뻔한 대답. 그뿐만 아니라 "다른 신문사가 가만히 있지 않는다"며 언론 탓을 하기까지 했다. 그렇다면 이쪽에서 취재한 내용과 한쪽의 주장에 근거해서 기사를 써도 되는 거겠지?

기회를 줬는데도 거부한 것은 그쪽이라 나는 '형사에 의한 고소 취하 요청'이나 '경찰의 태만 수사'와 같은 경찰 비판 기사를 계속해서 보도했다.

그 기사를 본 경찰 출입 기자단에 소속된 기자들이 팩트 체크에 나섰지만, 유족을 취재하지는 못한 채 경찰의 정보에만 의존할 수밖에 없었다. 결과 "가미오 서의 발표에 따르면……"이라는 식의 기사를 보도할 수밖에 없었으며, "오해를 유발하는 언동은 있었을지도 모르지만 최종적으로는 유족도 납득했다", "유족은 범인이 체포되었을 때 과자를 들고 가미오 서에 인사하러 들렀다" 등과 같은 경찰의 변명만 집중적으로 보도했다. 사실 이것 또한 모두 경찰의 거짓말이었지만, 유족의 확인을 거칠 수 없었기 때문에 그들은 '담보'만 믿고 계속 보도했다.

공권력과 거대 언론의 결탁은 이런 식으로 왜곡된 사실을 세상에 만연시킨다는 사실에 나는 다시금 공포를 느꼈다. 시오리 씨에 대해서 잘못된 이미지가 만들어진 것과 마찬가지다.

이노 씨 또한 참는 데 한계가 왔다.

사건 5개월 후인 2000년 3월 24일, 사이타마 변호사 회관에서 이노 씨는 "고소를 취하해달라고 했습니다. 도움을 요청한 딸이 살해당했다는 사실이 믿을 수 없습니다. 가미오 서의 대응에는 전혀 납득할 수 없습니다"며 기자들 앞에서 확실하게 말했다.

거대 언론은 유족이 취재에 응하지 않아서라는 이유로 경찰 측 의견만 보도할 수밖에 없었다. 그렇기 때문에 이노 씨가 이렇게 확실하게 발언하면 약간은 움직여줄 거라고 기대도 했었다.

하지만 실제로는 사이타마 현에 배포되는 신문의 사회면에 회견 내용이 작게 실렸을 뿐이었다. 경찰 출입 기자단 소속 기자들은 유족의 목소리를 들은 후, 이번에는 그 '담보'를 경찰에게 요청했다.

그러자 경찰은 이렇게 속삭였다. "사실, 그 가족이 상당히 신경질적이라서요", "〈FOCUS〉 기자의 허위 보도입니다". 오히려 경찰의 이 발언이 허위였다.

회견 내용이 큰 기사로 실리지 않은 이유는 그것뿐만이 아니었다. 경찰도 머리를 굴렸는지 완전히 같은 타이밍에 큰 사건을 터트렸다.

사이타마 현경은 이노 씨 회견과 같은 날에 '혼죠 보험금 살인사건'(혼죠 시에서 사채업을 하던 주범이 자신이 운영하던 술집의 여성 접대부 세 명을 단골과 결혼시킨 후 보험금을 노리고 살해를 지시한 사건. 정황 증거가 속속 드러나는 가운데 주범은 자신의 무죄를 주장하며 무려 203회에 걸쳐 유료 기자회견을 열어 1천만 엔 이상의 수익을 올리기도 했다-옮긴이) 수사에 착수했다.

경찰이 어떤 수를 쓸 것이라는 것은 알고 있었다. 하지만 이 사건에서 설마 이걸 할 거라고는 생각하지 않았다. 혼죠 보험금 살인사건의 주범인 야기는 작년부터 10개월간이나 경찰이 방치했던 남자다. 무려 203회에 걸친 기자회견은 방관했으면서 하필이면 이 타이밍에 체포라니. 더구나 이때의 혐의는 살인이 아니라 별건인 '위장결혼 공정증서 원본 부실기재'였다.

실제로 수많은 기자들이 대사건 해결 취재에 몰두하게 되어, 석간이나 다음 날 조간 1면은 혼죠 보험금 살인사건이 장식하게 된다.

그렇다면 경찰은 유족의 회견을 어떻게 미리 알게 되었을까?

이노 씨나 변호사가 회견 준비를 시작한 것은 회견 열흘 정도 전이었다. 변호사가 회견 예정을 사이타마 현경 기자단에 FAX로 보낸 것은 3일 전인 3월 21일. 그 사실을 경찰에게 흘린 기자가 있었던 것이다. 그 후 경찰은 대응은 정말 신속하기 그지없었다.

한 여성이 위험을 느끼고 힘들게 제출한 고소장이 있음에도 불구하고 어째서 경찰은 수사도 하지 않고 무고한 여성이 살해당하게 방치했나. 왜 다른 언론은 그 사실을 문제 삼지 않는가.

무력감과 분노에 휩싸인 내 앞에 구세주처럼 나타난 것은 출입 기자단과는 직접 관계가 없는 민방 텔레비전 방송국의 정보 프로그램이었다. TV 아사히의 캐스터 시마고에 준타로 씨 등이 현경의 태만 수사의 문제점을 방송해준 것이다.

그리고 방송 시청자 중에 민주당 의원이 있었다.

의원은 이를 '엄청난 문제'라고 인식하고, 가미오 서와 지방 경찰청을 넘어서 국회 예산위원회라는 장소에서 내가 쓴 기사를 읽었다. "'이런 건 사건이 안 돼', '이런 건 남녀 간의 문제니까 경찰은 개입할 수 없어', 이게 진정 사실인가요?"라며 의원은 경찰청 형사국장에게 질의했다.

국회 질의를 계기로 사태는 크게 움직인다.

사이타마 경찰은 결국 내부 조사에 들어갈 수밖에 없게 되었고, 결과, '고소 취하 요청'을 하러 시오리 씨 집을 방문한 H형사가 사실 그때 이미 멋대로 시오리 씨의 고소장을 진정서로 바꿔 접수했다는 사실이 발각되었다. 예상치 못한 경찰관의 범죄 행위였다.

H형사가 시오리 씨의 고소장을 상사에게 제출하자, 경찰서의 성적과 미처리 고소 건수를 신경 쓰던 상사는 "고소장이 아니라 진정서여도 되는 거 아냐?"라고 말하며 고소장을 수리하지 않았다고 한

다. 상사는 보고 의무가 발생하는 '고소'가 싫었던 것이다. 곤란해진 H형사는 고소라는 글자에 두 줄을 긋고 진정으로 바꿔 썼다. 이래서는 수사를 진행했을 리가 없다.

결국 이 건은 형사사건이 되어 '허위유인공문서작성'으로서 세 명의 경찰관이 유죄 판결을 받고 지방 경찰청 본부장을 포함한 열두 명이 처분을 받는 전대미문의 사태로 발전한다.

사이타마 경찰은 퇴로가 완전히 끊기고 난 후에야 사죄회견을 열었다.

"명예훼손 수사가 제대로 이루어졌다면 이런 결과가 일어나지 않았을 가능성도 있습니다."

이제 와서야 경찰이 잘못을 인정한 것이다. 하지만 이미 사건 발생으로부터 길고 긴 시간이 지나 있었다.

여담이지만 지방 경찰청 본부장이 기자회견장에서 고개를 숙였을 때 무슨 일이 벌어졌을까?

나는 신문을 보고 깜짝 놀랐다. 경찰 출입 기자단 소속 기자들이 손바닥을 뒤집듯이 경찰을 맹비난하기 시작했다. 유족의 회견은 무시했으면서, 경찰이 실수를 인정하니 1면 기사를 장식하다니. 이는 담보가 확실하다고 여겼기 때문일까? 나는 블랙 유머로밖에 느껴지지 않았다.

사이타마 경찰이 가장 피하고 싶었던 사실은 "시민을 죽게 만들었다"라는 비난이었을 것이다. 시오리 씨의 고소장은 내가 친구들을 통해 들었던 유언과 같은 내용이다. 아니, 본인이 직접 진술한 고소장 쪽이 훨씬 자세할 것이 분명하다. 경찰은 나보다는 훨씬 빨리 고마쓰 본인에게 도달할 수 있었을 것이고, 애당초 사태에 진지하게 임했다면 살인사건 따위는 일어나지도 않았을 것이다.

하지만 그들은 수사를 하지 않았을 뿐만 아니라, 고소 취하를 요청하고, 고소장을 진정서로 위조하고, 피해자가 살해당하는 상황까지 초래하고 말았다. 비난받아 마땅하다.

경찰은 자신들에게 불리한 사실은 감춘다.

내가 그 사실을 통감한 이래 그들이 했던 일도 여기 기록해두겠다.

나는 스토커인 고마쓰에 주목해서 살인 실행범을 특정짓고, 경찰이 실행범을 체포했다. 하지만 그들은 고마쓰의 형을 사건의 주범으로 단정하고 살인사건 수사에서 고마쓰 본인을 배제시켰다. 원인이 있었고, 그 원인을 따라가다가 결과에 도착했을 텐데, 경찰은 마치 마법처럼 원인을 지워버렸다. 재판도 같은 방침으로 진행되었다. 경찰이 그린 '이야기'는 시오리 씨의 유언과는 달리 실행범만을 심판의 장소로 끌어내었고, 법원 또한 그 이야기에 기반하여 판결했다.

나는 바로 거기서 경찰의 진짜 의도를 느꼈다. 경찰은 시오리 씨의 고소장을 없앰으로써 "시민을 죽게 만들었다"는 사실을 은폐한 것이다. 그리고 그것은 제대로 성공했다.

스토커인 고마쓰를 체포하고 싶지 않았던 경찰은 고마쓰의 형이 주범이라고 강변했다. 내가 보기에는 거짓말이나 마찬가지다. "시오리 씨는 걱정이 많았던 모양이지만 사실은 다릅니다. 주모자는 고마쓰 본인이 아니라 고마쓰의 형입니다." 쉽게 말하자면 이런 거짓말이다. 그들은 그 거짓말을 관철했다. 즉, 시오리 씨의 유언을 짓밟은 채 재판을 끝냈다. 나는 이것이 이 사건의 본질이라고 생각한다.

그리고 나는 이 북관동 연쇄 아동납치살인사건에서도 같은 사태에 직면하게 된다…….

6장

성과

7′
6′8″
6′6″
6′4″
6′2″
6′
5′8″
5′6″
5′4″
5′2″
5′
4′8″
4′6″
4′4″

지금까지의 취재를 통해 경찰의 날림 수사 상황은 충분히 파악되었다. 남은 증거는 과경연의 DNA형 감정이지만, 이쪽은 여전히 블랙박스에 들어 있는 채다. 재심 청구가 기각당한 영향도 컸다.

DNA형 감정 선진국인 미국에서는 어떻게 하고 있는지 조사해보니, 일본과는 반대로 DNA형 감정이 사형수나 무기징역수의 무죄를 증명하는 데 쓰이고 있다는 사실을 알게 되었다. 앞서 서술했지만 DNA형 감정은 '일치하면 범인일 가능성이 있다'인데, 반대로 DNA형의 수치가 하나라도 다르면 완전히 다른 사람이라는 사실이 증명된다. 범인일 수 없다는 사실을 증명하는 강력한 무기인 것이다.

유죄 판결이 확정된 죄수가 무죄를 호소할 경우, DNA형 감정을 받도록 하는 미국의 운동은 '이노센스 프로젝트Innocence Project'라 불리고 있으며, 대학 연구실 등에서 죄수의 DNA형 감정을 실시해서 이미 200명 이상의 무죄를 증명했다고 한다. 그래서 다나카 PD를 미국에 파견해 취재하기로 했다.

강간살인 혐의로 무기징역형을 받은 남성 케이스를 취재할 수 있었다. 수감 후에 받은 DNA형 감정으로 무죄가 밝혀져서 석방. 그 후 변호사가 되었다.

또한 미국의 일부 주에서는 죄수가 원하면 DNA형 감정이나 재감정을 반드시 실시해야 한다는 법률도 제정되어 있다. 그들은 초기 DNA형 감정의 위험성을 알고 있는 것이다.

그렇다면 일본 역시 같은 위험성이 있을 것이다. 나는 그 점에 주안해서 뉴스 프로그램 〈전담기자!〉에서 '미국 DNA 재감정', 저녁 〈뉴스 특집〉에서 '아시카가 사건 부실 수사 의혹'을 연달아 보도했다. 하지만 우리 보도는 여전히 고립되어 있었다.

이 보도의 종착점은 어디일까?

때로는 포기하고 싶었지만 마치 기도를 하는 마음으로 나는 재감정을 반복해서 외쳤다. 하지만 지금까지 일본에서 대법원까지 가서 확정된 사건의 DNA형 재감정을 실시한 사례는 없었다.

아시카가 사건 이외의 북관동 연쇄 아동납치살인사건 취재도 이 시점에 이르러서는 상당한 분량에 도달했다. 군마 현 오타 시에서 발생한 요코야마 유카리 사건 취재 때는 사건 발생과 같은 7월에 요코야마 씨 자택을 방문했다.

유카리는 다섯 건의 연속 사건 중에서 유일하게 아직도 행방불명 상태다.

아버지 요코야마 야스오 씨는 고개를 숙인 채 이야기했다.

"어쨌건 무사히 돌아와주기만을 바라고 있습니다. 사건 당일의 일을 잊은 적은 단 하루도 없습니다……."

여기까지 말하고 한숨을 내쉰다. 방에는 유카리가 좋아했던 캐릭터 〈세일러문〉 포스터가 아직도 그대로 붙어 있었다. 어머니인 미쓰코 씨는 유카리가 언제 돌아와도 괜찮도록 딸의 성장에 맞춰 꾸준히 옷을 준비했다고 한다.

유카리가 사라진 7월 칠석날, 하늘에는 구름이 잔뜩 껴 있었다.

원래는 가족이 함께 백화점에 갈 예정이었다. 하지만 문득 아버지 눈에 띈 '칠석 감사 데이' 전단지 한 장이 한 가족의 운명을 바꾸고 만다.

10시 30분경, 부부는 두 딸을 데리고 전단지에 실려 있는 파친코 점에 갔다. 집에서 약 1킬로미터 떨어진 'P'다. 현재와 같은 대형 점포가 아니라 국도변에 있는 작은 점포였다.

유카리는 그 점포의 경품 코너에서 어떤 것을 발견한다.

불꽃놀이 세트였다. 뽑아주겠다는 아버지의 말에 유카리는 크게 기뻐했다. 유카리는 파친코 기계에 앉아 있는 부모와 불꽃놀이 세트가 있는 경품 코너 사이를 왔다갔다 하며 신나 했다. 당시 유카리의 부모님에게는 파친코 점이 위험하다는 인식은 전혀 없었다.

점심이 지나 어머니는 가게 안의 장의자에 유카리를 앉히고 주먹밥과 주스를 주고는 기계 앞으로 돌아왔다. 잠시 후 유카리가 어머니에게 와서는 귓가에 속삭였다.

"가게 안이 시끄러워서 다 듣지는 못했지만 기쁜 듯이 이렇게 말했습니다. '상냥한 아저씨가 있어'라고요."

어머니는 "따라가면 안 돼"라고 주의를 줬다. 유카리는 다시 장의자 쪽으로 돌아갔다.

약 10분 후, 문득 장의자 쪽을 바라보니 유카리의 모습이 없었다. 의자 위에는 먹다 남은 주먹밥과 주스만 덩그러니 남아 있었다.

부부는 점내는 물론 주차장이나 근처 공원까지 필사적으로 찾았다. 하지만 유카리는 보이지 않았다. 14시 10분, 아버지가 근처 파출소로 달려갔다.

군마 경찰은 사건, 사고 양쪽에 가능성을 두고 수사를 전개, 수사관이 요코야마 씨 자택으로 달려갔다. 거실에 놓인 전화기에는 녹음기나 역탐지 장치를 장착해서 유괴범의 전화에 대비했다. 방에는 사복형사가 24시간 태세로 대비했다. 하지만 단서는 없었다.

이틀 후 저녁, 경찰이 공개수사로 전환하자 전화기가 울리기 시작했다.

실내에 긴장감이 흘렀다.

야스오 씨가 수화기를 들었다. 이어폰으로 그 내용을 방수하는 형사들은 준비된 몇 장의 카드를 야스오 씨에게 제시했다. "다시 한 번 더 부탁드립니다", "천천히 말해주십시오". 범인과의 통화시간을 늘려서 역탐지를 하기 위해서였다.

수화기 너머의 남자들은 협박하는 말을 입에 담았다. "와타라세교 위로 5천만 엔을 가지고 와라", "내가 지금 유카리를 데리고 있다. 차 뒤에 거꾸로 매달려 있다". 도무지 인간의 짓이라고는 볼 수 없는 장난전화뿐이었다.

오타 서에 설치된 '아동실종사안대책실'이 '아동약취유괴용의사건 수사부'로 바뀌었다. 파친코 점의 CCTV 영상의 해석도 시작했다. 키 158센티미터 정도, 선글라스, 야구모자 모습의 남자가 수상했다.

전직 수사간부를 취재했을 때, "실제로 플러스마이너스 2센티미터 정도는 있을 수 있지"라고 했으니, 신장은 156에서 160센티미터 정도일 것이다. 남자는 모니터 속에서 겅중겅중 걸으며 가게 안을 둘러본 뒤 장의자에 앉아서 담배를 피우고는 유카리에게 얼굴을 가져대듯이 가까이에서 친근하게 이야기를 나누었다. 현경은 이 남자를 납치사건의 중요 참고인으로 단정 짓고 그 영상을 공개했다.

남자의 특징을 포착한 영상의 존재. 관계자들은 사건이 금세 해결될 거라고 생각했다.

하지만 기대는 배반당한다. 언론을 통해 영상이나 사진을 공개했지만 유력한 정보는 들어오지 않았다.

왜 남자를 알고 있는 사람이 나타나지 않는가? 사건이 발생한 지 시간은 꽤 흘렀지만 나는 방송에서도 이 CCTV 영상을 다뤄보기로 했다. 남자가 점포로 들어온 뒤의 움직임을 분석해서 CG도 만들어 보았다. 어떤 정보가 들어올지도 모른다. 2008년 7월 27일 〈전담기자!〉에서 전국에 송출했다.

'너는 어디의 누구냐. 누구 이 남자를 아는 사람은 없나.'

그 소망에 대한 결과는 전혀 예상 밖의 형태로 나타났다. 방송 다음 날이었다. 이메일이 한 통 도착했다. 그 내용을 확인하다 머릿속이 부글부글 끓었다.

왜 이 사실을 알아차리지 못했을까? 나는 내 어리석음을 한탄했다. 이메일을 보낸 사람은 아시카가 사건 현장에서 빨간 치마의 소녀와 '루팡'을 목격했던 마쓰모토 씨였다. 그녀는 우리의 취재에 응한 이후 방송을 빠짐없이 시청했다고 한다.

"잘 봤습니다. 유카리 사건의 범인으로 보이는 남자. 영상과 CG로 당시 상황을 잘 설명해놓았더군요. (중략) 이건 어디까지나 감상이지만 제가 목격한 마미 사건의 범인으로 보이는 남자와 비교했을 때, 얼굴 윤곽이나 걸을 때의 분위기가 상당히 비슷한 것 같네요. 당시 경찰에게 진술하거나 몇 번이고 반복해서 떠올렸던 범인의 모습이기 때문에 어느 정도 신빙성은 있지 않을까 합니다."

의외라고 하면 의외고, 놓쳤다고 하면 놓친 그 사실.

'루팡'.

아시카가 사건에서 요시다 씨가 "만화 〈루팡 3세〉를 꼭 닮았어"라고 말한 사내와 '유카리 사건'의 중요 참고인이 닮았다는 것이다. 연쇄사건이라고 간주한다면 당연히 예상했어야 하는 사실이었다. 마쓰모토 씨는 아시카가 사건에는 관심을 갖고 있었지만, 우리 방송을 보기 전까지 유카리 사건은 의식한 적이 없다고 했다. 이번에 처음으로 선글라스를 낀 사내의 움직임을 보고 유사점을 깨달은 것이다.

마쓰모토 씨 남편이 한 "눈으로 본 사물을 순간적으로 기억하는 능력이 뛰어나거든"이라는 말이 떠올랐다.

후일 마쓰모토 씨를 니혼 텔레비전으로 모셔서 커다란 모니터로 다시 한 번 선글라스 사내 영상의 재확인을 부탁했는데, 마쓰모토 씨의 증언은 흔들림이 없었다.

하지만 이 녀석은 대체 어떤 녀석일까?

영상 속에서 수상한 복장으로 가게 안을 겅중겅중 걸어 다니는 남자는 내가 보기에도 충분히 수상쩍었다. 하지만 남자와 이야기를 나눈 유카리는 들뜬 기색으로 "친절한 아저씨"라고 어머니에게 이야기했다. 그렇다면 '영상과 실제 모습'에는 상당한 차이가 있지 않을까? 예를 들면 선글라스 안쪽에는 선한 인상의 눈이 있다든가…….

나는 시간이 날 때마다 CCTV 영상을 보고 또 보았다. 유카리의 부모님께 가능한 한 당시 상황을 자세히 말해달라고 부탁해서 그날 일어난 사실을 시간순으로 검증했다. 가게 평면도를 머릿속에 달달 외우고, 리뉴얼된 그 점포를 몇 번이고 방문해서 선글라스 사내와 동일한 동선을 재현해보았다.

12시 20분경, 일단 밖에 나와 있던 유카리가 어머니와 함께 파친코 점으로 돌아온다.

13시 27분경, 선글라스 사내가 가게로 들어온다.

남자는 자동문을 통해 안으로 들어와서는 곧장 가게 안쪽을 향해 나아간다. 아무래도 안쪽에 있는 화장실에 들른 모양이다. 그 후 남자는 가게 안으로 돌아와서 통로를 돌아다닌다. 하지만 파친코 기계에는 흥미를 보이지 않는다. 기계가 없는 쪽 통로에서는 좌우를 두

리번거린다…….

인간은 대체 어떨 때 이런 움직임을 보일까?

그것은 바로 사람을 찾을 때다.

남자는 유카리를 발견하고 그 뒤를 쫓는다. 이번에는 경품 코너 근처에 멈춰 서서 담배를 피우면서 유카리를 관찰하는 듯했다.

13시 35분경, 홀 구석에 있는 장의자에 앉아 있던 유카리 옆에 남자가 노린 듯이 앉는다. 담배를 피우며 뭔가 말을 건다. 유카리가 기쁜 듯이 치마를 손으로 팔락팔락 움직인다. 이윽고 남자는 가게 바깥을 세 번 정도 가리킨다.

13시 42분경, 남자가 자동문을 통해 밖으로 나간다.

13시 45분경, 유카리도 점포에서 나가고 만다…….

남자가 점포 안에 들어와 바깥으로 나갈 때까지 약 15분. 그사이 유카리와 이야기를 나눈 시간은 고작 4, 5분 정도다.

중요한 사실은 남자가 파친코를 하지 않고, 파친코 기계에 관심조차 보이지 않았다는 것이다. 또한 가게에 들어간 남자는 곧장 화장실 쪽으로 향했다. 화장실은 가게의 가장 안쪽의 약간 눈에 띄지 않는 곳에 있는데, 그 장소를 찾아 헤매는 듯한 모습은 없다. 그렇다는 사실은 남자는 전부터 그 가게의 구조를 잘 알고 있다고 생각하는 편이 자연스럽다.

이렇게 생각해보았다.

영상을 보건대 남자는 유카리 가족이 파친코 점에 돌아온 한 시간 후에 점포에 들어왔다. 하지만 정말 그럴까? 사실 남자는 훨씬 전부터 가게에 있었던 것은 아닐까?

이제부터 늘어놓는 이야기는 어디까지나 가설이다.

루팡은 사건 당일 그 가게에서 파친코를 하고 있었다. 거기에 유카리 가족이 왔다. 소아성애자인 루팡은 유카리에게 말을 걸고 싶어졌다. 하지만 소녀는 부모와 함께다. 천장에 죽 설치되어 있는 CCTV. 남자는 일단 파친코 점에서 나와 어딘가 근처에서 점퍼를 걸치고 야구모자를 눌러쓰고 선글라스를 쓴다. 여름에 보기 힘든 그 이상한 패션은 특징이 아니라 변장이었던 것이 아닐까?

그리고 13시 27분, 루팡이 가게로 돌아온다. 목적이 유카리라면 파친코 기계에는 눈길도 주지 않는 것이 당연하다.

유카리의 아버지는 당시를 회상하며 이렇게 말한다.

"지금 생각하면 남자는 딱 사각에 있었습니다. 우리가 있는 곳에서는 유카리와 함께 앉아 있는 것이 보이지 않았습니다. 그래서 유카리는 혼자라고 생각했습니다……."

영상을 보면 남자가 앉아 있던 장소는 아버지 쪽에서는 다른 손님이 방해되어 보이지 않는다. 반대로 남자는 손님 사이로 아버지의 모습을 살피는 듯이 보인다. 변장한 남자는 부모가 알아차리지 못하도록 유카리에게 접근해서 몇 분 안에 승부를 본 것이 아닐까?

그렇다면 범인에게 다가갈 여지가 충분히 있다.

CCTV 재해석이다.

하지만 재해석해야 할 것은 공개된 영상이 아니다. 요코야마 가족이 가게에 온 후, 그것도 오전 중의 CCTV 영상이다. 그리고 찾아야 할 것은 선글라스를 쓰지 않은 남자다.

파친코 기계에 앉아 담배를 피우며 주위를 두리번거리며 신경 쓰는 남자. 유카리가 파친코 점에 온 뒤로는 그녀의 움직임을 신경 쓰느라 파친코에는 집중하지 못한 채 이윽고 겅중겅중 걸어서 가게 밖으로 나가는 그런 남자의 모습이 녹화되어 있지는 않을까?

유감스럽게도 오전 중의 CCTV 영상은 구할 수 없었다.

파친코 점의 경영자 측에게도 몇 번인가 취재 요청을 했지만 거절당했을 뿐만 아니라 만나주지도 않았다. 나는 담당 수사관에게 이 가설을 전달할 수밖에 없었다.

다시 막다른 길이다.

다른 돌파구가 갑자기 열린 것은 캠페인 방송을 시작한 지 9개월 후였다. 작열하는 여름 기세도 약해져서 도쿄에는 가을바람이 불기 시작했을 무렵이다. 신바시의 균일가 280엔 구이집에서 꽁치구이를 먹던 내게 전화가 걸려왔다.

계기는 그날 낮에 있었다.

나는 아시카가 사건의 어떤 움직임을 캐치했다.

우쓰노미야 지방법원의 재심 청구 기각에 대해서 즉각 항고한 스가야 씨와 변호인단은 도쿄 고등법원에 DNA형 재감정을 신청했다. 그에 대해서 도쿄 고검 검사가 〈DNA형 감정 청구에 대한 검사 의견〉이라는 서류를 제출했다. 그 서류에는 DNA형 재감정에 대해서 이렇게 적혀 있었다.

"본건 반소매 속옷에 부착된 유류 정액과 신청인이 제시한 자료를 대조, 식별하기 위한 DNA 감정을 실시할 필요는 없다고 생각되지만, 이 점에 관해서는 굳이 반대하지 않는다."

요컨대 검찰로서는 DNA형 재감정을 해도 좋다는 말이다.

이것은 상당히 중대한 결정이었다. 고검 검사가 독단으로 결정할 수 있는 일이 아니다. 부장, 차장, 고검장 순으로 결재를 하고, 과경연이나 경찰과 협의를 했다는 것이다. 이제는 법원이 명령을 내리면 재감정을 실시할 수 있는 상황이 되었다. 구이집에 있던 내게 걸려온 전화는 그 사실을 뒷받침해주는 전화였다.

나는 술에 취한 머리를 치면서 보도국으로 달려와 속보를 냈다.

2008년 10월 16일 〈NEWS ZERO〉'아시카가 사건 DNA 재감정 결정'. 그것은 1분 정도의 짧은 뉴스였지만 18년간 얼어붙어 있던 아시카가 사건이 다시 움직인 순간이었다. 방송 직전에 지지자인 니시마키 씨에게 "잠시 후에 중요한 뉴스가 나올 테니 꼭 봐주세요"라고 전화를 걸었다. 보도국 모니터에 흐르는 와타라세 강의 항공 촬영 영상을 보면서 나는 어떤 신비한 예감을 느꼈다.

다음 날 신문 등 타사가 후속보도를 냈다. 일본에서 처음 실시되는 확정 판결의 DNA형 재감정이다. 당연히 언론이 이 사실을 다루지 않을 리가 없다. 변호인단이 회견을 열고 그곳에 취재진이 모였다. 서서히 언론도 무죄 가능성에 주목하기 시작한 듯했다.

'제발 제대로 재감정해주길…….' 나는 기도하는 마음으로 그 순간을 기다렸다.

2009년 1월, 드디어 DNA형 재감정이 시작되었다.

검찰이 추천한 오사카 의학대학의 스즈키 고이치 교수와 변호인단이 추천한 쓰쿠바 대학 법의학 교실의 혼다 가쓰야 교수 두 명을 도쿄 고등법원이 감정인으로 지명했다. 모두 지금까지 경찰이나 검찰이 몇 번이고 DNA형 감정을 의뢰한 업계의 전문가다.

1월 23일, 법원이 도치기 현내 대학병원에 위탁해서 냉동 보관했던 마미의 셔츠가 판사, 검사, 변호인이 입회한 가운데 세로로 두 갈래로 절단되어 양쪽 감정인에게 건네졌다. 29일에는 지바 교도소에서 스가야 씨의 혈액과 구강점막을 채취했다. 이 감정 시료들은 감정인 각자가 연구실로 가져가 컴퓨터를 사용한 최신 기술로 감정하게 된다. 감정 결과의 법원 제출은 4월말로 결정되었다.

이즈음 도쿄 고검의 검사가 준코와 비공식적으로 접촉했다.

"댁네서 아시카가 사건에 관해서 여러 가지 하고 있더군요. 미국에도 가서 DNA 감정에 대한 취재도 했다죠?" 그렇게 말하면서 이번 재감정에 이르게 된 경위를 설명하기 시작했다.

"담당 판사가 서양의 법률 시스템에 흥미를 갖고 있는 사람이라서 그게 먹혔던 거 아닐까요"라고도 말했다.

검사의 이야기는 계속되었다.

"다만 시료(증거인 셔츠) 상태가 안 좋아서 결과가 나올지 모르겠습니다. 감정 불가능이라는 결과가 나올 가능성도 높아요. 그렇게 되면 안타깝지만……."

그렇다.

현장에서 발견된 마미의 셔츠는 열 시간 이상 물 속에 담겨 있었다. 더구나 변호인단의 지적으로 2004년에서야 간신히 영하 80도의 냉동고로 이관되지만, 그전까지는 오랜 기간 상온에 놓여 있었다. DNA가 부패하거나 열화되었을 가능성이 있어서 감정 시료로서는 조건이 꽤 좋지 않았다. 애당초 범인의 정액이 아직 남아 있을지 의문시하는 목소리도 있었다. DNA 재감정을 해야 한다고 계속 보도해온 나였지만, 사실 최대의 불안 요소는 그 점이었다.

사건 직후에는 감정이 가능했지만 현재는 감정이 불가능하다는 결론이 나오면 판결은 확정된 채로 변하지 않는다. 머릿속에서는 불안과 의혹이 사라지지 않았다. 미국 법원에서는 "몇 번이고 재현할 수 있는 감정이 아니라면 증거로는 인정하지 않는다"고 하는데, 일본은 그런 점은 뒤쳐진 편이다.

한편 경찰의 태도는 강경했다. 당시 수사관들은 절대적인 자신감을 갖고 있었다. "재감정? 아, 뭔가 하는 것 같더군. 감정해봤자 반드시 일치로 나올 거요. 스가야는 범인이 틀림없어. 우린 걱정 같은 거 안 해"라며 일소했다. "니혼 텔레비전 분들 크게 저질렀는데 괜찮겠소? 나중에 창피를 살 텐데"라는 말까지 들었다. 수사 현장의 분위기가 이렇다면 그 보고를 받는 검찰도 완전히 같을 것이다. 그렇기 때문에 재감정에 반대하지 않았을 것이다.

하지만 언론 쪽은 조금씩이나마 변화가 보이기 시작했다.

도치기의 지역신문 시모쓰케신문이 '19년 만에 진실 해명 이뤄지나?', '과학에 대한 의혹 깊어지다'(2009년 3월 21일) 등의 타이틀로

'아시카가 사건'에 대한 특집 기사를 다루었다. 지금까지 검찰, 경찰 쪽에 치우쳤던 기사가 상당한 변화를 보인 것이다. 다음 달에는 아사히신문이 'DNA 재감정의 길 열리나', '월말에 결과가 판명'(2009년 4월 17일)이라는 식으로 보도했다. 스가야 씨의 "좋은 결과를 기대한다"라는 의견이 실리는 한편, "자백은 명백했으며 우리의 수사에 실수는 없다" 등으로 경찰 측 의견도 실린 균형 잡힌 기사였다. 나 같은 비뚤어진 기자 입장에서 보면 만에 하나 무죄가 되었을 때를 대비해 보험을 들어둔 것으로도 보이지만, 주목도가 올라가고 있다는 것은 확실했으며, 나쁜 상황은 아니었다.

그런 가운데 나는 목격자인 마쓰모토 부부와 준코, 이렇게 넷이서 도쿄의 한 식당에서 마주했다.

"설마 선글라스 남자와 닮았을 거라고는 생각도 못했습니다."

내게는 여신님 같은 마쓰모토 씨가 부드럽게 미소 지었다.

"저도 아무 생각 없이 텔레비전을 보다가 깜짝 놀라서 메일을 보냈어요."

디저트를 먹기 전까지는 평화로운 한때였다.

"그런데 마쓰모토 씨는 아시카가 사건에서 체포된 사람이 '건던 남자'라고 믿고 계셨죠?"

자전거에 태워서 유괴했다는 스가야 씨의 자백을 전혀 몰랐던 마쓰모토 씨는 내가 취재하기 전까지 자신의 증언이 말소되었다는 사실은 꿈에도 모른 채 자신의 증언이 수사의 도움이 되었다고 믿고 있었다.

“그러게 말이에요. 표창장까지 받았는데…….” 여신님이 입을 가리고 웃었다.

“그러시군요. ……잠깐만요. 표창장까지 받았다고요? 누구에게서요?”

나는 깜짝 놀라 되물었다.

“아시카가 서에서요. 대체 뭐였던 걸까요, 그건…….”

스가야 씨 체포에는 방해가 되어서 은폐했을 터인 마쓰모토 씨의 증언이다. 수사간부는 내 취재에 이렇게까지 단언했었다.

“아니, 그렇지 않네. 그 증언은 신뢰할 수 없었어. 사건과 관계없는 증언은 수도 없이 많았거든.”

그런데 같은 아시카가 경찰이 스가야 씨 체포 후에 마쓰모토 씨에게 표창을 했다는 것이다.

대체 어떻게 된 일일까?

후일 마쓰모토 씨가 내게 그 표창장과 케이스에 담긴 은색 메달을 보여주었다. ‘연쇄 아동납치살인사건 해결에 협력’했다는 공적에 의한 ‘아시카가 서장상’이었다.

사건이 해결되기만 하면 된다는 것인가? 경찰의 의도는 알 수 없었지만, 그 표창장에서 수사관들의 근거 없는 자신감과 비슷한 느낌을 받았다.

감정 결과 제출 기한이 다가온 4월 중반의 이른 아침, 문득 기척을 느끼고 휴대전화를 확인하자 붉은 LED가 점멸하고 있었다. 아침부터 대체 무슨 일인가 하고 확인하니 같은 착신이 몇 건이나 있었다. 가스미가세키 관청 지역을 담당하는 사회부 기자, 노나카 유미에게서 걸려온 전화였다. 전화를 걸자 예상과는 달리 노나카 기자의 입에서 느긋한 어투로 이런 말이 흘러나왔다.

"안녕하십니까! 몇 번이나 전화했다고요. 아침부터 죄송해요. 아시카가 사건 말인데요……."

왠지 뜸을 들이는 듯한 목소리다.

"저기, 들으셨나요? DNA 재감정했잖아요? 그 결과에 대해 들었습니다."

노나카는 아시카가 사건과는 관계가 없을 터였다. 그런데 어떻게 그 감정 결과에 대해서 알고 있는 걸까? 혼란스러운 가운데 노나카의 다음 말을 기다렸다.

"무려 불일치라네요."

'불일치?'

갑자기 머릿속이 새하얘졌다.

"DNA형 이야기 하는 거지? 불일치라는 게 틀림없어? 어느 쪽 감정인의 결과야? 아니, 게다가 대체 그런 정보를 어디서……."

열 배의 속도로 되묻는 내게 그녀는 여전히 느긋한 어투로 대답했다.

"그게 말이죠, 무려 둘 다 불일치였다고 하네요."

두 명의 감정인 모두 불일치.

"이쪽은 위도 아래도 그 문제로 큰 소동이 일어났어요"라고 그녀는 말했다.

그도 그럴 것이다. "알려줘서 고마워." 나는 그렇게 말하고 전화를 끊었다.

역시 내 예상이 적중했다. 그 상태가 좋지 않은 셔츠에서 무사히 범인의 DNA를 추출했을 뿐만 아니라, 스가야 씨와 일치하지 않았던 것이다. 그렇다면 스가야 씨는 절대 범인이 될 수가 없다. 스가야 씨는 무죄였다.

이 정보는 노나카가 독자적으로 캐치한 것이었다. 엄청난 특종이 될 가능성이 있었다. 물론 팩트 체크, 크로스 체크를 거쳐야만 보도할 수 있을 정도로 엄청난 내용이었다. 한쪽의 정보만으로는 위험했다. 이 정도의 내용이라면 더블 체크, 아니 트리플 체크는 필요했다. 아니, 지금 그게 문제인가?

나는 잠깐 숨을 돌리고는 의자에 앉았다.

냉정하게 생각했을 때 보도를 할 수 있을지조차 알 수 없는 실로 미묘한 내용이었다.

이 재감정은 재심 청구의 즉시 항고를 받은 도쿄 고등법원이 그 전 단계로서 법의학자에게 위탁해서 실시한 것이다. 재심이 아직 결정된 것은 아니다. 그런 단계에서 위탁을 맡긴 법원을 뛰어넘어 일개 보도기관이 그 결과를 먼저 유출시켰다가는 사건에 부정적인 영향을 끼칠 가능성도 있다. 잘못하면 공든 탑을 무너뜨릴 가능성도 있었다. "결과가 언론에 먼저 유출된 것은 문제가 있습니다"라는 식으로 잘못된 프레임을 덧씌울 수도 있다. 우쓰노미야 지방법원에서는 누구의 머리카락인지 알 수 없다는 이유로 재심 청구를 기각시킨 '전과'도 있었다.

오케가와 사건도 마찬가지였다. 그때는 특종을 보도했다간 범인이 도망칠 수도 있었다. 이번에는 아무도 경험한 적이 없는 케이스. 섣불리 움직였다가 나중에 후회하게 될지도 모른다. 더구나 이 소스는 내 것이 아니라 노나카가 가져온 것이었다.

째깍, 째깍, 째깍…….

벽시계 초침이 묘하게 귀에 울렸다.

우선은 정보전이다. 그날부터 나는 안테나를 바짝 세우기로 했다. 각 방면을 서치했더니 검찰청이나 경찰청이 이 사실을 알고는 여러 곳에서 엄청난 파문이 발생하고 있다는 사실을 알 수 있었다. 자신만만했던 도치기 경찰도 대응에 머리를 감싸고 있는 모양이었다.

하지만 법원은 아직 아무것도 모르는 상태였다. 슬쩍 물어봤는데 변호인단도 알지 못했다. 그렇다면 사실을 빨리 발표하지 않으면 어둠 속에 그대로 묻힐 가능성 또한 제로가 아니라고는 할 수 없었다. 그렇게 되면 모든 것이 끝장이다. 와타라세 강의 루팡의 목격 증언이 삭제된 사례도 있다. 강한 권력을 가진 조직이야말로 방어 본능이 강하다. DNA형 감정 불일치는 과경연, 나아가서는 경찰 및 검찰에게는 묵과할 수 없는 중대한 사태였다.

이번 재감정의 감정인은 두 명이다. 당국은 그중 한쪽만이라도 회유하면 된다. 예를 들면 검찰 측 감정인이 "감정 불능이었다"고 말하면 그것으로 끝이다. 남은 한쪽의 감정만이라면 검찰이 전력으로 뭉

개러 나올 것이다. 결과, 아무 일도 없었다는 듯이 끝.

어떡하지?

특종으로 내보낸다면 시간은 촉박했다. 이미 가스미가세키에서 돌고 있는 정보다. 우물쭈물 대다가 갑자기 다른 쪽에서 특종을 내보냈다가는 노나카에게 면목이 없다. 평생 사회부 기자를 해도 이런 특종을 잡는다는 것은 그리 쉬운 일이 아니다.

그렇다고는 해도 지금까지의 보도 또한 줄타기의 연속이었다. '북관동 연쇄 아동납치살인사건', '아시카가 사건 무죄설'을 연일 보도하며 재감정을 해야 한다고 외친 니혼 텔레비전이다. '재감정 확정' 건으로 특종을 한 번 내보낸 데다, 이번 특종까지 내보냈다가는 사법부와 파이프라인을 갖고 있는 다른 언론이 좋게 보지 않을 것이다.

물론 아시카가 사건을 방치한 곳들이 어떻게 생각하든 내 알 바 아니었지만, 엄호사격 없이 단독으로 계속 보도한다는 것이 얼마나 힘든 일인지 진절머리 날 정도로 경험했다. 내 마지막 목표는 북관동 연쇄 아동납치살인사건의 진상 구명이다. '일본을 움직인다'는 것이다. 그 오랜 여정을 과연 단독 비행으로 헤쳐 나갈 수 있을까?

지금은 공을 혼자 독차지해서는 안 될 상황이다.

혼자서 끙끙대며 궁리를 한 끝에 내린 결론은 하나밖에 없었다.

타사가 알아차리기 전에 특종을 보도하는 것이라면 몇 번이고 경험했지만, 지금은 특종을 보도한 후에도 타사가 특종인지 알아차리지 못하는 보도를 하면 된다.

노나카의 전화로부터 1주일 정도 지난 2009년 4월 20일.

교도통신이 이 특종을 보도할 것이라는 신뢰할 만한 정보를 얻었다. 보도 예정은 23시경. 일부 신문사는 윤전기를 멈추고 교도통신의 속보를 기다리는 모양이었다. 같은 시각 교도통신 가입사인 도쿄신문 기자가 취재를 시작했다는 정보도 확인했다.

좋아, 타이밍은 지금이다.

나는 머릿속에서 지금까지 몇 번이고 대본을 고쳐 썼었다. 먼저 교도통신이 속보라는 도화선에 불을 붙인다. 각사의 기자들은 서둘러 취재나 팩트 체크에 나설 것이다. 그 직후에 우리도 밤 11시에 〈NEWS ZERO〉에서 보도하는 것이다.

이때라면 다른 방송국은 아직 뉴스 속보조차 내기 전이며 신문은 윤전기조차 돌리기 전이다. 교도통신이 선행 보도한 것이라 업계 내에서는 니혼 텔레비전이 독점했다는 느낌은 적으면서도 일반 시청자들은 니혼 텔레비전을 통해 최초로 이 뉴스를 접하게 될 것이다. 독자 여러분께는 별 일 아닌 것처럼 보일지도 모르지만 기자에게 특종은 목숨이나 마찬가지. 나 자신은 그렇게까지 특종에 집착하지 않지만, 이것은 내 특종이 아니라 노나카 기자의 특종이다. 이대로 놓칠 수는 없었다.

나는 보도국 천장에 매달려 있는 전자시계의 침을 몇 번이고 확인하며 밤 10시가 된 것을 확인한 후, 사내에 남아 있던 모리타 고조 PD에게 살짝 귀띔을 했다.

"노나카가 가져온 그 소스 말인데 잠시 후에 교도통신이 송신할 겁니다. 우리도 오늘 밤에 저지르죠."

오랫동안 기자직에 몸담았던 그는 순식간에 그 의미를 이해했다.

〈NEWS ZERO〉가 방송을 시작한 바로 그때 교도통신이 기사를 송신했다는 보고를 받았다. 우리도 즉시 '속보, 아시카가 연쇄 아동 납치살인사건 재감정에서 DNA 불일치'라는 타이틀의 원고를 뉴스캐스터가 카메라를 보고 읽어나가기 시작했다.

"도치기 현 아시카가 시의 아동납치살해사건으로 무기징역이 확정된 죄수가 재심 청구를 신청한 것에 대해서 이례적으로 DNA 재감정이 실시되었습니다. 재감정 결과, 피해자의 의복에서 채취한 범인의 것으로 보이는 DNA형과 수형자의 DNA형이 일치하지 않았다는 사실이 관계자의 취재로 확인되었습니다."

1분 42초간의 단독 보도다.

이것으로 노나카에 대한 의리를 지켰고, 사건에도 악영향은 끼치지 않을 것이다.

다음 날 모 방송국 기자의 "니혼 텔레비전은 역시 빠르더군요. 우리는 상당히 늦었습니다"라는 말에 나는 가슴을 쓸어내렸다. 그 기자는 니혼 텔레비전이 교도통신의 기사를 급히 방송에 내보냈다고 생각한 모양이었다.

사실 니혼 텔레비전은 교도통신에 가입되어 있지 않다. 따라서 교도통신의 기사 사용 권리 같은 것은 당연히 없다. 그 보도는 완전히 독자적으로 취재한 원고다. 무사히 임무를 완수했다고 말해도 좋을 것이다.

물론 사내에는 "노나카 기자의 특종"이라고 선전해두었다.

아시카가 사건의 DNA형 감정 결과는 2009년 5월 8일이 되어서 법원과 변호사를 경유해서 공개되었다. '담보'가 확보되자 지금까지 얌전히 지켜보던 각 언론도 노도처럼 움직이기 시작했다. 문이 열린 직후의 경주마 같은 기세였다.

조용했던 와타라세 강변에 카메라를 짊어진 언론사가 물밀 듯이 밀려들었다. 스가야 씨의 변호인단에는 취재 요청이 쇄도했다. "왜 니혼 텔레비전에만 편의를 봐주느냐"면서 진지하게 변호인단에게 항의한 민간방송 기자도 있었다고 한다. 한편 스가야 씨 체포 당시의 자사 기사를 검증하는 곳도 나오기 시작했다. 언론으로서 자기 검증은 중요한 일이다.

다음 단계는 재심 결정이라고 할 수 있었다.

스가야 씨 체포의 결정타가 되었던 자백과 DNA형 감정 중 자백 쪽은 문제투성이. 스가야 씨 본인도 완전히 부정하고 있고 증거로서의 가치는 이미 땅에 떨어졌다고 해도 좋을 것이다. 그리고 '절대적'이라고 했던 DNA형 감정도 이번에 붕괴되었다.

재심 개시가 결정되면 100퍼센트, 스가야 씨는 무죄가 된다.

그렇게 생각했지만 주변 취재를 해나갈수록 수상한 움직임이 포착되었다.

과경연이 뻗대기 시작했다.

이번 재감정에는 주로 'STR법'이라고 불리는 감정 방식이 사용되었다.

'쇼트 탠덤 리피트'의 약칭으로, 짧은 염기 배열의 반복을 조사하는 것이다. 다만 하나의 부위뿐만 아니라, 많은 부위를 조사함으로써 그 정밀도를 올린다. 그 새로운 감정 방법으로 진범과 스가야 씨의 DNA형이 일치하지 않는다는 사실이 이번에 밝혀진 것이다.

당연히 사람들은 1990년 당시에 과경연이 시행한 MCT118 판별법이 잘못되었다고 생각할 것이다. 하지만 과경연은 MCT118 판별법 감정을 실패라고 인정하지 않았다.

"당시 감정은 그렇게까지 정밀도가 높지 않았다. 천 명 중 몇 명이라는 같은 DNA형 집합체 속에서는 진범과 스가야의 DNA형은 일치했다. 이번에 정밀도가 올라간 STR 감정으로 세부 사항을 확인했더니 진범과 스가야가 처음으로 분리되었다"라며 변명한 모양이다.

바꿔 말하면 구식 감정으로는 같은 그룹이었지만, 척도가 더 자세한 신식으로 검사했더니 다르다는 사실을 알게 되었습니다. '동형이인'이라는 사실을 알게 된 것뿐, 구식 검증이 틀린 것은 아니라는 궤변이다.

그렇다면 그 구식인 MCT118 판별법으로 다시 해보라고 하고 싶지만 검찰은 그것을 피했다. 사실 재감정 전에 도쿄 고검이 법원에 제출한 〈DNA 감정 신청에 대한 검찰 의견〉에는 이렇게 적혀 있었다.

"MCT118 DNA형 감정만을 시행하는 감정은 무의미할 뿐만 아니라 유해하다고 할 수 있기 때문에 실시하는 것에 반대한다."

왜 그들은 이런 것에 집착하는 것일까? 그 의견서에는 재감정을 한다면 "시판되는 시약을 사용한 STR 감정을 하는 것이 적절하다"고 적었으며, 또한 "123마커는 더 이상 사용되지 않으며 당시 감정 수법은 수작업에 의한 것으로 전기영동의 시간, 전기영동을 행하는 겔판의 조건 등 각 조건 설정이 중요한데, 당시 시행된 감정 수법을 재현하는 것은 불가능하다"라고까지 단언했다.

요컨대 MCT118 판별법에 의한 검증을 철저하게 거부한 것이다.

분명 긴 염기 배열을 조사하는 MCT118 판별법의 경우, 열화된 낡은 시료로는 DNA가 도중에 단절되어 있을 가능성도 있으며, 감정 자체가 기술적으로 곤란하다는 것이다. 그 말도 사실일지 모른다. 하지만 변호인 측에서 추천한 혼다 가쓰야 교수는 이 검증도 실시했었다.

혼다 교수는 STR법은 물론 당시 MCT118 판별법으로도 확인해야 한다고 생각했다. 다만 예전과 같은 겔상의 밴드를 육안으로 확인하는 낮은 정밀도의 실험이 아니라, MCT118의 같은 부위를 최신 컴퓨터로 감정했다. 이렇게 하면 정밀도가 대폭 상승한다. 혼다 교수는 이번 재감정이 결정되자 제조 중지가 된 MCT118 판별법의 검사 시약까지도 특별 주문, 여러 번 반복해서 예비 검사를 하는 등 철저하게 실험을 준비했다고 한다.

1990년 당시 과경연 감정과 그 논문에 따르면 스가야 씨와 진범의 DNA형은 당초 '16-26'형으로 판별, 그 후 마커 변경에 의해 '18-30'형으로 변경되었다(이후 특별한 경우를 제외하고 본서에서는 18-30형으로 서술하겠다). 하지만 재심 청구를 위해서 교도소에서 반출된 머리카락을 감정한 오시다 감정에서는 '18-29'형으로 나왔다. 우쓰노미야 법원이 받아들이지 않은 그 감정이다.

이번 혼다 교수의 감정 결과 또한 역시 '18-29'형.

즉, 과경연의 궤변은 통하지 않았다. 스가야 씨와 진범은 동일 그룹조차 아니기 때문이다.

더욱 놀라운 결과가 나왔다.

혼다 교수의 감정에 의하면 셔츠에서 검출된 범인의 형은 '18-24'형이었다고 한다. 스가야 씨가 '18-29'형이고, 진범이 '18-24'형. 그렇다면 과경연이 감정한 '18-30'형은 어디로 사라졌나?

결과를 알게 된 사토 히로시 변호사는 기자회견에서 분노의 발언을 쏟아냈다.

"지금까지 과경연이 자신들의 논문을 통해 26형은 30형으로 치환된다고 발표했습니다. 그런데 이번 감정 결과에서 밝혀진 범인의 DNA형은 24였습니다. 이것은 아마도 감정 수준 이전의 큰 착오. 엉터리 감정이라고밖에 할 말이 없습니다."

동형이인은커녕 이형이인이 아닌가.

혼다 교수는 이렇게 설명한다.

"감정 개시 직후 스가야 씨와 셔츠의 밴드가 일치하지 않는다는 사실을 알게 되어 등골이 오싹했습니다. 큰일이 벌어졌다고 생각했습니다. 설마 과경연이 틀렸을 거라고는 생각하지 못해서 감정을 400회 이상 반복했지만 결과는 같았습니다."

혼다 교수는 STR법 감정 결과뿐만 아니라 이 MCT118 판별법으로 도출된 감정 결과도 감정서에 기재했다.

혼다 교수의 감정서가 제출되자 과경연은 '의견서'를 제출해서 맹반격을 개시했다.

혼다 교수는 지금까지 몇 번이나 경찰이나 검찰의 의뢰를 받아 DNA형 감정을 시행했으며, 재판에서는 증거로 채택된 적도 있는 법의학자다. 과경연은 그런 혼다 교수에 대해서 DNA형 불일치를 인정하지 않기는커녕, 감정 그 자체를 전면적으로 부정한 것이다.

"자료 채취, DNA 추출, PCR 증폭 및 형 분석 등에 있어서 검사 기술의 품질 관리 및 검사 결과 해석에 있어서의 혼다 감정은 법과학적 DNA형 검사로서는 적정하지 않으며, 이들 감정서는 검사 기술 및 이론 구성 화면까지도 신뢰할 수 없다. 따라서 (중략) 그 결과를 채택할 수 없다."

혼다 교수의 감정은 하나에서 열까지 모조리 문제가 있다는 주장이다. 엄청난 문서이지 않은가?

그리고 이런 서술까지 있다.

"검사가 올바르게 시행되었다고 가정하더라도 검출된 MCT118 DNA형은 정자에서 유래한 것이 아니라고 생각된다."

"여성 유래의 MCT118 DNA형의 경우 24형이 혼합되어 있을 경우가 확실하게 시사된다. 이런 사실로 인해 MCT118 DNA형으로서 검출된 18-24형을 한 남성의 형으로 판정하는 것은 잘못이다."

요컨대 혼다 감정인이 셔츠에서 검출한 '18-24'형은 진범의 것이 아니라, 여성의 것이라는 것이다. 당연한 사실이지만 범인은 남자다. 한편 현장 시료는 '마미의 셔츠'다. 요컨대 과경연은 '18-24'형은 피해자인 마미의 DNA형, 혹은 모친인 마쓰다 씨의 DNA형이라고 말하고 싶은 것이다.

과경연의 변명에 동조한 검찰은 "검사 방법 등에 의문점이 있으며, 전체적으로 신빙성이 부족하다고 판단된다. 따라서 혼다 감정은 형사소송법 435조 6항이 정한 무죄를 확인할 만한 확실한 증거에 해당한다고 인정하기 힘들다"라며 12페이지에 걸친 의견서를 법원에 제출한다.

지금까지 수차례에 걸쳐 DNA형 감정을 의뢰했고, 법정에서의 증인 의뢰까지 부탁했던 혼다 교수에게 검찰은 "전체적으로 신빙성이 부족하다"고 말한 것이다. 그들이 처한 상황은 이상사태라 해도 좋을 것이다. 필사적이 되는 것도 무리는 아니다. 여기서 MCT118 판별법이 뒤집어지면, 지금까지 증거로 채택된 다른 사건까지 뒤집힐 가능성이 생기기 때문이다.

'18-24'형'.

감정서에 적힌 그 숫자 조합을 나는 바라보았다.

생각하면 그것이 나와 '18-24'형의 만남이었지만, 그때의 나는 그 중대성을 전혀 알아차리지 못했다.

그즈음 마쓰다 히토미 씨 쪽에도 검찰청에서 연락이 왔다.

"편지가 왔어요. 17, 18년 만에. 뭘 이제 와서, 라는 느낌이었죠. 대체 무슨 바람이 불었던 걸까요……."

스가야 씨 체포 이래 아무런 연락도 없었던 수사 당국의 갑작스런 접촉이었다. 마쓰다 씨가 수상쩍게 생각하는 것도 당연하다.

도쿄 고검 검사가 보낸 편지의 내용은 다음과 같다.

"따님이 돌아가신 1990년의 사건에 관한 수속을 담당하고 있습니다. (중략) 이미 보도되었으므로 알고 계실지도 모르지만, 이번 수속의 일환으로서 법원이 DNA의 재감정을 실시한 결과, 유죄 증거였던 DNA형과 스카야 수형자의 DNA형이 일치하지 않는다는 결론이 나왔습니다. 따라서 직접 찾아뵙고 사건 근황에 대해서 설명해야 한다고 생각해서 이 편지를 쓰게 되었습니다."

스가야 씨의 이름에 오자를 냈다는 사실에 가벼운 충격을 받기도 했지만, 이제 와서 왜 피해자 유족에게 연락했는지는 어느 정도 짐작이 간다.

며칠 전의 일이다.

검찰이 사건 발생 시에 수사에 관련했던 도치기 경찰의 DNA형을 감정하는 이상한 조사를 시작했다. 대체 무슨 일로 당시 수사관을 감정하는 것일까?

키워드는 컨태미네이션contamination이다.

감정용 시료가 오염되는 것을 컨태미네이션이라고 한다. 이 사건에서 그럴 가능성이 있는 것은 피해자인 마미의 셔츠다. 이 셔츠에 제삼자가 접촉했을 경우 범인 이외의 DNA가 부착되었을 가능성이 있다. 그런 셔츠를 사용해서 DNA형 감정을 하면 제삼자의 DNA형이 검출될 수도 있다. 이른바 '오염'이다.

이번에 셔츠에서 검출된 DNA가 정말로 진범의 것인지 검찰은 확인하고 싶은 거였다. 수사관의 땀이나 세포가 검출되었을 가능성을 확인한다는 것은 그만큼 DNA형 불일치가 충격이었다는 사실을 반증한다.

그런데 이 수사 관계자를 대상으로 시행한 감정에서 경찰에 악몽 같은 사태가 발생하고 만다. 무려 다른 사건의 범인 DNA형과 수사 간부의 DNA형이 완전 일치로 나온 것이다.

2005년 12월, 도치기 현 이마이치 시今市市, 현재의 닛코 시에서 7세 소녀가 납치되어 살해되는 사건이 발생했다.

시신에서 남성의 DNA가 검출되었는데 경찰은 이 DNA를 범인의 것으로 판단하고 수사를 진행했다. 그런데 이번 아시카가 사건과 관련해서 수사 관계자의 DNA형을 감정한 결과, 무려 수사간부의 DNA형이 이 사건 범인의 것과 일치하고 만 것이다.

이 간부가 범인 아니냐며 큰 소동이 벌어졌지만, 원인은 오염이었다. 시신이 발견되었다는 보고를 듣고 달려간 그 간부는 그곳에서 수사관들에게 호통을 친 모양인지, 그 탓에 시신에 침을 부착시키고 만 것이다. 그것을 감식반이 채취해서 지금까지 '범인의 DNA일 가능성 있음'으로 간주했던 웃을 수 없는 사건이다. 이래서는 혹시라도 시신 발견자의 침이나 땀이 시신에 튀고 다른 물증이 없을 경우, 범인으로 몰렸을 가능성조차 있었다.

그런 웃기지도 않는 상황을 미리 들었던 터라 마쓰다 씨에게 도착한 검찰 측 문서의 의미도 바로 예상이 갔다.

이번에 검찰이 연락한 것은 유가족의 DNA형 감정이 목적일 것이다. 오염에 대해 조사한다면 수사관보다 먼저 확인해야 할 사람이 있다. 당연히 셔츠의 주인이자 피해자인 마미의 DNA형이다. 혼다 교수가 감정에서 발견한 '18-24'를 여성의 것이라고 단정한 검찰과 과경연이다. 그렇다면 함께 생활했던 모친의 DNA형도 조사할 필요가 있다. 가족의 DNA는 접촉이나 세탁 등을 통해 부착될 가능성이 높기 때문이다. 원래는 관계자의 'DNA형'부터 제외한 후 검증하지 않으면 범인의 'DNA형'을 확정할 수 없다. 마쓰다 씨를 소환한 검찰의 목적은 바로 이 '피해자 감정'이 아닐까?

우쓰노미야 지방 검찰청에 출두하기로 한 마쓰다 씨와 동행하기로 했다.

취재팀은 근처에서 대기하고, 마쓰다 씨는 법원에 인접한 회색 건물로 들어갔다. 그곳에서는 도쿄 고검 검사가 기다리고 있었다. 검사는 마쓰다 씨에게 인사를 한 후, 재감정 경위에 대해 10분 정도 설명한 후 본론으로 들어갔다. 목적은 역시 DNA형 감정이었다. 검사는 이렇게 말했다.

"두 사람의 감정인이 각자 다른 방법으로 감정을 한 결과 스가야와는 일치하지 않는다는 감정 결과가 나왔습니다. 현재 이 사실을 어떻게 받아들여야 할지 검토 중입니다. 아무리 그 분야의 권위 있는 선생님이 말씀했다고 해도……."

DNA형이 일치하지 않았다고 스가야 씨를 간단히 석방할 수는 없다는 말이다.

"20년도 더 된 속옷에서 추출된 것이라 그사이 여러 사람이 만지거나 해서 사건과는 관련 없는 사람의 땀 같은 것 등이 검출되었거나, 혹은 단순히 따님의 DNA를 새 기술로 발견한 것이 아닌가 합니다. 말하자면 범인의 것과는 다른 것이 아닐까 하는……."

길게 설명했지만, 요약하자면 마미와 마쓰다 씨의 DNA형 감정을 하고자 하니 협력해달라는 요청이었다.

마쓰다 씨가 그에 동의하자 미리 대기하던 경찰 감식반이 바로 구내 점막을 채취했다. 마미의 DNA형에 관해서는 보관해두었던 마미의 탯줄을 이용해서 확인하기로 했다.

검사와 면담을 끝내고 나온 마쓰다 씨에게서 경위를 들은 나는 무심코 중얼거렸다.

"피해자 감정조차도 안 했구나……."

이는 중대한 의혹을 품고 있었다. 이제 와서 마쓰다 씨의 DNA를 채취할 수밖에 없다는 것은, 과경연은 사건 당시 피해자나 가족의 DNA형조차 모른 채 감정을 실시했을 가능성이 높다. 즉, 과경연은 셔츠에서 가장 기본적인 '뺄셈'도 하지 않은 채 범인의 DNA형이라고 결정한 것으로, 그렇다면 상당히 위험한 감정이라고 말할 수밖에 없다.

그런데 마쓰다 씨와 검사와의 대화는 의외의 방향을 향했다.

마쓰다 씨는 검찰에게 어떤 요구를 했다.

유족은 사건 발생 이래 검찰로부터 완전히 방치되어 있었다. 오늘에 이르기까지 아무런 연락도 설명도 없었다. 그래도 체포된 스가야라는 사람을 범인이라고 믿고 살아왔다. 그런데 어느 날 기자 한 명이 나타났다. 그 기자에게서 수사 경위를 듣고 스가야가 정말 진범일까 하는 의문이 차츰 커지기 시작했다. DNA 재감정 결과, 일치하지 않았다는 사실을 알게 되었다.

"역시 이상하지 않나요? 누가 봐도 아닌 것은 아닌 겁니다. 어딘가에 실수나 잘못이 있다면 그 점을 확실하게 짚고 넘어가야 한다고 생각합니다."

그리고 스가야라고 존칭을 붙이지 않는 검사에게 이렇게 말했다.

"스가야 씨. 굳이 씨라고 붙이도록 하겠습니다만, 스가야 씨가 무죄라면 빨리 궤도 수정을 해주셨으면 좋겠습니다. 수사가 잘못되었다면 이제라도 제대로 사과해야 한다고 생각합니다. 이건 누가 봐도 이상하잖아요."

그리고 이 말을 덧붙였다.

"죄송하다는 한마디를 하는 게 그렇게 어려운가요?"

마치 아이를 가르치는 듯한 말투로 검찰을 꾸짖는 피해자 유족. 그것은 범인을 체포해서 재판만 열면 된다는 사법 당국과 진실을 알고자 하는 피해자 유족의 결정적인 차이처럼 보였다.

물밑에서 비밀리에 시행된 이 피해자 감정을 취재한 것은 나뿐이었다. 보도하지 않으면 이 사실은 아무도 모른 채 사라질 것이 틀림없었다. 나는 2009년 5월 31일의 〈전담기자!〉를 시작으로 여러 프로그램에서 "죄송하다는 한마디를 하는 게 그렇게 어려운가요?"라는 마쓰다 씨의 육성과 이제 와서 피해자 감정을 실시했다는 사실을 연이어 보도했다.

방송 다음 날, 스가야 씨의 형 집행정지를 요구하던 변호인단이

기자회견을 열고, 유족조차 이렇게 말하고 있는데 왜 스가야 씨를 석방하지 않느냐며 검찰을 비난했다. 나는 기자회견장 가장 구석에서서 신비한 기분으로 그 회견을 지켜보았다. 이미 언론에는 대거 '무죄', '감정 불일치'라는 보도가 쇄도했다. 피해자 유족과 변호인단 모두가 목소리를 높였다. 마치 검찰이 무언가에 포위되어 가는 듯했다.

피해자 DNA 감정 보도가 있은 지 4일 후인 6월 4일의 일이었다. 마쓰다 히토미 씨에게서 전화가 걸려왔다. 하지만 전철 안에서는 전화를 받을 수 없어서 마침 정차한 역에서 내렸다.

지난번 취재에 대한 감사인사를 하는 내게 그녀는 차분한 목소리로 또박또박 한마디씩 잘라 말했다.

"방금, 검찰에서 전화가 왔습니다. 오늘 오후, 스가야 씨를 석방한다고 합니다."

나는 전화기를 손에 쥔 채 처음 보는 역에서 망연자실한 채 멈춰섰다.

석방?

뇌가 흔들리는 듯한 충격을 받았다.

그런 말을 설마 피해자 유족에게서 듣는 날이 올 줄은 상상도 못했었다.

몇 마디 대화를 더 나누고는 나는 급히 감사인사를 하고 전화를 끊었다. 내 머릿속에서 시곗바늘이 고속으로 회전하기 시작했다. 일단은 팩트 체크도 해야 할 것이고, 방송 준비도 필요했다. 바로 그 자리에서 여러 곳에 전화를 돌렸다. 니혼 텔레비전 사법 담당기자도 같은 정보를 입수한 상태였다. 즉시 '스가야 씨 오늘 석방'이라는 내용을 속보로 내보냈다. 변호인단에게도 전화를 걸자 맞이할 준비가 전혀 안 되어 있다고 했다. 게다가 스가야 씨를 교도소에서 어떻게 모시고 나올지 고민 중이라고 했다. 사실을 접한 보도진이 지바 교도소 앞에 대거 몰려들 것은 눈에 선했다.

나는 자동문이 열리는 시간조차도 참지 못하고 회사로 뛰어 들어갔다.

보도국에는 시끄러운 소리가 오가며 활기가 넘쳤다. 스기모토 사회부장과 상담해서 급히 기자회견장을 조달했다. 회사 홀을 사용하면 좋았을 테지만, 안타깝게도 선약이 있었다. 수많은 사람들에게서 전화가 끊임없이 걸려왔다. 점심 뉴스, 저녁 뉴스 영상에 스튜디오 해설 등 차례차례 지시를 내리지만 그래도 처리해야 할 일들이 순식간에 쌓여만 갔다.

결국 나는 프로그램 팀장에게 미안하다고 하고는 그 자리에서 도망쳤다. 이런 때에 가만히 있을 수 없었다. 현장에서 보내는 석방 영상을 회사에서 가만히 기다리고 있는 것은 질색이다. 나 자신의 눈으로 스가야 씨의 석방을 확인하지 않고서는 기분이 풀리지 않았다.

지바 교도소 앞은 큰 변화가 있었다.

한적했던 정문 앞을 카메라맨과 기자가 가득 메우고 있었다. 위성 안테나가 달린 중계차도 여러 대 와 있었고, 교통정리를 위해서 호루라기를 부는 경찰까지 출동해 있었다.

"엉망진창이구만."

나도 모르게 한숨이 나왔다.

"이렇게 만든 장본인이 무슨 소리를 하는 거예요."

돌아보니 스기모토 준코가 웃고 있었다. 이날 아침 그녀는 끈질기게도 스가야 씨에게 면회 신청을 하고는 역시나 거부당했다. 다행인지 불행인지 그 덕에 도착은 어느 회사보다도 가장 빨랐다. 카메라 위치도 베스트 포지션을 확보한 상태였다. 문 앞에는 두 대의 니혼 텔레비전 중계차가 자리 잡고 있었으며, 데즈카 카메라맨도 하마구치 음향감독도 이미 준비 완료. 뉴스 준비는 완벽했다.

하지만 이대로는 결국 교도소 앞 줄 서기일 뿐, 내 입장에서는 취재라고 할 수 없는 것이었다. 다른 사람들에게 일을 떠넘긴 채 회사를 뛰쳐나오기는 했지만, 이래서는 아무런 도움도 되지 못했다.

나카바야시 운전기사가 사온 따뜻한 도시락을 먹으면서 곰곰이 생각했다. 한 걸음이라도 진실에 가까이 다가가는 것이 저널리스트 아닌가? 한 걸음, 딱 한 걸음이면 되는데 뭔가 방법이 없을까? 아예, 한 걸음은커녕 담벼락 안으로 들어가는 것은 어떨까? 지금까지 몇 번이고 문전박대를 당했던 교도소다. 그에 대한 답례를 하려면 바로 지금 아닐까?

어쨌든 스가야 씨는 차량을 이용해 교도소 밖으로 나올 수밖에 없다. 걸어서 나왔다간 교도소 앞은 대혼란이 발생할 게 분명하니 차로 회견장까지 모셔갈 수밖에 없다. 변호인단과 상담한 결과, 스가야 씨에게는 짐이 꽤 있는 모양인지 승합차를 준비해서 모시기로 교도소 측에 신청할 모양인 듯했다. 바로 이거라는 생각이 머릿속에 번뜩였다.

보도진이 주시하는 가운데 사토 변호사와 니시마키 이토코 씨가 면회 입구를 통해 안으로 향했다. 오늘까지 정말로 길었을 것이다. 사토 변호사는 재심 청구 기각 후, 북풍이 몰아치는 이 장소에서 눈물을 흘렸었다. "만약 신이 단 하나의 소원을 들어주겠다고 한다면 스가야 씨의 무죄라고 항상 바라고 있습니다." 그날이 상당히 오래 전처럼 느껴졌다.

약간의 시간을 두고 내가 탄 승합차가 교도소를 향해서 움직였다. 여러 대의 취재 헬기가 소음을 내며 상공에서 원을 그렸다.

예전에는 높게 솟아 있었던 붉은 벽돌담이 조금씩 가까워진다. '석방을 맞이하는 차는 어디까지 들어갈 수 있을까? 분명 바로 앞에 주차장이 있었는데.' 그런 생각을 하면서 회색 문에 가까이 다가가니 교도관이 손짓을 하는 것이 보였다.

자동차가 딱 한 대 들어갈 수 있을 정도의 크기만큼 철문이 천천히 열렸다.

정말로 안까지 들어가도 되는 거겠지? 그쪽에서 부른 거라고? 나는 모른다.

그 순간, 본사의 모리타 고조 PD에게서 휴대전화로 전화가 걸려왔다. "시미즈 씨, 지금 어디 계시나요?" 나는 작은 목소리로 대답했다. "그게 말이죠, 차로 안까지 들어왔어요." "네? 지금 헬기 영상에 나오는 저 검은 승합차 말인가요?"

니혼 텔레비전뿐만 아니라 모든 회사의 헬리콥터가 이 차를 찍고 있는 모양이다. "스가야 씨를 맞이할 것으로 보이는 차량이 현재 교도소 안으로 들어갔습니다"라는 식으로 보도하고 있을 것이다. 이 차량 안에 기자가 있는 줄도 모르고.

문을 통과한 차는 교도소 측의 유도로 통용구 앞에 밀착시켰다. 그곳은 허무하게 쫓겨난 면회소 건물의 뒤쪽이었다. 이윽고 안에서 교도관들이 우르르 나왔다. 나를 쫓아낸 바로 그 제복 군단 아닌가. 나는 오늘도 그때와 같은 유니클로 체크 셔츠 차림인데, 이들은 내 얼굴을 기억하고는 있을까? 승합차 문을 열자 교도관들은 내 얼굴에는 눈길도 주지 않고 몇 개인가의 종이박스를 건넸다. 스가야 씨의 개인 물품이다.

안에는 우리들이 보낸 편지도 들어 있을 것이다. 그 무거운 박스를 건네받아서 승합차 뒤쪽 짐칸에 쌓아올렸다. 짐칸 문을 열면 작업도 간단했을 테지만, 켜켜이 쌓인 취재용 삼각대가 떨어지기라도 하면 성가시다. 비지땀을 흘리면서 작업을 끝냈다.

이윽고 철문이 작게 소리를 내며 열렸다.

처음으로 보인 것은 희끗희끗한 짧은 머리였다. 그리고 커다란 렌즈의 금속 안경테. 회색 체크무니 재킷 모습. 스가야 도시카즈 씨였다.

나는 차 앞에서 자기소개를 하고 악수를 나누었다.

"아, 당신이. 그렇군요……. 정말 감사합니다."

스가야 씨는 그 말만 하고는 내 손을 잡고 몇 번이고 고개를 끄덕이면서 목이 멘 듯 말을 잇지 못했다. 안경 안쪽에 눈물이 고였다.

상공의 헬리콥터가 일제히 고도를 낮췄는지 소음이 상당했다.

15시 48분, 차는 문을 빠져나왔다.

나는 만감을 담아 디지털 카메라의 녹화 버튼을 눌렀다. 누구보다도 먼저 스가야 씨의 영상을 담고 싶었다. 차 밖에서는 플래시가 격렬하게 번쩍였다. "스가야 씨!" 창틈으로 스며들어온 하이톤의 시끄러운 목소리의 주인공은 준코였다.

스가야 씨는 열린 창으로 손을 흔들며 보도진이나 바깥 경치를 바라보았다. 나는 그런 스가야 씨 표정을 열심히 카메라에 담았다. 나는 파인더를 바라보면서 길었던 취재에 지금 하나의 마침표가 찍힌 것 같다는 느낌을 받았다.

물론 그것은 끝이라는 의미가 아니다. 오늘이 진정한 시작이라는 의미에서였다. '북관동 연쇄 아동납치살인사건'의 진정한 시작은 바로 지금부터였다.

모리타 PD가 지바 시내의 호텔 홀을 기자회견장으로 준비해주었다. 회견장에는 기자단 소속 기자든 잡지기자든 차별 없이 모두 공평한 취재가 가능하게 했다. 물론 회견 시작 전의 짧은 준비시간은 니혼 텔레비전이 독점하기로 했다.

호텔 대기실까지 긴 케이블을 끌어서 카메라를 중계차와 연결시켰다. 삼각대를 설치하고 스가야 씨와의 일문일답 영상을 생중계로 본사로 보냈다.

스가야 씨는 카메라 앞에서 열망하던 커피를 마셨다.

“맛있군요. 향이 달라요. 이런 건 교도소에서는 마실 수 없었습니다.”

뜨거운 김이 모락모락 나오는 커피를 들고 감상을 술회했다. 사정을 알게 된 웨이터가 바로 커피를 리필해주었다.

나는 체포 당시의 일, 교도소에서의 생활 등에 대해서 물어보았다.

“경찰은 ‘증거가 있다’면서 저를 범인으로 몰아세웠지만, 저는 범인이 아니기 때문에 대체 뭐가 증거인지 알 수 없었어요. 정말 괴롭고 또 괴로워서……. 우쓰노미야 구치소로 갔을 때 이젠 틀렸다고 생각했죠. 죽으려고 한 적도 있었습니다…….”

DNA형 감정 때문에 체포되었다가 재감정 덕에 의혹이 풀린 사실에 대해서 어떻게 생각하는지도 물었다.

“좀 복잡한 심정입니다만, 역시 요즘은 정밀도가 높아졌다고 해야 되겠죠. 물론 저는 죄를 저지르지 않았기 때문에 반드시 무죄가 될 거라고 믿었습니다.”

지바 교도소에 있는 스가야 씨 면회가 성공해서 이 말을 직접 들었더라면 나는 고민할 필요 없이 대담하게 무죄를 주장하는 방송을 내보낼 수 있었을 텐데. 그런 생각이 들게 하는 성실하고 힘이 담긴 어투였다.

스가야 씨는 17시에 회견장으로 들어갔다.

큰 홀을 가득 메운 기자와 카메라맨의 숫자에 깜짝 놀랐다. 엄청난 플래시 세례였다. 재심 전 석방. 그것은 일본에서는 처음 있는 사건이었다. 엄청난 보도진 숫자는 당연한 것일지도 모른다.

마이크 앞에 앉은 스가야 씨가 조용하고도 차분하게 이야기하기 시작했다.

"저는 무죄입니다. 범인이 아닙니다. 이것만큼은 확실히 말할 수 있습니다."

"형사들의 압박이 보통이 아니었습니다. '네가 했잖아'라든가 '빨리 자백하고 편해지는 게 어때'라고 말했습니다. 아무리 제가 하지 않았다고 해도 전혀 들으려 하지 않았습니다. 이번 일은 미안하다는 말로 끝날 수 있는 일이 아닙니다. 당시 경찰과 검사는 결코 용서할 수 없습니다."

회견장은 셔터 소리 이외에는 아무 소리도 들리지 않았다.

"17년간 쭉 참았습니다. 경찰의 사죄를 받고 싶습니다. 경찰에 체포당한 직후 아버지가 돌아가셨습니다. 2년 전에는 어머니도 돌아가셨습니다……. 실수라는 말로 끝날 수 있는 일이 아닙니다. 내 인생을 돌려주십시오."

스가야 씨가 체포된 지 2주 후에 아버지가 지병 악화로 사망했다. 스가야 씨는 취조실에서 아버지의 죽음을 전해 듣고 울부짖었다. 그리고 재작년에는 어머니가 돌아가셨다. 체포 이후 스가야 씨는 결국 부모님을 만나지 못했다.

45세 때 체포된 스가야 씨도 어느덧 62세. 스가야 씨의 말 한 마디 한 마디에 세월의 무게감이 느껴졌다. 스가야 씨의 모습에서는 34년간 복역한 끝에 재심으로 무죄 판결을 받아낸 멘다 사건의 멘다 씨 모습이 겹쳐보였다.

스가야 씨는 저녁으로 초밥을 희망했다. 회견 후 시오도메의 초밥집에 갔다.

"정말 맛있군요. 참치살을 좋아합니다."

그 말을 들은 나와 준코는 스가야 씨 접시에 참치를 계속 올렸다. 간장에 푹 찍어서 입으로 가져가는 스가야 씨는 교도소에서 김말이 초밥이나 유부 초밥조차도 먹은 적이 없다고 했다.

문득 보니 스가야 씨의 앞니가 몇 개나 빠져 있었다. 충치에 걸려도 교도소에서는 보험이 안 되기 때문에 비싸서 치료를 받을 수 없었다고 한다.

스기모토 부장도 초밥집으로 달려 왔다. 생각해보니 부장과 초밥집에서 시작된 이 미션의 1부 마지막도 초밥집이다. 오늘만큼은 마음 편하게 먹어도 괜찮을 거라는 생각이 들었다.

스가야 씨는 저녁 식사 후 〈NEWS ZERO〉에 생방송으로 출연하기로 했다.

나는 교도소 출소 몇 시간 만에 스튜디오에 출연하는 것도 보기 드문 일이겠다는 생각을 하면서 스튜디오 구석에서 방송을 지켜보았다. 스가야 씨는 눈부신 조명 아래에서 차분하면서도 담담하게 부조리한 수사와 교도소 생활에 대해 이야기했다.

나는 방송이 끝난 후에도 스가야 씨 곁을 지켰다. 화장실에 들어간 스가야 씨는 세면대에서 잠깐 당황했다. 수도꼭지가 달려 있지 않았기 때문이다. 체포 전에는 센서가 달린 세면대 같은 것은 아직 없었다. 그리고 이번에는 거울을 보고 놀랐다. “우와, 늙었군요”라며 마치 오랜만에 보는 것처럼 말을 잊지 못했다. “교도소에도 거울은 있었지만 희뿌예서 이렇게 확실하게는 보이지 않았거든요.”

스가야 씨의 당장의 소망은 노래방에 가는 것이었다. 스가야 씨는 마이크를 잡고는 단숨에 스무 곡이나 노래를 계속 불렀다. 지금은 옛 가수들의 명곡을 부르면서 억압에서 해방된 기쁨 때문이지 그 얼굴이 미소로 가득했다. 때로는 양팔을 크게 펼치고, 때로는 바닥을 발로 구르며 노래를 불렀다. 모든 것이 17년 만이었다.

그리고 스가야 씨가 좋아하는 라면도 먹었다. 교도소에서 나가면 라면을 꼭 먹고 싶었다고 한다. 라면가게에 앉아 목을 길게 빼고는 벽에 걸린 메뉴를 물끄러미 바라보았다.

“간장, 소금, 차슈……. 사실은 전부터 정해두었지만 메뉴를 보고 좋아하는 것을 주문할 수 있다는 사실이 기쁘군요.”

주문한 소금라면이 나오자 스가야 씨는 국물부터 한 입 맛있게 마셨다.

한 입 먹은 그 감상은 그 어떤 베테랑 리포터도 결코 흉내 낼 수 없는 것이었다.

“교도소에서 나오는 건 맛이 없었어요.”

석방된 지 만 하루가 지났다. 하루 동안 쭉 함께 하면서 계속 느꼈다. 스가야 씨는 정말로 얌전하고 남에게 뭘 부탁하거나 하지는 못하는 성격이라고. 체포 후 고작 2천 엔밖에 안 되는 세금 지급을 신경 썼을 정도인 사람이다. 내가 이것저것 물으면 “네, 그렇습니다”라고 대답해버리는 성격이었다. 지금까지의 취재에서 니시마키 씨나 사토 변호사에게서 주변의 영향을 쉽게 받는 타입이라고 듣기는 했지만 정말로 그랬다. 압박 취조에서는 그게 재앙을 불렀을 것이다.

나는 스가야 씨에게 직접 물어보아야 할 것이 남아 있었다.

자백에 대한 것이었다.

사형 판결도 있을 수 있는 무려 세 건의 살인사건에 대한 자백. 왜 그런 짓을 하고 말았는지.

다음 날 취재에 응한 스가야 씨는 팔짱을 끼고 고개를 갸웃하며 말했다.

"압박이 심하다 보니 결국 그렇게 말하고 말았죠. 지금 생각해보면 정말로 왜 그랬던 건지……."

"어쨌든 형사들의 압박이 보통이 아니어서 취조에서 도망가고 싶었습니다. 정말로 저 스스로도 한심하지만 제가 나약했던 거죠."

그렇다고 해도 자백까지 하루도 못 버틴 건…….

"사실을 아무리 말해도 형사들은 듣지 않았습니다. 자신들이 원하는 말밖에 듣지 않더군요. 열세 시간이나 제 귓가에 대고 호통을 치니 이거 자백하지 않으면 이 상황을 벗어나지 못하겠구나 하는 마음이 들었습니다. 열세 시간밖에가 아니라 용케 그렇게나 버텼구나 하고 생각해요."

나는 뉴스 영상으로 본 와타라세 강의 현장 검증에 대해서도 물어보았다. 현장에 연행된 스가야 씨에게 다부진 체격의 H경위가 무언가를 묻는 장면이다. 스가야 씨는 H경위에게 무슨 말을 들을 때마다 고개를 갸웃하고는 자신 없는 듯이 어딘가를 가리켰었다.

“아, 그랬었죠. H가 ‘시신을 버린 장소는 어디야?’라고 묻는 겁니다. 신문 사진에서 봤을 뿐 처음으로 간 장소니까 전혀 알 수가 없지요. 머뭇거리다 적당한 곳을 가리키며 ‘여기에 버렸습니다’라고 말했습니다. 그랬더니 H가 ‘아니잖아. 더 저쪽이다’라고 말합니다. 그래서 저는 그에 맞춰서 말할 수밖에 없었습니다.”

상상 이상으로 수사는 엉망이었던 모양이다.

또 하나 신경 쓰이던 것을 물었다. “마미를 죽였을 때 내가 신었던 운동화”라고 적힌 스가야 씨가 그린 그 짚신벌레 모양의 신발 밑창 그림이다. 왜 그런 것을 그렸냐고 물으니, 스가야 씨가 바로 이렇게 대답했다.

“제가 신었던 신발 그림을 그리라고 했습니다.”

하지만 자기 신발의 밑창 같은 것을 기억하고 있는 사람은 없다. 그러자 형사가 한 장의 사진을 보여주었다.

“그게 신발 밑창 사진이었습니다.”

스가야 씨는 그 사진을 열심히 모사한 것이다. 아마도 현장에서 발견된 족적과 같은 신발이었을 것이다.

갑자기 용의자가 된 당시의 스가야 씨는 검사와 변호사의 차이조차 몰랐다고 한다.

“재판이 벌어지면 영화에서 나오는 변호사 같은 사람이 등장해서 진실을 밝혀줄 거라고 생각했습니다.”

이렇게 말하고 스가야 씨는 웃었다.

하지만 실제로 첫 공판에서 법정에 서자, 방청석에 H경위나 Y형사가 있는 것은 아닌지 두려움에 떨면서 기소 내용을 그대로 인정했다고 한다.

"재판정에서 확실히 모습을 본 것은 아니지만, 계속 심장이 두근거렸어요. 그 형사들이 있는 것은 아닐까 하고. 그게 두려웠습니다."

법정에서 자백을 번복하지 않도록 자백을 시킨 형사가 방청석에서 계속 지켜본다는 이야기는 멘다 씨에게서도 들은 적이 있다. 그것은 스가야 씨도 마찬가지였다.

6차 공판에서 스가야 씨는 간신히 방청석을 바라볼 수 있게 되었다. 그곳에 형사들의 모습은 없었다. 그래서 그때 처음으로 범행을 부인할 수 있었다고 한다. 멘다 씨가 무죄를 주장한 것도 3차 공판부터였다.

왜 마미를 자전거에 태웠다고 자백했는지에 대해서도 물었다.

"전에는 차나 오토바이를 타고 다녔지만, 그 무렵에는 어디를 가든 자전거였습니다. 그래서 어떻게 유괴했냐고 했을 때 자전거 이야기를 하지 않을 수 없다고 생각했습니다. 형사의 말에 맞추고 만 거죠."

하지만 이 자백을 들은 형사들이 만약 "그게 아니잖아! 걸어서 제방을 내려갔잖아"라고 했다면 대체 어떻게 되었을까.

요시다 씨나 마쓰모토 씨가 목격한 '루팡'은 그대로 스가야 씨에게 덧씌워졌을 위험성이 있다. 삭제한 증언조차 표창한 경찰이다. 순식간에 유력 증거로 바뀌었을 것이다.

그렇게 되면 마쓰다 히토미 씨의 "마미는 자전거 짐칸에 못 타요"

라는 의문도 나오지 않았을 것이고 '삭제된 목격 증언'에 집착했던 나는 여기까지 오지도 못했을 것이다. 사건 취재는 역시 쉽지 않은 일이라는 것을 다시금 깨달았다.

그리고 스가야 씨의 직접 취재를 통해 알게 된 사실이 하나 더 있었다.

스가야 씨는 평범한 아저씨다.

실제로 만나보면 알 수 있다. 자전거로 통근을 하고, 유치원 버스를 운전하고, 캔커피를 좋아하며, 때로 야쿠자 영화나 성인 비디오를 보는 나나 일반 사람들과 다름없는 어디에나 있는 보통 사람이다. 그럼 보통 사람을 사법부와 DNA형 감정은 살인범으로 만들고 말았다.

석방된 지 얼마 되지 않아서 스가야 씨가 의외의 사람과 만나는 자리에 나도 동석했다.

장소는 가스미가세키 일각에 위치한 변호사 회관. 그 회의실에서 회색 양복을 입은 백발에 작은 체구의 남성이 스가야 씨와 굳은 악수를 하고 웃는 얼굴로 담소를 나누었다. 사형 판결을 받았지만 오랜 복역 후 재심을 통해 무죄 판결을 받은 멘다 씨다. 나도 멘다 씨와는 26년 만의 재회였다.

멘다 씨는 스가야 씨가 구치소에 있을 무렵 몇 번인가 면회하러 갔었다고 한다. 압박 취조 앞에 거짓 자백을 하고 오판 탓에 인생의 오랜 시간을 감옥에서 보냈다는 가혹한 운명을 겪은 두 사람은 짧은 몇 마디 말에도 서로 마음이 통한 모양이었다.

나란히 서 있는 두 사람의 모습에 나는 문득 위화감을 느꼈다. 무엇인가를 잊어버린 듯한 기분이었지만 그때는 아직 기억해내지 못했다.

스가야 씨가 힘든 교도소 생활 속에서도 절망하지 않았던 이유가 있었다.

"진범이 잡히면 진실은 밝혀진다. 그렇게 믿었습니다."

나도 같은 입장이었다면 무엇인가를 믿게 되었을까? 어쨌든 스가야 씨는 믿었다. 그렇기 때문에 그는 담 밖을 향해서 계속해서 편지를 보냈다. 항상 같은 내용이었다.

"진범은 따로 있습니다."

"DNA 재감정을 하면 바로 알 수 있습니다."

스가야 씨는 절대적인 자신감을 담아 편지를 보냈다. 그 마음의 외침을 받은 한 사람이 나였다는 사실을 다시금 느꼈다. 교도소 면회를 거부당한 그날, 왜 만나게 해주지 않는지 원통한 마음뿐이었다.

하지만 나보다 더 원통한 사람은 바로 스가야 씨였다. 스가야 씨야말로 누군가를 만날 필요가 있는 사람이었다. 무죄를 호소할 상대가 필요했다. 하지만 법무성은 그것을 허락하지 않았다. 그렇기 때문에 열심히 편지를 보냈다. 그것밖에 할 수 없는 상황 속에서 포기하지 않고 몇 번이나 몇 통이나.

그것은 이 세상에서 가장 작은 목소리였다.

아니, 더 작은 목소리가 있었다.

내가 해야 할 일은 이제는 전혀 들을 수 없는 소녀들의 작은 목소리를 듣는 일이다.

마쓰다 씨에게 스가야 씨 석방에 대해 들은 날이 생각났다. 전철에서 뛰어내려 받은 전화. "스가야 씨를 석방한다고 합니다"라는 마쓰다 씨의 말. 그 말에 멍하니 서서 전화기를 들고 있는 내 뇌리에 되살아난 와타라세 강의 물결 소리. 그날 그 자리에 웅크리고 앉아서 눈물을 흘린 세 사람의 뒷모습. 성인식을 맞이하지 못했던 딸에게 건넨 말. 결코 만날 수 없는 언니와 누나에게 보내는 말. "언니를 만나고 싶었어……. 왜 언니였던 거야?"

눈물처럼 땅으로 흘러내린 그 말.

역을 빠져나가는 전철의 풍압에 흔들리며 나는 그 소음에 지지 않게 큰소리로 말했다.

"어머님, 마미에게 그런 짓을 한 녀석은 반드시 제가 찾아내겠습니다."

소녀가 살포시 내게 건네준 집 모양 양철 상자는 지금도 내 손바닥 위에 놓여 있다.

그리고 그것을 열 때가 왔다.

상자 바닥에 숨어 있는 '루팡'을 끌어내기 위해서.

7장

추적

7′
6′8″
6′6″
6′4″
6′2″
6′
5′8″
5′6″
5′4″
5′2″
5′
4′8″
4′6″
4′4″

진범을 세상에 그냥 놔둘 수는 없다.

경찰, 검찰에 기대를 걸어보았지만 그런 움직임은 전혀 보이지 않았다. 그럴 때가 아닌 듯했다.

도쿄 고등법원의 야무라 히로시 판사는 스가야 씨를 범인으로 인정하기에는 합리적인 의혹이 있다면서 재심 개시를 결정했다. 사형 혹은 무기징역이 확정된 강력범죄사건에서 재심으로 무죄 판결이 난 케이스는 이 시점에서 다섯 건. 1989년 시마다 사건 이래의 재심이다. 경찰이나 검찰은 그 대응 쪽이 급선무일 것이다.

우쓰노미야 지방 경찰청은 이시카와 쇼이치로 본부장이 정식으로 스가야 씨에게 사죄했다.

"오랫동안 힘들게 해서 진심으로 사죄드립니다."

본부장은 그렇게 말하며 고개를 숙였다. 동시에 해결 당시에 수여한 경찰청장상 등도 반납 받았다고 발표했다.

"진심으로 사죄드립니다"라고 해봤자 이시카와 본부장은 당시 일과는 관계가 없는 사람이다. 재임 중에 운 나쁘게 겪는 재난일 테지만 고개를 숙일 수밖에 없었다. 상을 반납한 경찰들도 일단 오른 출세의 계단에서 몇 계단 내려오지도 않을 것이다.

그런 것보다 진범은 어쩔 생각인데?

난 다소 짜증이 난 상태였다.

경찰이 움직인다는 이야기는 전혀 들려오지 않았다. 아시카가 사건을 종식시키기 위한 단계로 보이는 움직임만 보일 뿐이다.

아무도 하지 않겠다면 내가 직접 할 수밖에 없는 것일까.

오케가와 사건에서는 살인범을 특징지어 경찰에 정보를 제공했다. 2006년에는 시즈오카 현 하마마쓰 시에서 발생한 강도살인사건 범인인 브라질인을 무려 1만 8천 킬로미터를 추적해서 브라질 시골구석에서 발견, 취재 후에 남자가 있는 곳을 시즈오카 현경에 통보했다. 2007년에 남자는 브라질에서 34년형을 받았다.

확실히 그런 일들도 하기는 했다. 하지만 내 일은 어디까지나 기자다. 수사기관이 움직이지 않고 진범을 방치한다면 그런 위험을 보도하는 것이 나의 일이다.

그렇다. 이제 그만 자백하겠다.

나는 '루팡'으로 보이는 남자를 이미 찾아냈다.

앞에서 적었듯이 사건 조사를 개시한 뒤 2주일 째, 저녁놀이 비추는 사무실에서 정리한 그 검은 파일철. 그것은 어떤 사내를 가리키고 있었다. 그때는 아직 취재 전이었기 때문에 루팡이라는 별명도 없었다. 하지만 검은 파일철을 통해 도출된 추론에 근거하면 그 사내가 진범이라는 사실에 모순점은 없었다. 나는 북관동 연쇄 아동 납치살인사건 취재를 진행하면서 이 사내에 대한 팩트 체크도 함께 진행했었다. 그 결과, 확신은 더욱 깊어질 따름이었다.

진범으로 생각되는 남자에게 도달했기 때문에 고독하기는 했어도 스가야 씨의 무죄 캠페인 보도를 계속할 수 있었으며, 재감정이 이루어지면 반드시 불일치 판정이 나올 것이라고 믿었다. 때문에 방송에서 줄기차게 재감정을 요구하며 '진범은 지금도 어딘가에 있다'고 이야기할 수 있었다.

이제 와서 밝히지만 나는 누명 사건 보도에는 흥미가 없다.

내가 목표로 한 것은 처음부터 용서할 수 없는 범죄자였다. 그런 의미에서는 '누명 사건 보도'와 '진범 추궁'은 내게는 표리일체다. 누명이든 아니든 사건에는 피해자가 있고 피해자의 유족이 있다.

"정말 감사합니다……."

석방된 그날 스가야 씨는 참치 초밥을 먹으며 내게 고개를 숙였다. 지금까지 니혼 텔레비전의 보도 내용을 알고 있었던 모양이다. 그런 스가야 씨에게 내 심정을 솔직하게 밝혔다.

"아니, 그렇지 않습니다. 스가야 씨가 교도소에 있으면 아무래도 앞뒤가 안 맞기 때문에 제가 곤란합니다. 그래서 배제시켰습니다."

"네?"

이상하게 생각하는 것이 당연하다. 하지만 나는 진심이었다. 어떠해서든 스가야 씨를 진범이라는 자리에서 끌어내리지 않으면 다음 사람을 그 자리에 앉힐 수 없기 때문이다.

여기서 다시 한 번 생각해주었으면 하는 것이 범인의 공통점이다.

1. 아시카가 시와 오타 시의 지리에 밝고, 담배를 피우며, 휴일에 파친코 점에 다니는 남자

2. 신장 156~160센티미터 전후로, 어린 여자아이를 울리지 않고 능숙하게 대화가 가능할 것

3. 혈액형 B형

4. 사건 발생 연도를 기준으로 추정되는 연령은 현재 50세 전후

범인은 이 조건에 부합될 것이다. 나는 그것만 생각하고 있었다. 아침에 눈을 떠서 밤에 잘 때까지 하루 종일이다. 매일처럼 도치기 현과 군마 현 경계지역을 오가며 파친코 점을 샅샅이 뒤지며 탐문을 계속했다.

루팡을 아는 사람을 찾아서 이야기를 나누다 보니 이상한 증언이 나왔다.

"아, 그 사람 말이군. 전에 어린 여자아이와 살고 있었어. 중학생 정도였을까? 고개 숙여 인사를 하면 팬티가 보일 정도로 짧은 치마를 입고 있어서 딸인가 했지."

조사를 계속한 끝에 루팡이 살고 있는 곳도 밝혀냈다. 나는 〈FOCUS〉 시절의 동료인 구로즈미 슈사쿠 카메라맨을 팀에 투입했다. 그 인물의 행동을 확인하기 위해서다. 반드시 증거를 잡고 싶었다. 새벽부터 심야까지 남자 주변에 진을 치며 결코 눈치 채지 못하도록 추적을 계속했다. 스가야 씨의 누명 취재와 병행한 취재는 눈코 뜰 새 없이 바빴다. 강변, 탐문, 전직 수사 관계자, 유족, 변호사, 잠복, DNA형 감정 공부, 카메라 로케이션, 파친코 점 감시…….

때로는 무전기를 주머니에 숨긴 채 이어폰을 꽂고 파친코를 하고, 밤의 국도에서 루팡을 뒤쫓기도 했다.

서서히 보이기 시작한 루팡의 움직임은 이런 느낌이었다.

독신. 주말이 되면 현 경계를 왕래한다. 아시카가나 오타의 파친코 점에 나타나서는 하루 종일 담배를 물고 파친코를 한다. 아는 사이인 듯한 어린 소녀의 손을 잡고, 업고, 친하게 이야기하며, 끌어안고 빰을 비비는 모습도 몇 번이고 확인했다. 구로즈미는 그 모든 장면을 카메라에 담았다.

루팡의 존재와 취재 내용은 사내에서도 특급 비밀이었다. 알고 있는 것은 현장 취재팀과 스기모토 부장 등 일부 관리직뿐이다.

루팡의 젊은 시절 사진도 몇 장 입수했다. 정말로 루팡 3세를 많이 닮았다.

그 사진을 사용해서 실험해보았다.

실험 대상은 골프 연습 중에 남자를 목격하고 루팡이라고 명명한 요시다 씨다.

요시다 씨는 사건 발생 직후 경찰이 50명 정도의 남성 사진을 보여주었다고 했었다. 전과자나 소아성애자, 성 범죄자 등 경찰이 마크하던 인물들의 사진이었다.

"닮은 사람은 없었어."

요시다 씨가 웃으며 그렇게 말했다. 나는 남자의 젊었을 적 사진을 가방에서 꺼내 자연스럽게 요시다 씨에게 보여주었다.

"그렇다면 이런 건 어떤가요……."

"이제 와서 뭐야. 그만둬."

요시다 씨는 눈을 돌렸다.

하지만 살짝 보고 만 사진에 갑자기 흥미가 생긴 모양이었다. 그는 안경을 고쳐 쓰고는 몸을 앞으로 내밀며 사진을 물끄러미 바라본 후 이렇게 중얼거렸다.

"어. 어라라! 이거 누구? 이 사진 어디서 났어? 맞아. 완전 이런 느낌이었어. 날래 보이고, 완전 이런 느낌이었는데. 응, 이런 느낌."

나는 다른 날 또 한 장의 사진을 요시다 씨에게 보여주고 자세하게 물어보았다. 그러자 요시다 씨는 포기한 듯이 웃으며 이렇게 말했다.

"사실은 말이지 닮았어. 그 녀석을 꼭 닮았어."

그렇게 말하며 몇 번이고 고개를 끄덕였다.

이런 정보는 바로 경찰에 알려야 했다. 하지만 당시는 도치기 경찰과는 어떤 대화도 성립하지 않는 상태였다. "사건은 전면 해결되었다"며 완강하게 버텼기 때문이다. 홍보팀 쪽에 연락해도 "재심 청구 중인 사건이라 취재에는 응할 수 없다"였다. "출입 기자단에 소속되지 않았다면 취재에 응할 수 없다"며 범인에 대한 정보조차 받으려 하지 않은 오케가와 사건의 가미오 서 대응과 똑같았다.

나는 어쩔 수 없이 이웃인 군마 경찰에게 루팡에 대한 정보를 제공하기로 했다. 동일범에 의한 연쇄사건이라면 오타 시에서 유괴되어 미해결 상태인 요코야마 유카리 사건 수사에 참고가 될 것이라 생각했기 때문이다.

2008년 가을, 오타 시의 한 음식점 방에서 나와 준코는 군마 지방 경찰청 수사 1과 형사와 마주앉았다. 우리는 좌탁 위에 지도를 펼치고 설명했다. 빨간 표식이 붙어 있는 곳은 소녀가 유괴된 장소(파친코 점이나 공원)다. 검은 표식은 루팡의 집. 회색 표식은 루팡이 들른 곳이다.

형사는 우리들의 이야기를 긍정적으로 들었다. 하지만 루팡이 아시카가 사건의 용의자라는 이야기가 나오자 그는 갑자기 흥미를 잃고 말았다. 군마 경찰 입장에서는 아시카가 사건은 이미 해결된 사건이었다. "스가야 씨는 무죄고 진범은 이 사람"이라고 아무리 설명해봤자 삼류기자의 헛소리로 들릴 것이다. 사법부를 전면 부정하는 정보를 경찰이 받아들일 리가 없었다.

나는 심각하게 고민했다.

남자가 다시 범행을 저지르지 않으리라는 보장이 없기 때문이다. 하지만 경찰은 움직이지 않는다. 어쩔 수 없이 나는 그 흔적만이라도 남기기로 했다. 글로 써서 남기기로 했다. 기자는 때로 이런 수단을 취한다. "수상한 남자가 있다는 것은 알고 있다. 경찰에도 알렸다"라고. 2008년 간행된 서적 《ACTION 일본 붕괴》가 그것인데, 물론 그것에 의해서 세상이 변하거나 하지는 않았다. 단순한 위안에 불과했다. 그래도 어딘가에서 누군가가 봐주었을지도 모른다.

일단 스가야 씨가 담장 안에 있는 이상은 그 무엇 하나 바뀌지 않을 가능성이 너무 컸다. 나는 아시카가 사건의 리셋을 소망하면서도 경찰이 전혀 신경 쓰지 않는 남자를 계속해서 추적할 수밖에 없었다.

사건 현장을 헬리콥터로 항공 촬영했을 때도 나는 촬영 예정지 중에 어떤 포인트를 추가했다. 크게 선회해서 서서히 고도를 낮추는 헬리콥터. 카메라 리모컨 조이스틱을 오른손에 쥔 데즈카 카메라맨이 앵글을 결정했다. 프레임은 이윽고 한 점에 집중되었다.

나는 아크릴 창 너머로 목표를 바라보았다. 고도 천 피트에서 내려다본 그것은 작은 양철 상자 같았다. 그곳은 바로 루팡의 집이었다.

루팡이 진범이라면 혈액형은 반드시 B형이어야만 한다. "아마도 B형인 것 같다" 정도까지는 취재했지만, 다른 혈액형이어서는 모든 것이 꽝이다.

어떻게 하면 합법적으로 다른 사람의 혈액형을 알 수 있을까? 정말 많은 고민을 했다. A, B, O, AB형, 네 종류의 '혈액형 관련 책'을 준비한다. 그리고 그것을 루팡이 자주 다니는 길목에서 배포한다. 배포하는 것은 미니스커트를 입고 캠페인 걸처럼 위장한 준코가 어떤가? 정말 바보 같은 이야기지만 당시에는 이런 것도 정말 진지하게 고민했다.

하지만 도치기 경찰도 군마 경찰도 움직일 것 같지 않다면 주저할 필요는 없다.

본인에게 물어보면 된다.

늦은 가을 관동 북부 지역의 기온은 상당히 낮았다. 나는 루팡의 집 주변에서 루팡의 귀가를 기다렸다. 어둠이 내려앉은 주택가는 고요했다.

서리가 희미하게 내리는 가운데 이윽고 왜소한 체구의 그림자가 스윽 현관으로 사라지는 것이 보였다. 나는 잰걸음으로 그 집으로 향했다.

어슴푸레한 가로등 아래 나타난 것은 사진보다는 늙었지만 역시 어딘가 루팡 3세를 닮은 중년 남성이었다.

이름과 함께 과거 사건을 취재하고 있는 기자라는 사실을 밝혔다.

"18년 전 사건에 관해서 묻고 싶은 게 있습니다."

갑작스런 방문에 남자는 낭패한 모습이었다.

스가야 씨가 수감되어 있다고는 하나 남자가 진범이라면 도망칠 위험성도 있다. 취재는 조심스럽게 진행할 수밖에 없었다. 일단 1990년 5월 12일 아시카가 사건 당일 행적에 대해 물어봤다.

"당신은 그날 아시카가에 있었죠?"

"……잘 기억이 나지 않습니다."

남자는 애매한 대답을 반복했다. 하지만 나는 이미 사실을 확보한 다음에 묻고 있는 것이다. 남자와 나는 어둠 속에서 선문답을 주고받았다. 같은 질문을 반복하니 남자의 대답이 조금씩 엇나가다가 결국 사건 당일에 아시카가에 있었다는 사실을 인정했다.

그가 있었던 장소란 바로 사건 현장이다. 살해당한 마쓰다 마미가 행방불명된 파친코 점이다.

그것뿐만이 아니다.

잘 기억나지 않는다던 남자가 사실은 마미와 만난 적이 있으며 대화까지 나누었다는 사실을 인정했다.

"5, 6세 정도의 여자아이였지."

애당초 이쪽은 수사권도 없고 단순한 취재에 불과했다. 사건 관여에 관해서 직접적으로 질문할 수는 없다. 에둘러 질문하자 남자의 혈액형은 역시 B형. 거기까지 알게 된 단계에서 나는 화제를 바꿨다. 이번에는 요코야마 유카리 사건에 관해서다.

"오타 시내에서도 여자아이가 행방불명되었는데 그 파친코 점에 간 적은 있나요?"

남자는 바로 대답했다.

"아, 알고 있어요. 그 가게에는 간 적이 없습니다. 잘 안 맞거든요."

남자는 간 적이 없는 파친코 점의 기계 확률에 대해서 대답하는 모순점을 깨닫지 못한 채 계속 말했다.

"그날 저는 그 가게에 가지 않았습니다."

앞 말과 모순되는 데다 묻지도 않은 사건 당일 행동을 열심히 이야기할 정도로 상당히 혼란스러운 상태였다고밖에 말할 도리가 없다. 나는 유카리 사건의 발생일도 파친코 점 이름도 말하지 않았다. 그럼에도 불구하고 루팡은 12년 전의 자신의 행동을 갑자기 찾아온 기자에게 바로 대답할 수 있을 정도였다.

11킬로미터 떨어진 두 현장에 출몰해서 연쇄사건 범인으로서 모든 조건을 갖춘 남자와의 대화는 여러 의미에서 내 가슴속에 뚜렷한 인상을 남겼다.

스가야 씨 석방 후 언론에서 진범을 밝혀내라는 목소리는 거의 흘러나오지 않았다.

어째서일까?

이 연쇄사건에는 일단 장애물이 많다. 가장 큰 문제가 스가야 씨의 누명이다. 그 배후에는 자백 강요나 DNA형 감정 문제가 있으며, 물증이 적다는 문제가 있고, 경찰들의 관할 의식이라는 성가신 문제도 있다. 그리고…….

공소 시효.

살인죄나 강도 살인죄 같은 '사형에 해당하는 죄'의 시효는 15년이라는 조문은 2004년 12월 형사소송법 개정에 의해 25년으로 개정되었고, 이후 2010년 4월 27일까지 공소 시효가 성립하지 않는 범죄에 관해서 모든 시효는 소멸되었다.

하지만 아시카가 사건의 경우 단순 계산을 하면 2005년 5월에 시효가 성립되었다. 당연하게도 그 이전의 후쿠시마 마나, 하세베 유미, 오사와 도모코 세 건도 모두 마찬가지다.

"뭐야 시효인가. 그렇다면 어쩔 수 없지." 이렇게 말씀하시지 말기를. 이 사건에 공소 시효를 단순하게 적용하는 건 이상하다고 생각되지는 않는가?

스가야 씨는 분노했다. "말도 안 돼요. 실수로 나를 교도소에 집어놓고는 진범은 놓치다니. 제대로 붙잡아주십시오. 수사를 해주십시오."

바로 이거다. 공소 시효를 성립시킨 것은 다름 아닌 사법기관이다. 수사에 실수가 있는 경찰, 실수로 기소한 검찰, 그리고 9년간 오판을 거듭한 법원. 더불어 5년 이상이나 재심 청구를 방치하다 "어느 틈에 사건은 시효가 되었습니다"라는 말은 말도 안 되지 않은가. 누명을 쓴 사건이다. 수사를 다시 해야 하는 것 아닌가? 그게 일반적인 상식 아닌가?

하지만 언론은 그 사실을 보도하지 않았다.

이 책 앞부분에서도 말했지만 소설이나 드라마라면 모를까, 나는 실제 사건에서 공소 시효라는 녀석이 정말 싫다. 특히 용서할 수 없는 것은 사람의 목숨을 빼앗은 사건에서 공소 시효라니. 자수하면 사형, 도망치면 죄를 청산. 이래서야 범죄자는 언제까지고 도망치기만 하지 않겠는가. 다른 사람의 일생을 빼앗아놓고는 "자, 시간 되었습니다"라는 걸로 용서받을 수 있겠는가?

이런 말도 안 되는 논리가 통하는지 납득할 수 없었던 나는 이전부터 줄곧 시효라는 괴물을 퇴치하고자 보도를 계속했다. '후추 3억엔 사건'(1968년 도쿄 후추 시에서 발생한 3억 엔 강탈 사건. 1975년 공소 시효가 성립했으며, 현재의 화폐 가치로 따졌을 때 지금까지의 절도사건 중 일본 최고액이다-옮긴이) 범인을 자칭하는 남자가 나타나면 시효가 성립된 후라도 그 남자를 취재하고, 살인용의자 후쿠다 가즈코가 시효 직전에 체포되었다고 들었을 때는 후쿠이로 날아갔다. 가네자와 시에서 발생한 권총에 의한 '금융업 부부 살인사건'이 시효가 되었을 때는 납득할 수 없는 유가족의 마음을 취재했다. 미력하나마 시효 규탄 보도를 계속하다 보니 강력범죄의 시효가 연장되었다. 15년이 25년이 되고, 결국엔 폐지되었다. 나는 시효가 폐지된 날 밤 동료들과 함께 "뒈져라, 시효"라며 축배를 들었다.

하지만.

공소 시효 폐지의 개념은 그 시점에서 아직 시효가 성립되지 않은 사건이 대상이다. 이미 한 번 시효가 성립된 사건은 대상에서 제외된다.

요컨대 요코야마 유카리 사건 이외는 모조리 시효가 성립되었다. 하지만 죄가 없는데도 17년 반이나 진범 대신 복역한 사실을 어떻게 받아들여야 좋을까?

너무나도 말도 안 된다. 현행법하에서도 어딘가 돌파할 수 있는 방법은 없을까?

용의자가 국외에 나가 있으면 그 사이 시효가 정지된다는 사실은 익히 알려져 있지만, 내가 조사한 바로는 루팡은 관동 북부 지역에서 시간이 나면 파친코만 했을 뿐 해외와는 인연이 없어 보였다.

나는 어울리지도 않게 육법전서를 파고 또 팠다. 그러자 예외 규정이 있다는 사실을 알게 되었다.

형사소송법 254조 2항.

사건에서 용의자가 기소되면 시효는 정지된다. 그 정지 효력은 사건 공범에게도 적용된다. 이것은 공범이 있는 사건에서 도망친 사람만이 시효로 구원받는 불공평함을 피하기 위한 처치다. 원래라면 시효가 지났을 터인 오움 진리교의 범인들이 차례차례 체포된 것도 이 취지 덕분이다. 또한 만에 하나 '오인 기소'가 있었을 경우, 동일 사건의 경우에는 진범에게도 시효 정지 효력이 적용된다는 법률가의 견해도 있었다.

이거라면 법 해석 여지에 따라 어떻게든 되지 않을까? 적어도 스가야 씨가 기소되고 재판을 받았던 9년간은 시효 기간에서 뺄 수 있을 것이다. 모든 것은 의지의 문제라는 것이다.

실제로 그런 의지를 보여준 사례가 있다.

오사카 마사아키라는 남자가 있다. 경찰청 지정 중요지명수배범이다. 죄명은 살인, 방화 등. 하지만 사건 발생은 1971년이다. 아시카가 사건보다 무려 19년 전의 사건이 왜 지금도 시효가 성립되지 않았는가. 그것은 먼저 체포된 공범의 재판이 질환 탓에 정지된 탓이다. 요컨대 254조 2항을 적용한 것이다.(2017년 2월 17일 공판 정지 중인 공범이 질환으로 사망하였으며, 5월 18일 오사카 마사아키는 사건 발생으로부터 무려 46년 만에 체포된다. 현재 오사카의 변호사는 무죄를 주장하고 있는 등 쟁점이 있는 사건이다-옮긴이)

그렇다고는 하나 이 장기간에 걸친 지명수배에는 사실 다른 이유도 있다. 사건 피해자가 바로 경찰인 것이다. 과격 운동권 학생들이 경찰을 습격해서 경찰 한 명을 살해하고 세 명에게 중상을 입힌 사건이다. 그 주범이 오사카로, 경찰 살해범은 체포하겠다는 심산인 것이다. 그에 대해서 반대하고 싶은 마음은 없다. 나는 어떤 범죄든 도망치는 것은 용서할 수 없으니까.

진범으로 확정할 만한 증거도 있다.

마미의 셔츠다. 거기 남은 진범의 DNA형을 최신 감정법으로 특정지었다. 재감정에서 검출된 DNA형은 사건 18년 후가 되어서 확보한 중대한 증거가 아닌가.

그리고 드디어 그날은 왔다.

내가 기다리던 사람의 이름이 휴대전화 액정에 떴다.

흥분을 억누르는 듯한 남성의 목소리가 수화기 너머에서 울린다. DNA형 감정 전문가. 그가 단숨에 이렇게 말했다.

"결과가 나왔습니다. 완전 일치, 동일인물입니다. 이거 보통 일이 아니에요."

이번에는 불일치가 아닌 완전 일치.

휴대전화를 쥔 채 나는 깊은 안도의 한숨을 내쉬었다.

역시 그랬다. 내가 계속 쫓아온 루팡과 아시카가 사건 진범의 DNA형이 일치했다.

정밀도가 높은 STR법에 의해서 남자만 갖고 있는 Y염색체 부위는 물론 남녀 모두가 갖고 있는 상염색체까지 그 모두가 루팡과 완전 일치했다.

그리고 MCT118 판별법으로 판별된 루팡은 바로 그 '18-24'형이었다.

이 감정 방법에 의한 모든 형의 합치 확률은 계산상 100조 명 중 한 명. 지구의 총 인구는 약 70억 명. 즉, 계산 자체가 의미가 없는 확률이었다.

내 추론이 결실을 맺는 순간이라 해도 좋을 것이다. 오랫동안 감추어진 진실이 현실로 드러날 때는 때로 공포감조차 동반한다. 나는 오싹거리는 감각을 느끼면서 다음 방법을 생각했다.

수사기관에 알려야만 했다.

이것은 일개 보도기관이 특종이라는 이유로 보도해도 좋을 정보가 아니다.

범인을 도망치게 만드는 바보 같은 기자만큼은 되고 싶지 않았고, 또한 그러지 않았다고 생각한다. 내게 가장 중요한 것은 사건이 해결되는 일이다. 사건만 해결될 수 있다면 특종 같은 것은 뒷전으로 미뤄도 좋다.

스기모토 부장에게 보고하고, 그쪽 루트를 통해 수사기관의 상층부를 연결해달라고 했다. 내용이 내용이다. 어중간한 입장의 사람이어선 곤란하다.

2주 후에 모처에서 한 수사기관 간부와 가진 면담은 상당히 기대할 만했다. 내 이야기를 들은 그 간부는 말했다. "어떻게든 하고 싶습니다. 두 달만 기다려주지 않겠습니까." 무게감이 느껴지는 중저음 목소리의 그 인물은 긍정적인 자세로 사건을 대하겠다고 약속했다. 우리들은 굳은 악수를 나누고 헤어졌다. 나는 사건이 다시 움직일 것이라는 기대감으로 부풀었다.

이것으로 '북관동 연쇄 아동납치살인사건'은 해결된다. 드디어 루팡이 체포된다. 요코야마 유카리의 행방도 판명될지 모른다. 앞으로의 취재는 수사에 방해가 되지 않도록 멀리서 지켜보도록 하자.

어느 날 이런 장면을 목격했다.

군마 현내 염천하의 모 파친코 점. 그 가게를 주의 깊게 관찰하는 남자가 내 눈에 들어왔다. 갈색 티셔츠를 입은 그 남자가 주머니에서 휴대전화를 꺼내자 몇 분 후 역시 갈색 셔츠의 남자들이 모였다. 간격을 두고 차례차례 가게 안으로 사라지는 남자들. 문이 열릴 때마다 파친코 점의 시끄러운 소음과 담배 연기가 밖으로 새어나온다. 빨간색과 푸른색 램프가 점멸하는 가게 안에서 남자들은 나눠 앉아서는 파친코를 하기 시작한다. 때로 의자를 조금 움직이며 그들이 예리한 시선을 보내는 곳에는 한 명의 남자가 있었다. 중년 남성은 남자들에게 포위당한 사실을 알지 못한 채 파친코를 계속했다.

루팡이다.

같은 티셔츠의 남자들은 수사관들이다. 간부의 지령을 받은 수사 1과 형사들이 루팡의 행동을 확인하는 것이다. 형사들은 아시카가 시내의 파친코 점 주차장에 차를 세우고 차 안에서 빵을 먹으며 출입구를 감시하고, 또 어떤 때는 루팡 자택 주변에 차를 세우고 잠복하기도 했다.

루팡이 사는 집 근처에는 쓰레기 집하장이 있었다. 정해진 날 아침, 그곳에는 각 가정에서 버린 쓰레기로 작은 산이 생긴다. 하지만 어느 날 집하장을 자세히 보니 모든 쓰레기봉투 하나하나에 50센티미터 정도의 흰 테이프가 붙어 있는 게 아닌가. 주민이 쓰레기를 버릴 때마다 붙여진 그 테이프는 아무래도 쓰레기를 버린 인물을 식별하기 위한 것인 모양이다.

하지만 한 쓰레기봉투에만은 테이프가 붙지 않았고 이윽고 그 봉투는 집하장에서 홀연히 사라졌다. 루팡의 행동도 생활도 모조리 감시하고 있는 듯했다.

의심의 여지는 없었다. 사건은 다시 움직이기 시작했다.

이제 곧 모든 진실이 밝혀질 것이다. 그런 확신이 깊어지던 그 며칠 후, 나는 사건이 말도 안 되는 사태에 직면하게 되었다는 사실을 깨닫게 된다.

8장

혼선

7′
6′8″
6′6″
6′4″
6′2″
6′
5′8″
5′6″
5′4″
5′2″
5′
4′8″
4′6″
4′4″

연구실에서 나온 나는 아직도 혼란 상태였다. 상당히 자세하게 설명을 들었다. 하지만 그런 일이 과연 있을 수 있는가? 나는 방금 전에 발각된 사실이 가져온 충격을 받아들이지 못한 채 택시에 올랐다. 차창에 흐르는 도치기 현 쓰쿠바 시의 녹음이 우거진 거리는 눈에 들어오지도 않았다. 나는 무의식중에 "이거 안 좋아……"라며 거듭 중얼거렸다.

그것은 전화로 완전 일치라는 보고를 들은 2주 후의 오후였다. 쓰쿠바 대학 법의학 교실에서 아시카가 사건 재감정을 한 혼다 가쓰야 교수에게서 DNA형 감정에 관해서 상세한 이야기를 들었다.

하지만 거기서 나는 귀를 의심하게 되는 사실을 듣게 되었다.

진범의 DNA형이 무려 두 종류 검출되었다는 것이다.

아시카가 사건의 DNA 재감정을 담당한 감정인은 검찰 측 추천인 오사카 의과대학 스즈키 고이치 교수와 변호사 측 추천인 쓰쿠바 대학의 혼다 교수다. 각자 하나씩, 두 통의 감정서가 제출된 사실은 이미 적었다.

검찰 측 스즈키 감정인의 결론은 "검사한 33개의 DNA형 중 26개가 다르므로 동일인으로 볼 수 없다". 변호인단 측 혼다 감정인의 결론은 "반소매 속옷에 부착된 유류 정액으로 파악된 개인과 스가야 도시카즈 씨가 동일인일 가능성은 없다"였다.

양쪽 모두 셔츠에서 검출된 진범의 DNA형과 스가야 씨의 DNA형이 일치하지 않는다는 결론은 마찬가지다.

여기까지는 아무런 문제가 없다. 스가야 씨의 무죄는 확정이다.

하지만 감정서를 비교하면 어떤 차이가 눈에 띈다.

셔츠에서 검출된 데이터, 즉 '진범의 DNA형'이다. 스즈키 교수의 감정서에는 STR법 감정 결과로서 합계 '33부위'가 기록되어 있다. 한편 혼다 교수의 감정서는 STR법 8부위, 미토콘드리아법 2부위, 그리고 MCT118 판별법까지 합계 '11부위'로 되어 있다.

사실 혼다 교수는 감정서에 기재한 STR법 8부위 이외의 감정도 시행하여 최종적으로는 '36부위' 감정을 실시했다고 한다. 하지만 그 STR 감정 결과 일부가 스즈키 교수의 감정 결과와는 달랐다. 때문에 스즈키 교수 데이터와 일치하는 부분을 중심으로 감정서를 작성하여 제출했다는 것이다.

"결과가 다른 부위가 분명 있지만, 어느 쪽이든 스가야 씨의 DNA형이 검출되지 않은 것은 틀림없습니다. 감정서에는 스즈키 교수 데이터와 공통된 부분을 기재했습니다"라고 혼다 교수는 말했다.

스가야 씨의 무죄를 증명하기 위해서는 그것으로 충분하다.

하지만 진범을 추궁하고자 하면 문제가 발생한다. 그것도 상당히 큰 문제가.

내가 수사 당국 상층부 인물과 만나 정보를 전달한 것은 루팡과 진범의 DNA형이 완전 일치했다는 말을 믿었기 때문이다. 하지만 그것은 어디까지나 혼다 교수의 데이터 '36부위'와의 완전 일치였을 뿐, 나는 스즈키 교수 데이터와의 차이점에 대해서는 파악하지 못한 상태였다.

이것은 좋지 않았다.

이미 수사 당국은 움직이고 있다.

지금쯤 비밀리에 루팡의 DNA형 감정이 시행되고 있을 것이다. 과경연인지 과수연인지는 알 수 없지만, 최종적으로 그들이 대조할 DNA형은 틀림없이 검찰 추천 쪽인 스즈키 감정서다. 당연히 혼다 감정서와는 다르다. "진범의 DNA형이 아니다"라고 나올 것이다.

기억하고 있을지 모르겠지만 혼다 감정서는 MCT118 판별법으로 진범의 '18-24'형을 검출한 결과, 과경연에게 철저하게 공격을 받고 있는 상황이다. 그들은 의견서를 통해서 혼다 감정서를 거의 전면 부정했기 때문에 인정할 리가 없다. 그런데 나는 진범의 DNA형이 두 종류 검출되었다는 것도 모른 채 바보처럼 순진하게 수사 당국에 루팡의 정보를 제공하고 말았다.

판단 실수라고밖에 할 말이 없다.

아무리 생각해도 신음소리밖에 나오지 않는다. 보도 쪽 상황을 걱정하는 것이 아니다. 이 건에 관해서는 아직 아무런 보도도 하지 않았다. 내가 걱정하는 건 사건이 묵살될 경우다. 진상 해명이 되지 않을 경우다.

만회할 방법은 없을까?

당국에 정보를 전달하는 순서에 실수가 있었다. 감정 결과가 상이하다는 점을 알았다면 먼저 신중하게 그 사실을 알렸을 것이다. 그런 다음 양해를 구한 후에 혼다 감정의 '완전 일치' 카드를 내밀었어야 했다.

나는 정보 입수 순서를 저주했다. 아무리 후회한들 지나간 일은 어쩔 수 없지만, 어쨌든 일이 꼬이기 전에 서둘러 이 사실을 알려야만 한다. 아니, 잠깐만. 이런 때일수록 서둘렀다가 돌이킬 수 없는 실수가 나오는 거 아닐까? 이런 식으로 내 고민은 계속되었다.

그러다 쓰쿠바 역 앞에서 택시에서 내려 근처 푸드코트에서 커피를 사서 자리에 앉았을 때 갑자기 휴대전화가 진동했다.

주저하며 꺼낸 휴대전화에는 모르는 고정번호가 표시되어 있었다. 앞자리로 보건대 가스미가세키 방면. 귀에 대자 무기질 감촉 저편에서 흘러나온 것은 그 중저음의 목소리였다. 수사 당국 간부.

나는 하늘을 올려다보았다.

"저기…… 지난 번 이야기 말인데요, 그 남자 다르던데요. 해봤는데 DNA형이 맞지 않더군요……."

뭐라 말이 나오지 않았다. 마치 삼류 드라마 같은 타이밍이었다.

왜 하필 지금. 현실 세상에서 전개되는 이 말도 안 되는 전개에 나는 아연실색했다.

"사실은 저도 방금 들었는데……."

하늘을 올려다보며 다음에 할 말을 골랐지만 적당한 말이 떠오르지 않았다. 진범의 감정 결과가 두 종류 있다는 성가신 이야기를 전화로 대체 어떻게 설명하란 말인가.

"뭐, 그렇게 되었으니까요. 또 전화 드리겠습니다."

약간의 텀을 남긴 채 전화는 끊겼다. 뚜우, 뚜우, 하는 신호음만이 귓가에 남았다.

큰 피로감을 느끼며 일단 도쿄로 돌아가는 열차에 몸을 실었다.

차창 너머 쓰쿠바 산을 바라보니 갑자기 화가 치밀어올랐다.

변호인 측이 추천한 감정인과 검찰 측 추천한 감정인은 모두 일본 유수의 법의학자이자 DNA형 감정 전문가다. 두 사람의 프로가 최신 방법으로 조사했음에도 불구하고 결과가 일치하지 않는다는 것은 중대한 문제 아닌가? 그렇다면 최신 DNA형 감정이든 뭐든 애당초 DNA형 감정 따위는 믿을 수 없는 거 아닌가?

하지만 바로 생각을 고쳐먹었다. 그것도 충분히 있을 수 있는 일이다.

이것은 기술이라기보다 감정 시료의 문제이기 때문이다.

막 채취한 혈액이나 구내 점막처럼 단순하고 신선한 시료라면 문제는 없다. 실제로 지바 교도소에서 채취한 스가야 씨의 혈액의 감정 결과에 착오는 없다. 문제는 진범의 시료다. 어쨌든 그것은 '피해자의 셔츠'다. 피해자의 셔츠에서 범인의 DNA만을 찾아내어 감정해야만 한다. 당시 감정한 과경연의 기술관은 시료로서 셔츠의 정액 부착 부분을 선정, 섬유 3밀리미터 정도를 오려내서 현미경으로 정자를 확인했다고 1심 법정에서 증언했다. 이번 두 사람의 감정인은 그 셔츠를 종으로 잘라서 오른쪽과 왼쪽을 각자 나눠 가지고 가서 감정했다. 말하자면 애당초 감정한 장소가 달랐다.

피해자 DNA가 부착되어 있을 가능성도 있고, 수사 관계자의 침이 튀었을 오염 가능성도 있다. 셔츠가 강에 잠겨 있었기 때문에 이물질 부착이나 반대로 시료 박리 또한 있을 수 있었다. DNA가 부패하거나 열화되었을 가능성도 있다. 전문가라도 고도의 기술이 요구되는 감정 곤란한 물건이었다. 과경연이 감정했을 당시에 현미경으로 확인되었다는 정자 또한 지금은 그 형태조차 남아 있지 않을 가능성이 높다.

열차는 조인트가 없는 롱 레일 위를 미끄러지듯이 주행했다.

진범의 DNA형이 두 종류나 검출된 원인은 어렴풋이나마 짐작이 갔다. 머릿속이 약간이나마 정리가 된 지금이라면 당국 간부의 전화에도 다소 제대로 대응할 수 있었을 것이다.

너무나도 원통했다.

하지만 데이터 차이를 이유로 설명한다고 과연 검찰이 납득할까?

뭔가가 이상했다.

"DNA형이 맞지 않더군요……."

갑작스런 그 태도 변화는 무엇일까? 아무래도 납득이 가지 않았다. 사건 해결, 진범 체포는 수사 당국에게도 오명을 만회할 기회일 터였다. 그렇기 때문에 간부도 면담 시에 긍정적으로 수사에 임하려 했을 것이다. 시료의 열악함에 대해서는 그들도 잘 알고 있었을 터였다. 한쪽 감정에서는 '불일치'일지도 모르지만, 다른 한쪽에서는 100조분의 1 확률로 루팡과 완전 일치가 뜬 상황이었다. 고작 6일 전, 긴자에서 뜨겁게 의지를 불태우던 인물과는 전혀 다른 사람 같았다.

설마 또 그 문제일까?

혼다 감정서가 철저하게 부정당하는 바로 그 이유다. DNA형 재감정이 실시되어 스가야 씨는 '18-29', 진범의 DNA형은 '18-24'로 판명되자, 검찰과 과경연은 맹반격을 개시했다. 그것만큼은 인정할 수 없다는 듯한 엄청난 기세였다.

검찰과 과경연이 부정하는 '18-24'형.

그 '18-24'형이었던 루팡.

아무래도 정말 성가신 일에 관여하고 만 것 같다. 그것만큼은 어렴풋이 알 것 같았다. 그리고 동시에 또 다른 의문이 머릿속을 스쳤다.

어쩌면 '그 사건'이 관계되어 있을지도 모른다.

갑자기 온몸에 오한이 돌았다.

문득 정신을 차리자 열차는 긴 교량을 건너고 있었다.

도네 강이다. 그 상류는 와타라세 강으로, 아시카가 시, 오타 시와 연결되어 있다.

내 실망과는 상관없이 스가야 씨의 재심이 드디어 개시되려 했지만, 미심쩍은 움직임은 더욱 심해졌다.

검찰이 우쓰노미야 지방법원에 이런 의견서를 제출했다.

1) 검사는 무죄를 입증하기 위해서 필요한 증거 조사를 할 예정이다. 오사카 의대 스즈키 교수의 DNA형 감정만을 취조 청구하고, 변호인이 요청한 쓰쿠바 대학 혼다 교수의 DNA형 감정 취조 청구는 일절 고려하고 있지 않다.

2) 변호인은 오판 원인을 해명하고자 수많은 증거 조사를 청구할 방침을 보이고 있지만, 증거 조사는 유무죄의 결론을 이끌어내는 전제로서, 그 증거 능력 등을 판단할 필요가 있을 경우에 그 한도 내에서 행해져야 한다. 수사나 재판 과정에서의 검증, 그 자체가 목적은 아니다. 피고인 자신의 주관적인 희망이나 소망과는 상관없이 신속한 무죄 판결로 피고인을 수형자의 지위에서 법적으로 해방시키는 것만이 스가야 씨의 이익에 도움이 되는 것이며, 그것이 또한 공익과도 연결되는 바다. 때문에 오판 원인의 해명 내지 검증을 목적으로 하는 증거 조사는 형사 재판의 제도 목적에서 일탈하여 재판의 지연을 초래하기 때문에 부적격하다.

3) 변호인은 쟁점을 정리하는 공판 전 정리수속을 요청했지만, 본건에는 어떠한 쟁점도 없기 때문에 동 수속에 반대한다.

나는 가스미가세키 언어에는 별로 익숙하지 못하다. 번역한다면 이런 뜻이 아닐까? 검찰은 스즈키 감정서만으로 무죄를 입증하겠다. 혼다 감정서는 필요 없다. 무죄를 구형할 테니 쟁점은 없다. 오판 원인 조사는 시간만 걸릴 뿐 필요 없으니 반대한다.

진상 규명은 별개의 문제고 어쨌든 빨리 재심을 끝내겠다는 심산인 모양이다. 스가야 씨 석방 직후에 대검의 이토 데쓰오 차장검사는 기자회견에서 "재심 공판에서 조속한 판결이 날 수 있도록 적절하게 대응하겠다"고 밝혔다.

언론은 그것을 당연하게 받아들인 모양이었다. '올해 안에 무죄 판결'이라는 기사가 여기저기에 실렸으며, 기자회견을 긍정적으로 판단한 사람들은 검찰의 신속하고 조속한 대응을 성의 있는 모양새로 받아들였다. 혹은 차가운 시선으로 바라본다 해도 검찰이 이런 중대한 문제를 빨리 해결하려는 사실을 지적할 정도였다. 여론은 '사건의 결론은 나왔다', '검찰, 법원은 빨리 스가야 씨에게 사죄하라'라는 방향으로 흘러가고 있었다.

하지만 내가 느낀 점은 달랐다.

검찰은 이 난제를 조속히 해결함으로써 어떤 것을 지키려하는 게 아닐까 하는 의심이 들었다.

내게는 의견서도 그렇고, 대검 차장검사의 발언도 그렇고, 특정 의도가 있는 것처럼 느껴졌다. 이미 석방된 스가야 씨는 당연하게도 신속한 판결 같은 것은 바라고 있지 않다. "17년 반이나 교도소에 있었다. 그렇게 간단히 용서할 수는 없다"며 철저한 수사 검증과 사죄, 그리고 진범 체포를 바라고 있었다. 하지만 아마도 검찰이 하려는 것은 전혀 다른 것이었다.

모든 상황 증거가 다음을 가리키고 있었다.

MCT118 판별법에 의해 진범으로 판명된 '18-24'형의 배제.

바꿔 말하면, 그들이 이 재심에서 지키고자 하는 것은 'DNA형 감정의 절대적인 신화'가 아닐까?

무슨 말이냐면 언론 보도가 나타내듯이 사태는 매우 간단한 것처럼 보인다. 감정인 두 사람이 진범과 스가야 씨의 DNA형을 감정했고, 그 결과 일치하지 않다는 사실을 알게 되었다. 고로 스가야 씨는 무죄입니다. 이것으로 끝. 검찰이 유도하고자 하는 것은 그런 방향이다.

하지만 그저 조속하게 이번 사태를 지나갈 수는 없는 중대한 지점이 하나 있다.

바로 혼다 감정서다. 거기에는 검찰이나 과경연 입장에서 보자면 성가시게도 MCT118 판별법에 의한 감정 결과가 기재되어 있다. 진범의 DNA형이 '18-24'라고 되어 있다. 과경연의 당시 감정 결과는 '18-30'이다. 혼다 감정을 인정해버리면 과경연의 감정이 실수였다는 사실을 법정에서 인정하게 된다.

그렇다면 왜 그 사실을 인정할 수 없는가?

하나는 지금까지 수많은 사건을 과학적으로 해명해온 과경연의 신용이 실추한다는 사실이 있을 것이다. 과경연은 지역별 과학수사연구소의 상위 기관적인 입장이다. 말하자면 과학수사의 총본산이다. 그 과경연의 증거 능력이 의심받는 일은 묵과할 수 없는 중대한 문제라 할 수 있다.

하지만 내가 상상한 사실은 좀 다르다. 첫 번째 이유를 훨씬 뛰어넘는, 금기라고까지 할 수 있는 것이다. 내가 사법부 소속이라면 그 사실만큼은 절대로 밝혀지길 원치 않을 정도로.

그 사건.

후쿠오카 현에서 발생한 '이이즈카 사건'이다.

한 남성이 어린 소녀 두 명을 살해한 혐의로 체포되었다. 증거의 큰 축 중 하나가 과경연의 DNA형 감정 결과였다. 남성은 체포 전에도 체포 후에도 범행을 전면 부인했지만, 유죄 판결이 내려져 사형이 확정되었다. 그 재판에서 증거로 채택된 DNA형 감정이 바로 스가야 씨를 유죄로 몰아간 것과 동일한 MCT118 판별법이다. 감정인도 동일인물.

그리고 사형은 이미 집행되었다.

그것은 '아시카가 사건 DNA 재감정 요구'라는 뉴스를 내보낸 지 십수 일 후인 2008년 10월 28일의 일이었다. 지금도 잊을 수 없다. 회사 보도국에 있던 내게 전화 한 통이 걸려왔다. 오랜만이라고 반갑게 인사한 내게 선배 기자는 수화기 너머 무거운 목소리로 이렇게 말했다.

"네가 신경 쓰던 구마 미치토시 씨, 오늘 사형이 집행되었어……."

그 말에 정신이 어질했다. 젊은 PD들이 바쁘게 오가는 복도에서 내 두 발은 바닥에 달라붙은 채 잠시 동안 꼼짝도 할 수 없었다.

아시카가 사건 재감정 결과가 나와서 MCT118 판별법에 대한 의혹이 부상한 것은 그 6개월 뒤였다.

왜 재감정 결과가 나올 때까지 기다리지 않았던 것일까.

모리 에이스케 법무대신이 사형 집행 명령서에 서명한 것은 집행 4일 전의 일이었다. 모리 대신은 집행 후 기자회견에서 이렇게 말했다.

"흉악한 동기에 기반하여 피해자의 존귀한 생명을 빼앗은 사건으로, 피해자와 유족에게 심각한 상처를 안긴 사건입니다. 이런 사실로 인하여 신중한 검토를 거친 후에 사형 집행을 명령하였습니다."

사건은 1992년 2월에 발생했다. 동갑내기인 7세 여아 두 명이 산속에서 타살된 상태로 발견된 지 2년 후, 후쿠오카 경찰은 구마 미치토시 씨(56)를 체포한다. 현장에서 채취된 혈흔의 DNA형 감정 결과 구마 씨의 DNA형과 일치했다는 것이다.

이 감정을 실시한 감정인이 주임연구관 S씨와 기술관 K였다. 방법은 겔과 구형 123마커를 조합한 전기영동법이다. 스가야 씨 케이스와 동일하다.

구마 씨는 일관되게 사건에 대한 관여를 부인하지만, 법원은 사형을 선고한다.

고등법원 결정문에는 DNA형 감정의 신뢰성에 대해서 이렇게 적혀 있다. "MCT118 판별법의 DNA 감정 경로가 일정 조건하에서 증거 능력을 보유한다는 사실에 관해서는 대법원 판례에 적시된 바 있다". 이 대법원 판례가 바로 아시카가 사건의 '대법원 2000년 7월 17일 결정'이다.

즉, 아시카가 사건 재심을 통해 과경연의 실수가 인정되었다는 사실은 대법원 판례의 번복을 뜻하며, 나아가서는 이이즈카 사건도 수면 위로 부상할 수밖에 없게 된다. 만약 그렇게 되면 사형제도 및 사법제도 전체를 뒤흔드는 일대 사건으로 번지고 만다.

내가 사법부 소속이라면 그 사실만큼은 절대로 밝혀지길 원치 않을 거라고 적은 것은 바로 그 이유 때문이었다.

아마도 모리 법무대신은 일상적인 업무 차원에서 사형 집행 명령서에 서명했을 것이다. 본래 사형 집행 명령은 확정 판결 6개월 이내에 집행해야 하기 때문이다.

하지만 당시 재심 문제가 발생한 스가야 씨의 DNA형 감정이 사실은 같은 방법으로 같은 기술관에 의해서 시행되었다는 사실을 알았다면 과연 모리 법무대신은 사형 집행 명령서에 서명했을까?

이것은 너무나도 좋지 않은 사태였다.

과경연의 신용 문제 따위는 내 알 바 아니지만, 이대로라면 혼다 감정은 묵살되고 '18-24'형도 어둠 속에 묻히고 만다.

검찰 의견서의 내용을 알게 된 나는 초조해졌다.

이번에는 과경연이 상대라는 것인가…….

정리하면 내 추론은 다음과 같다.

① 마나의 셔츠에서 채취된 진범의 DNA형은 '18-24'다.

② 루팡의 DNA형 또한 '18-24'와 완전히 일치한다.

③ 따라서 루팡이 진범이다.

한편 과경연의 주장은 다음과 같다.

1) 마나의 셔츠에서 채취된 진범의 DNA형은 '18-30'이다.

2) '18-24'는 범인 이외의 다른 여성의 DNA형이다. 사건과는 무관하다.

3) 따라서 루팡은 진범이 아니다.

물론 과경연은 루팡에 대해서는 어떤 언급도 없지만, 논리적인 귀결로서는 이렇다. 이 주장을 무너뜨려야만 한다.

그러고 보니 2)에 대해서는 검찰이 마쓰다 히토미 씨의 구강 점막과 마미의 탯줄로 피해자 감정을 시행했을 것이다. 그 결과는 어떻게 나왔을까?

사법 담당기자를 경유해서 검찰에 취재를 의뢰했지만 "수사 중인 사건이라 시행 여부에 관해서는 밝힐 수 없다"라는 대답. 이래서는 결과를 알려줄 것 같지가 않다. 만약 내가 마쓰다 씨를 취재하지 않았더라면 감정을 실시했다는 사실조차 세상에 알려지지 않았을 것이다. 그렇게 생각하니 온몸에 소름이 돋았다. 검사는 마쓰다 씨에게 "단순히 따님의 DNA를 새 기술로 발견한 것이 아닌가 합니다"라고까지 말했다.

아무래도 가만히 기다리고 있어서는 제대로 된 정보를 얻을 수 있을 것 같지 않다. 멍하니 당국 정보에 기대했던 내가 바보였다. 기자니까 직접 조사하면 될 뿐이다.

아직 열기가 남아 있는 여름의 저녁, 나는 한 주택 앞에 차를 세웠다.

마쓰다 히토미 씨 댁이다.

지금까지 몇 번이나 방문했던 거실에서는 갈색 고양이가 기지개를 켜고 있었다. 마미가 고양이를 좋아했었다는 사실이 뇌리를 스친다. 마쓰다 씨는 사건 이래 항상 고양이를 곁에 두고 살았다고 했다.

마쓰다 씨는 작고 낡은 상자를 들고 내 맞은편에 앉았다.

그 안에는 세상에 둘도 없는 것이 들어 있었다.

마미의 탯줄.

"도움이 되신다면 부디 사용해주십시오."

이렇게 말하고 건넨 흰 상자에는 목숨 수壽라는 한자가 새겨져 있었다. 그 옆에는 학과 거북이 그림. 손에 받아 들자 그 미묘한 무게감이 애잔했다. 문득 어떤 기시감 같은 것을 느꼈다.

쓰르라미 우는 소리가 멀리서 들리는 가운데 고양이가 눈을 크게 뜨고 나와 상자를 바라보았다.

미쳤다고 해도 어쩔 수 없다. 나는 독자적으로 감정을 하기로 했다. 마미의 탯줄과 마쓰다 씨의 구강 점막을 담은 밀폐 케이스를 가슴에 소중히 안고 마쓰다 댁을 나온 나는 쓰쿠바 시를 목표로 차를 달렸다.

차 안에서 나는 마쓰다 씨에게서 처음으로 걸려온 전화를 떠올렸다.

"불편하니 다시는 편지하지 마세요. 취재에 응할 생각은 없습니다. 이 말을 하려고 연락했을 뿐이에요……."

그로부터 얼마의 시간이 흘렀을까.

마쓰다 씨를 취재하지 못했더라면 어둠 속에 묻혔을 사실도 많았다. 만약 이와 같은 사람과 사람과의 관계가 없었다면 이 사건은 어떻게 되었을까? 이번 피해자 감정 건도 그렇고 마미가 자전거 뒷자리에 타지 못한다는 사실도 그렇고 검사에게 "죄송하다는 한마디를 하는 게 그렇게 어려운가요?"라고 말한 것도 그렇다.

그런 감상적인 마음을 한방에 날려버리는 결과가 내게 도착한 것은 고작 며칠 후의 일이었다.

나는 쓰쿠바 대학 법의학 교실에서 보낸 감정 결과 봉투를 펼쳤다. 표지에는 다음과 같이 적혀 있었다.

감정서

마쓰다 마미 및 그 어머니 마쓰다 히토미의 MCT118형

의뢰처 : 니혼 텔레비전 기자 시미즈 기요시

검찰은 왜 이 결과를 숨기려 하나? 그렇게까지 알려지기 싫은 일인가? 여러 대의 텔레비전 소리가 교차하는 내 자리에서 나는 일단 마음을 추스른 후 서류를 펼쳤다.

두 자릿수 숫자 조합이 눈에 들어왔다.

검은 잉크로 표기된 그 수치를 바라보면 바라볼수록 몸 안의 피가 끓는 소리가 들려오는 것 같았다. 머릿속에는 몇 종류의 두 자리 숫자가 맴돌았다.

'웃기지 마!'

나는 의자를 박차듯이 일어섰다. 좋아. 너희들이 그럴 생각이라면 바로 방송에 내보내주지.

내 상태가 보통이 아니었는지 지나쳐가는 스태프들이 차례차례 길을 열었다.

2009년 10월 21일, 드디어 아시카가 사건 재심이 개시되었다. 우쓰노미야 지방법원 206호 법정에서 검은 법의를 입은 사토 마사노부 판사가 통상 재판과는 약간 다른 톤으로 입을 열었다.

"스가야 씨, 착석해주십시오."

피고인에게 경칭을 붙여서 부르는 것 또한 이례적이다. 이미 석방된 몸인 스가야 씨는 피고인석이 아니라 변호사와 나란히 앉아 있었다. 여러모로 이례적인 법정이었다.

예전에는 이와 같은 법정에서 등 뒤로 형사의 압력을 느끼며 범행을 인정하고 말았던 스가야 씨였지만 이날은 달랐다. 재판관에게 가장 하고 싶었던 한마디를 입에 담았다.

"저는 죽이지 않았습니다."

단호하게 그렇게 말하고 검사를 노려보며 말을 이었다.

"납득이 갈 만한 무죄가 되었으면 합니다."

그것이야말로 스가야 씨가 바라는 것이었다. 사건의 진상이 법정에서 밝혀지는 것, 회색의 무죄가 아니라, 새하얀 판결이 내려지는 것이 스가야 씨의 소망이었다.

개정 직후 스가야 씨가 손을 들고 발언을 요청한 뒤 자리에서 일어서서 이렇게 부가했다.

“(당시) 검사를 출두시켜 주십시오. 그리고 진범을 잡아주십시오.”

나는 그 말이 지극히 당연한 요구로 들렸다.

2차 공판에는 변호인단 측의 주장이 인정되어 두 사람의 감정인이 증인으로 출두했다. 감정인들에게는 당시 과경연이 실시한 MCT118 감정의 실험사진을 보여주었다. 물론 사본이 아니다. 법정에 보관되어 있던 원본 사진이다. 두 사람의 법의학자가 그것을 보고 과경연 감정을 어떻게 평가할지 주목을 끌었다.

사진을 지긋이 살펴본 검찰 측 추천 스즈키 교수는 고개를 약간 갸웃하고는 “확실히 알 수 없다”고 증언했다. 변호인 측 추천 혼다 교수는 “완전히 실패입니다. 이래서는 판정 불능. 100퍼센트 불가능합니다”라고 단언했다. 법의학자들이 당시 감정이 실패였다고 판단한 것이다.

사진상 ‘범인의 밴드’로 규정된 부분은 확실히 선명도가 떨어졌다. 전문가 입장에서 보자면 스가야 씨와 범인의 밴드 위치도 동일하지 않았다. 애당초 이 감정은 결함 마커를 사용해서 실시한 것이다. 초보자가 생각하기에도 의문투성이의 감정이었다.

그런 다음 피해자 감정 결과가 법정에 제출되었다. 물론 검찰 측이 제출한 것이 아니다. 검찰은 이때까지도 피해자 감정 결과에 관해서는 침묵으로 일관했다. 변호인단은 변호인단대로 유족과 접촉하지 못했다. 그 때문에 근거가 된 것은 내가 분노한 상태로 방송에 내보낸 독자 감정이다. 혼다 교수에 의한 DNA형 감정 결과는 다음과 같다.

마쓰다 마미의 DNA형, 18–31

마쓰다 히토미의 DNA형, 30–31

"피해자인 마쓰다 마미의 MCT118형이 '18-31'형이고, 모친의 형의 '30-31'형이라는 사실이 판명되었습니다."

혼다 교수도 법정에서 증언했다.

그렇다면 셔츠에 남은 '18-24'형이야말로 진범의 것이 아닐까? 나는 방청석에서 미간을 찌푸렸다. 혼다 교수의 증언이 나와도 검찰은 모른다는 얼굴이다.

피해자의 감정 결과를 증언한 혼다 교수는 이어서 하나의 가능성이라고 전제하면서 과경연의 감정 결과는 범인의 것이 아니라 피해자 측의 DNA형을 감정했을 가능성도 있다고 말했다.

마미의 DNA형은 '18-31', 모친인 마쓰다 히토미 씨의 DNA형은 '30-31'이다. MCT118 판별법은 두 가지 수치의 조합인데, 두 가지 수치는 각각 아버지와 어머니에게 유래한다고 앞에서 서술했다. 요컨대 마미의 '18'은 부친, '31'은 모친에게서 유래했다는 것이다.

사건 전부터 셔츠에는 모녀의 DNA가 부착되어 있었을 가능성이 있었다. 셔츠의 주인인 마미의 것은 물론, 생활을 함께하는 어머니의 DNA가 부착되어 있었을 가능성은 높다. 그렇다면 실험 겔에 '18, 30, 31'이라는 세 가지 밴드가 나타나도 이상할 것은 없다. 그리고 놓쳐서는 안 될 것이 사라진 DNA형이다. 지금까지 과경연이 '범인의 DNA형'으로 주목한 것은 '18-30'이다.

마쓰다 씨를 소환했을 때 검찰은 이렇게 설명했다. "단순히 따님의 DNA를 새 기술로 발견한 것"이라고. 하지만 사실은 완전 반대가 아닐까?

사토 히로시 변호사는 감정 결과를 알고 이런 지적을 했다.

"당시 과경연에는 29, 30, 31을 구별할 만한 기량이 없었다. 모든 것을 동일시하는 공포의 감정이었다."

즉, 결함 마커를 사용해서 눈으로 감정한 결과, '18-31'에 가까운 '18-29'라는 DNA형을 가졌던 스가야 씨를 억지로 범인으로 몰았을 가능성이 있는 것이다. 더구나 이게 사실이라면 과경연 감정에서는 범인의 DNA형조차 검출하지 못했다고도 할 수 있다.

하지만 그렇게까지 저차원적인 일이 정말 있을 수 있을까?

여기서 되돌아봐야 할 사실이, 4장에서 서술한 '123 염기 래더 마커'다. 이 마커의 결함을 지적받은 과경연은 새로운 마커로 교체. 1993년의 〈과학경찰연구소 보고서〉를 통해 구 마커의 DNA형은 신 마커의 DNA형으로 일괄 대체가 가능하다고 했다. 이때 스가야 씨와 진범의 DNA형은 '16-26'에서 '18-30'으로 변경되었다.

그런데 문제는 이것만이 아니다. 사실 나는 다른 사건 판결문 속에서 이와 동일한 수치를 이미 목격한 바 있다.

바로 그 '이이즈카 사건'이다.

이미 사형까지 집행되어버린 그 사건의 판결문에는 이렇게 적혀 있었다. "123 염기 래더 마커를 사용해서 판별된 16-26형은, 알레릭 래더 마커를 사용한 경우에는 18-30형에 대응하지만, 18-29형, 18-31형으로 대응할 수도 있으며……."

잠깐만. 29, 30, 31이 모두 같다고? 과학경찰연구소 보고서에는 신형 마커로 치환할 때 두 가지 형에 대응하는 형도 있다고 했지만, '16-26'은 어디까지나 '18-30' 하나였다. 그런데 여기서는 마치 바이러스나 아메바처럼 대응하는 형이 무려 세 개로 늘어났다. "대응할 수도 있다"는 가능성을 기준으로 사형 판결을 내린다는 것이 말이나 되는 소리인가?

이런 식이라면 스가야 씨의 '18-29'도, 과경연이 치환한 범인의 '18-30'도 피해자인 마미의 '18-31'도 모두 같은 DNA형이라는 것이 되어버린다.

게다가 말도 안 되는 사실이 더 있다.

"1천 명 중에 1.2인"이라고 했던 MCT118 판별법인데, 과경연의 결함 마커에 의한 감정에 따르자면 스가야 씨도 아시카가 사건의 진범도 이이즈카 사건의 구마 미치토시 씨도 모두 똑같은 '16-26'형(구 마커 기준)이라는 것이 된다.

이런 우연이 과연 있을 수 있을까?

검찰 측 추천인인 스즈키 교수의 증언도 놀라웠다. 감정서에는 적지 않았지만, 스즈키 교수 또한 MCT118 판별법으로 감정을 실시했다는 사실을 인정했다. 결과를 묻자 "DNA형은 나왔지만 (마커가 없기 때문에) 그것이 무슨 DNA형인지는 알 수 없다"고 진술했다.

변호사가 "혼다 교수는 MCT118(의 형)이 검출되었는데 어떤 차이가 있습니까?"라고 묻자 스즈키 교수는 "아마도 숙련도 차이라고 생각합니다. (중략) 오랫동안 연구를 하셨기 때문에 가능하지 않았을까 합니다."

한편 혼다 교수는 이렇게 증언했다. 그것은 감정 중에 스즈키 교수와 통화를 나눈 내용이었다. "4월 중순쯤에 스즈키 선생님이 '우리 쪽에서도 MCT118 판별법을 시행했는데 스가야 씨는 18-29입니다. (셔츠에서는) 24는 나오지만 18이 나오지 않습니다'라고 말씀하셔서 그렇습니까, 24가 나온 일은 참 다행이라고 말했습니다."

감정인들 간의 사전 미팅은 판사가 인정한 것이다. 이 증언대로라면 스즈키 교수도 사실은 문제의 '24'를 검출한 것이 된다.

충격적인 사실이었다.

하지만 검찰은 이번에도 무시. 이후에도 과경연 감정을 정당화하기 위해서 숫자와 기호를 가득 채운 서류를 법정에 쌓아올려 놓고서는 혼다 감정에 대한 공격에만 전념했다.

앞에서도 적었지만 혼다 교수는 여태까지 검찰이나 경찰에 협력해서 DNA형 감정도 여러 번 실시했고, 그것이 증거로서 채택되기도 했다. 검찰 측 증인으로서 법정에 선 적도 있었다. 그런데 이번에 한해서는 엄청날 정도의 철저 비판이다. 내게는 검찰이 판도라의 상자를 필사적으로 닫으려 하는 판도라처럼 보일 정도였다.

대체 무엇을 그렇게까지 지키려는 것일까?

나는 오히려 그쪽에 흥미가 있었다. 과경연의 위신일까, 이이즈카 사건일까, DNA형 감정 신화일까? 혹은 아시카가 사건 재수사를 하고 싶지 않기 때문일까?

바라는 판결은 양쪽 모두 무죄임에도 불구하고 검사, 변호인 쌍방의 공방은 격렬해져만 갔다.

쟁점은 오로지 MCT118 판별법 감정이었다.

"123 래더 마커로는", "이의 있습니다!", "16-26이 18-30이라는 것은 치환 실수인가요?", "무엇을 기준으로 그리 말씀하시는 건가요?", "과경연 논문입니다", "밴드 레인을 보면", "PCR 증폭이 실패입니다", "유도 심문입니다", "중복입니다!", "질문의 취지가 다릅니다", "스타터 피크는", "이의 있습니다", "밀도 곡선을 보면", "논쟁에 관련된 질문입니다!", "산성 호스파타제 활성이……", "그것은 부위가 다릅니다".

살인죄 재판이 아니라 마치 대학 강의 같았다. 전문용어라는 연막이 퍼져나가는 법정을 둘러보니 대체 이 모든 것을 이해할 수 있는 사람이 이 자리에 몇 명이나 있을까 하는 의문이 생기는 것은 어쩔 수 없다. 판사도 제대로 이해하고 있을지 알 수 없었다.

피고인이자 이제는 피해자이기도 한 스가야 씨도 힘들어 보였다. 전문가가 아닌 인간에게는 너무나도 난해한 세계였다. 검찰이 사수하려 하면 할수록 오히려 구식 DNA형 감정 방법이 사람을 심판하기 위한 근거로서 과연 적절했는지 의문만 증폭되었다.

재검증조차 쉽게 할 수 없는 방법에 '과학적'이라는 말을 붙이지 않았으면 좋겠다. 끝없는 법정 공방 속에서 그런 생각을 했다. 과학이라는 것은 실험 결과의 재현이 가능하기 때문에 전 세계로 확산된 학문이다. 적절한 수순만 지키면 누가 하든 같은 결과가 나오는 것이 과학 아니었나? 오랫동안 재감정을 거부한 채 시료 또한 상온에 방치해서 열화하게 놔두어서는 최신 과학으로 다시 시험해보려고 해도 이 모양 아닌가. 혼다 교수도 스즈키 교수도 참 안됐다 싶다.

혹시 검찰이나 과경연이 지금 하고 있는 것은 연막작전인가?

그렇게 생각하니 깊은 한숨이 나왔다.

나름 공부를 열심히 한 나조차도 이 재판을 어떻게 보도해야 좋을지 감이 오지 않았다. 제대로 보도하고자 한다면 두 시간짜리 특집 프로그램으로도 부족한 데다 의미를 알 수 없는 것이 되어버린다. 이런 논쟁이나 전문적인 테마는 텔레비전이라는 순간적인 폭발력을 가진 미디어에는 어울리지 않는다. 실제로 각 방송사에서도 이 재판을 보도하는 숫자가 줄어들었다.

2009년 12월, '경찰이 숨기려 하는 아시카가 사건의 진범'이라는 카피가 전철 안 광고판을 장식했다.

내가 쓴 기사였다.

재심은 진행 중이지만 진상 구명은 전혀 이루어지고 있지 않은 상황에 발버둥 쳐보기로 했다. 여러 잡지에서 집필 의뢰를 받았는데 그중 〈주간 아사히〉에 먼저 원고를 싣기로 했다.

기사에는 지금까지 내가 문제시 삼았던 것들을 담았다. DNA형 감정에 대한 것과, 이이즈카 사건도 다뤘다. 일단 내가 할 수 있는 일을 다할 뿐이다.

물론 방송 보도도 병행했다. 쓸 수 있는 총알은 계속 쏴댈 수밖에 없다.

2009년 12월 24일, 이날 열린 3차 공판에서 '사건 당시 과경연에서는 과연 피해자의 DNA형 감정을 실시했는가?'에 대한 의문이 드디어 풀리게 된다.

증인으로 출두한 후쿠시마 히로후미 과경연 소장은 변호사의 "당시, 피해자를 대상으로 한 MCT118 판별법 감정은 시행했나요, 시행하지 않았나요?"라는 질문에, "저는 보지 못했습니다. 하지 않았다고 생각합니다. 있었다면 제출했을 겁니다"라며 이제야 인정한다.

역시 그랬다.

그렇지 않고서야 검찰이 마쓰다 씨를 다시 부를 리가 없다. 피해자 감정을 하지 않았다면 오인 감정의 가능성은 더욱 높아진다.

더 나아가 과경연이 DNA형 감정 사진의 원본 필름을 분실했다는 사실도 밝혀졌다. 결심에서는 과경연 기술관이 "본건에 있어서의 판정은 사진으로 직접한 것이 아니라, 필름을 해석 장치로 읽은 뒤 보정, 계산 등의 과정을 통했다"고 말했다. 그 때문에 선명하지 않은 프린트라 해도 증거로 채택되었지만, 그것의 필수 조건인 원본 필름을 분실해서는 이야기가 되지 않는다. 혹은 이렇게까지라도 해서 원본 필름을 보여주고 싶지 않은 것일지도 모른다.

과경연에 대한 의혹은 계속 부풀기만 했다.

질문 마지막에 스가야 씨가 후쿠시마 소장에게 이렇게 말했다.

"과경연 사람들의 사죄를 바랍니다."

감정 실수에 대한 사죄를 요구했다.

이것도 당연할 것이다.

평소와 다르게 화를 내는 스가야 씨를 보면서 나는 교도소에서 스가야 씨가 보낸 편지의 내용을 기억해냈다. 볼펜으로 꾹꾹 눌러 쓴 편지에는 매번 이렇게 적혀 있었다. "DNA형 감정은 틀렸습니다."

경찰과 과경연이 자랑하고 언론이 부추겨온 18년간, DNA형 감정이 절대적으로 틀렸다고 확신했던 사람은 오로지 스가야 씨 단 한 명이었다. 스가야 씨에게는 과경연에게 사죄를 요구할 권리가 있었다.

그런데 후쿠시마 소장이 갑자기 이해가 안 되는 설명을 시작했다. 일순 내가 무언가를 잘못 들었는지, 그게 아니면 후쿠시마 소장이 의미를 잘못 받아들였는지 생각했을 정도였다.

"감정에서 나온 결과는 같은 타입의 DNA형이라고 말씀드리고 싶습니다. 완전히 다른 것을 착오했다는 사실은 몇 번을 검증해도 나오지 않았습니다. 이번에 보다 정확하고 고도한 감정으로 사실이 밝혀졌을 뿐, 커다란 실수가 있었다고는 보이지 않습니다. 일치한다고밖에 드릴 말씀이 없습니다."

이것은 변명이었다. 사죄는커녕 이 상황에 이르러서도 그는 당시 감정이 옳았다고 설명한 것이다. 나는 방청석의 좁은 의자에서 펜을

든 채 아연실색할 수밖에 없었다.

1993년에 과경연이 결함 마커에서 신형 마커로 바꾼 사실에 대해서는 몇 번이나 적었다. 그 계기를 만든 것이 1992년의 DNA형 연구회였다는 사실도 밝혔다. 그 논문의 기본이 된 공동연구는 당시, 신슈대학에 소속되어 있던 혼다 교수와 바로 이 후쿠시마 소장 등 다섯 명에 의한 것이었다.

지난 공판에서 혼다 교수는 이렇게 증언했다.

"후쿠시마 선생은 당시 DNA형 감정의 선구자적인 분이었습니다. 학회 발표 전의 심포지엄에서 '(123마커에는) 실로 중대한 문제가 있다'고 발표하셨습니다."

그런데 2008년 과경연 소장으로 취임한 후쿠시마 소장이 이번에는 그 123마커에 의한 감정에 "커다란 실수가 있었다고는 보이지 않습니다"라고 말하고 있으니 깜짝 놀랄 일이다.

재심은 해를 넘겨 2010년을 맞이했다.

5차 공판에서는 스가야 씨 취조 시의 상황이 녹음된 음성 테이프가 공개되었다. 합계 여섯 시간이 넘는 그 테이프는 당시 모리카와 다이지 검사가 체포 1년 후인 1992년 12월의 취조를 녹음한 것이었다. 좀처럼 들을 기회가 없는 귀중한 자료였다.

나는 법정 천장에 달린 스피커 바로 아래 자리에 앉아 손에 펜을 들고 귀를 기울였다. 놀랍게도 스가야 씨는 검사의 취조에서 무죄를 호소했었다. 하지만 검사는 전혀 들으려 하지 않았다. 그 취조에 나는 오싹해졌다. 원래라면 유죄 증거가 되었을 터인 이 음성 기록은

18년의 세월을 넘어 '밀실 취조의 실태'라는 엄청난 진실을 부활시켰다.

"지금 기소된 마미 사건, 그건 네가 저지른 게 틀림없잖아."

"그렇지 않습니다."

스가야 씨가 작은 목소리로 대답한다.

"뭐라고?"

"그렇지 않습니다."

"아니라고?"

"감정 말인데요, 저는 잘 모르겠지만 무슨 감정이라고 했죠?"

"DNA 감정."

"그런 말을 듣기는 했는데, 하지만 저는 그런 일이 전혀 없습니다."

"하지만 DNA 감정에서 네 체액과 일치한다고 결과가 나왔거든."

"영문을 모르겠습니다. 정말로 그러지 않았습니다."

"그러지 않았다고 하지만 말이지, 너와 같은 정액을 갖고 있는 사람이 몇 명이나 있을 거라고 생각하는데?"

"……."

검사는 역시 DNA형 감정을 무기로 자백을 압박했다. 그렇다고 해도 "같은 정액"이라니, DNA형 감정에 대해 제대로 알기는 하는 건가?

"여러 의미로 일치했거든. 그건 그렇고 지금까지는 순순히 인정해 놓고는 왜 갑자기 말을 바꾼 거야?"

"……."

"네 자백 말고도 증거가 있거든. 머리 굴리지 말고 내 눈을 똑바로 보고 말해. 아까부터 내 눈을 한 번도 보고 있지 않잖아!"

"죄송합니다. 죄송합니다."

점점 눈물 섞인 목소리로 변해가는 스가야 씨를 검사는 더욱 압박했다.

"거짓말인 거지? 그런 거지?"

"죄송합니다. 제발 용서해주세요. 제발."

울면서 코를 훌쩍이는 스가야 씨. 검사는 더욱 압박한다.

"넌 말이지 사람을 죽였다고. 그 사실을 반성하지 않으면 안 돼. 죽이지 않았다면 왜 자백했겠어?"

"……."

그리고 자백으로 유도한다.

"틀림없지? 마미 사건은 틀림없는 거지?"

"네."

"한 거야? 마미는 틀림없지?"

"네. 죄송합니다."

최대한의 용기를 짜내서 한 부정은 이런 식으로 다시 자백으로 변하고 말았다.

당시 모리카와 검사가 증인으로 법정에 출두했다. 테이프를 들은 스가야 씨는 당시 상황이 기억났는지 분노를 감추지 않았다. 스가야 씨는 증언대에 선 전직 검사를 강하게 추궁했다.

"모리카와 씨, 나는 17년 반이라는 오랜 세월 동안 누명을 쓰고 갇혀 있었습니다. 당신은 이 사실을 어떻게 생각합니까?"

피고인이 자신을 기소한 검사를 추궁한다. 18년이라는 시간 끝에 벌어진 역전극이다.

"주임검사로서 증거를 검토한 결과 스가야 씨가 마미 살해사건의 범인이 틀림없다고 판단하여 기소하고 공판에 임했습니다. 이번에 새로운 DNA형 감정으로 범인이 아니라는 사실을 알게 되어 실로 심각하게 생각하고 있던 참입니다."

전직 검사는 스가야 씨 얼굴을 보지 않고 정면을 바라본 채로 그렇게 대답했다.

"구치소에서의 취조 시, 나는 범인이 아니라고 정직하게 이야기했습니다. 그런데 어째서 변호사나 법정에는 제대로 전해지지 않았던 겁니까?"

스가야 씨의 얼굴은 분노로 붉게 물들어 있었다. 나는 놀랐다. 작년 출소 이래 이렇게까지 화를 내는 스가야 씨를 본 것은 처음이었기 때문이다.

"모리카와 씨, 내 가족에게도 사죄하십시오. 그들도 피해자입니다."

"말씀드린 대로입니다."

"내 가족이 얼마나 많은 고통을 받았는지 알기는 합니까!"

"방금 말씀드린 대로입니다."

"모리카와 씨, 당신 전혀 반성하지 않는군요."

"재판장님, 입증과 관련해서 질문 취지를 알 수 없……."

검사가 끼어들었다.

"당신은 닥치고 있어! 관계없잖아!"

스가야 씨가 방금 발언한 검사를 돌아보고 분노를 담아 외쳤다.

검사는 그 기세에 압도되었는지 입을 다물었다.

"모리카와 씨, 당신 반성하지 않는 건가요?"

스가야 씨가 모리카와 전직 검사에게 재차 질문을 던졌다.

그러자 지켜보던 판사가 입을 열었다.

"질문을 인정합니다. '반성하지 않는 건가요?'라는 질문입니다. 대답하세요."

법정 안이 쥐 죽은 듯이 고요해졌다. 형사사건 법정에서 이런 질문은 들어본 적이 없었다. 법정 드라마가 진부하게 보일 정도로 엄청난 박력이었다.

"말씀드린 대로입니다."

얼굴을 마주보지도 않고, 고개를 숙이지도 않고 같은 말을 반복할 뿐인 모리카와 전직 검사에게 스가야 씨가 분노했다.

"당신은 내게 인간성이 없다고 말했어. 하지만 인간성이 없는 것은 오히려 당신이잖아!"

스가야 씨의 비통한 외침에 나는 펜을 든 채 꼼짝할 수가 없었다.

모리카와 검사의 취조 녹음은 묵비권을 고지하지도 않았으며 변호사에게도 연락하지 않는 등의 문제점이 지적되어 후에 위법적인 취조를 인정하게 된다.

법정 밖에서 준코가 마이크를 들고 모리카와 전직 검사에게 취재를 시도했다.

"스가야 씨 건은 자신을 가지고 기소하셨나요?"

상당히 일반적인 질문이었음에도 그는 마스크를 쓴 채 가방을 휘두르며 도망쳤다.

"비켜! 시끄럽다고!"

이렇게 말하면서 데즈카 카메라맨의 렌즈를 손으로 막았다.

검사뿐만이 아니었다.

당시 과경연의 M실장에게도 취재를 요청했지만 전혀 입을 열지 않았다. 그것은 도치기 경찰도 마찬가지였다. "스가야는 범인이 틀림없어", "니혼 텔레비전 분들 크게 저질렀는데 괜찮겠어요? 나중에 창피를 살 텐데"라며 재감정 전에 자신만만하게 말했던 수사간부도 스가야 씨가 석방되자 손바닥을 뒤집듯이 취재를 거부했다. 그때까지 취재에 응했던 전직 간부도 "그 방송은 대체 뭐야!"라며 큰소리를 치고는 "당신들에게 말해봤자 아무런 이익도 없잖아!"라고 말하고는 자택으로 도망쳤다.

억지로 스가야 씨에게서 자백을 받아낸 H경위도 자택 앞에서 내 얼굴을 보자마자 이렇게 말했다.

"더 이상 할 말은 없소. 경찰은 그만두었으니까."

H경위는 스가야 씨에게 세 건의 범행에 대해 자백시켰다. 만약 두 건 이상 기소되었다면 사형 구형은 틀림없었을 테고, 이미 사형이 집행되었을지도 모르는데 말이다.

체포로부터 2주 후, 스가야 씨의 아버지가 충격으로 병이 깊어져 돌아가셨을 때 H경위는 스가야 씨에게 뭐라 말했나.

"나이가 들어 돌아가신 것뿐이잖아. 오히려 살해당한 사람 쪽이 훨씬 더 슬프다고"라고 말했다.

H경위가 등을 돌려 사라진 자택을 올려다보았다.

깔끔하게 콘크리트로 지은 집. 철문과 담벼락으로 둘러싸인 부지. 평화롭고 여유로운 노후를 보내고 있는 듯했다. 2007년에 현관에서 취재했을 때 H경위는 내게 말했다.

"범인이 잡히지 않는다고 무고한 사람에게 뒤집어씌운다는 일은 있을 수가 없지. 그럼 안 돼. 나중에 재판에서 무죄 판결을 받거나 진범이 튀어나올 수도 있잖나? 다른 사람을 체포했다간……."

H경위는 자신이 한 그 말을 지금은 어떻게 생각하고 있을까?

결판 전날 나는 뉴스 스튜디오 캐스터 석에서 중요한 쟁점 두 가지 포인트에 대해 해설했다.

"무죄는 확정적이지만 중요한 것은 무죄가 되는 그 이유입니다. 검찰은 DNA형 재감정을 통해 처음으로 스가야 씨의 무죄가 밝혀졌다고 주장하고 있는데 법원이 그 사실을 인정할지, 아니면 당시 DNA형 감정이 유죄로 삼을 만한 증거가 안 되는데도 억지로 입건하고 말았는지. 이것은 같은 무죄라도 큰 차이가 있습니다."

즉, 대법원이 인정했던 당시 'DNA형 감정의 증거 능력'에 대해 어떤 평가를 내리는가.

그리고 또 하나.

법원이 스가야 씨에게 사죄할 것인가다.

나는 스튜디오에서 그런 사실을 거론했다. 그리고 캐스터 석에서 내려와 마이크를 떼어내고 속으로 이렇게 첨언했다. '사죄라는 것은 높은 곳에서 하는 게 아니야. 제대로 재판관 석에서 내려와 스가야 씨와 같은 높이에서 얼굴을 마주보고 하는 거야'라고.

"남은 생애 동안 고작 4년 8개월 만에 이 세상을 떠난 마쓰다 마미의 명복을 빌면서 자신의 행위를 반성하는 것이……." 1심에서 스가야 씨에게 그렇게까지 요구했던 법원이기 때문이다.

검찰은 이미 사죄를 표명했다. 그때 나는 허무한 마음으로 그것을 들었다. 검찰은 재심 법정에서 "무죄가 선언되어야 하는 것은 분명"하다며 무죄를 구형했다. 물론 유죄 구형 같은 것을 해도 패소가 100퍼센트 확정적이기 때문에 단순한 퍼포먼스로밖에 보이지 않았다.

검사 셋이 나란히 선 가운데 한 명이 이렇게 말했다.

"진범이 아닌 스가야 씨를 기소하여 17년 반이나 복역시켰습니다. 돌이킬 수 없는 일을 초래하여 검사로서 송구하게 생각합니다."

현직 검사로서 처음으로 고개를 숙였다. 그 점은 평가할 만하다. 하지만 다음 발언은 어이가 없었다. "앞으로 이런 일이 두 번 다시 반복되지 않도록 하겠습니다." 결의는 어쨌든 그 말에는 허무한 울림이 있었다. 이 재심은 철두철미 MCT118 판별법을 사수하기 위한 재판이라고밖에 생각되지 않았다. 불확실한 감정에 대한 은폐를 선택해놓고는 과연 재발 방지가 가능할까?

그렇다면 법원 쪽은 어떨까.

"스가야 씨, 증언대에 서주십시오."

2010년 3월 26일, 법정에 판사의 목소리가 울렸다. 판결 주문은 물론 무죄. 조용한 가운데 그 이유를 이야기했다.

회색 양복에 빨간 넥타이 모습의 스가야 씨는 판결문에 묵묵히 귀를 기울였다.

대법원에서 인정된 MCT118 판별법에 관해서는 법정에서 스즈키, 혼다 양 증인의 지적을 인정하여 "본건 DNA형 감정이 대법원 결정문에서의 '구체적인 실시 방법 또한 그 기술을 습득한 자에 의해서 과학적으로 신뢰할 수 있는 방법으로 시행되었다'고 인정하기에는 의문점이 남는다고 할 수 있다. 따라서 본건 DNA형 감정 결과를 기재한 감정서는 현 단계에서는 증거 능력을 인정할 수 없기 때문에 이것을 증거에서 배제한다"라고 하였다.

대법원 결정을 지방법원이 번복.

전대미문의 사태였다. 하지만 이것이 바로 내가 바랐던 것이었다. 결국 '절대적'이라고 했던 DNA형 감정을 증거에서 제외시켰다.

드디어 여기까지 왔나 하는 여운을 느낄 새도 없이 자백에 대해서는 이런 판단이 내려졌다.

"스가야 씨가 본건 자백을 한 최대 요인이 수사관에게서 본건 DNA형 감정 결과에 대해 들은 사실이다."

즉, DNA형 감정에 의해 도망칠 곳을 잃고 자백할 수밖에 없었다고 인정했다. 바꿔 말하면 이 1980년대 이후 최대의 누명 사건의 주요 원인이 DNA형 감정에서 발단된 것이라고 인정한 것이다.

"자백도 신용성이 인정되지 않는 허위의 것이라는 사실이 밝혀졌기 때문에 스가야 씨가 본건의 범인이 아니라는 사실은 명백해졌다."

그리고 이번 DNA형 재감정이 "스가야 씨가 본건 범인이 아니라는 사실을 여실이 보여주는 것"이라고 했다.

당연한 사실이었지만 완전한 무죄 판결이었다.

마지막으로 판사가 스가야 씨의 눈을 보고 이렇게 말했다.

"스가야 씨의 진실된 목소리에 충분히 귀를 기울이지 않고 그 자유를 빼앗는 결과가 되었습니다. 이 심리를 담당한 판사로서 실로 송구스럽게 생각합니다."

그렇게 말하고 법의를 두른 세 명의 판사가 자리에서 일어섰다.

그리고 깊이 고개를 숙였다.

"정말로 죄송합니다."

어쩌다 스가야 씨의 바로 뒷자리에 앉게 된 나는 정면에서 그 광경을 맞닥뜨리게 되었다. 어딘가에서 천둥이 치는 듯한 그런 느낌이었다. 예상은 했었다. 판사들은 그렇게 할 것이라고 생각했다. 하지만 현실로 다가오자 처음으로 보는 그 광경은 놀라움을 넘어선 무언가를 나에게 주었다.

물론 높은 판사석에서의 사죄였지만, 그 어떤 반발도 생기지 않을 정도의 힘이 담겨 있었다. 아니, 높은 곳에서의 사죄였기 때문에 신비한 설득력이 있었다. 절대적이었을 터인 법원이, 판사가 스스로의 잘못을 인정하고 사죄하는 모습을 나는 숨죽이고 바라보았다.

내 몸 어딘가에서 어떤 변화가 생겼다. 등줄기를 곧추세우는 듯한 한기와 같은, 뜨거운 열류와 같은 무언가다. 완전히 새로운 감각에 휩싸인 그런 기분.

그렇구나. 드디어 지금 일본이 '움직인 것'일지도 모른다.

❖ 재심에서 무죄를 쟁취한 스가야 도시카즈 씨

폐정 후, 환희의 목소리가 터져 나오는 가운데 스가야 씨와 악수를 나눴다.

대법원에서 증거로 인정된 DNA형 감정은 배제되었다. 살인범으로 지명했을 터인 증거가 법정에서 붕괴했다.

한편으로는 혼다 교수의 재감정 결과에 관해서는 판결문에서 이렇다할 거론은 없었다. 같은 결론의 스즈키 감정서만을 채택해서 무죄 판결을 내렸다. 판결은 당시 과경연 감정이 일치했는지 불일치했는지 하는가 하는 구체적인 면까지는 다루지 않았다. 체면 따윈 차리지도 않고 전면적인 법정 투쟁을 계속한 검찰은 이 사실에서만큼은 승리했다고 할 수 있었다.

신경 쓰이는 점도 하나 있었다. 재판장이 판결문을 읽어나가는 상황이었다. 나는 내 시야 오른쪽에 신경을 집중하고 있었다. 낭독이 DNA형 감정 부분에 이르렀을 때였다. 검사 한 명이 자리에서 쓰윽 일어나서 법정 밖으로 나갔다. 판결문 낭독 중에 법정을 떠나는 검사? 속보를 전하는 보도기자 같은 모습에 위화감을 느낀 내가 나중에 밖에 있던 기자에게 물어보았더니, 그 검사는 복도 구석에서 어딘가에 전화를 걸었다고 한다. 대체 누구에게 무엇을 그렇게까지 급하게 전할 필요가 있었을까?

그 광경을 떠올리면서 나는 보도진들이 가득 찬 법원을 뒤로 했다. 사실은 이날 마쓰다 씨가 다시 검찰청으로 소환되었다. 검찰청은 법원 바로 옆이다. 다른 언론사가 이 사실을 알게 되면 아무런 배려 없이 우르르 들이닥칠 것이다. 그렇게 되지 않게 검찰청에서 나온 마쓰다 씨와 근처 공원에서 살짝 합류했다.

검사는 재판 결과를 전하고 다시 마쓰다 씨에게 사죄했다고 한다. 그리고 스가야 씨 석방 시의 일을 이야기했다고 한다.

"작년에 여기에서 뵈었습니다만, 어머님께서 하신 그 말씀 덕에 우리들은 스가야 씨를 석방하게 되었습니다."

"스가야 씨가 무죄라면 빨리 궤도 수정을 해주셨으면 좋겠습니다. 수사가 잘못되었다면 이제라도 제대로 사과해야 한다고 생각합니다. 죄송하다는 한마디를 하는 게 그렇게 어려운가요?"

바로 그 말이다.

당시 검찰은 괴로운 입장이었다. DNA형 재감정 결과 불일치, 변호인 측의 형 집행정지 청구, 악화 일로인 여론……. 한 검찰 간부가 이렇게 말했다고 한다.

"석방은 어쩔 수 없어. 하지만 문제는 유족이다."

그런 타이밍에 마쓰다 씨가 저 발언을 한 것이다.

취재를 마치고 공원을 떠나는 마쓰다 씨의 뒷모습을 향해 나는 깊이 고개를 숙였다. 이분의 힘이 없었다면 여기까지 올 수 없었다는 사실을 다시금 통감했다.

일단 재심은 끝났다. 스가야 씨는 범인이라는 이름의 택시에서 내려왔다. 이것으로 수사 당국이 아시카가 사건, 나아가서는 북관동 연쇄 아동납치살인사건 진상 규명에 나설 의지가 있는지 없는지 본격적으로 심판받는 상황에 놓였다.

마치 재심 종료 타이밍을 잰 듯이 대검찰청이 제출한 보고서는 상당히 흥미 깊은 것이었다. 보고서는 〈아시카가 사건에 있어서의 수사, 공판 활동 문제점 등에 관해서〉라는 제목이었다. 나는 그 보고서를 정중히 펼쳐보았다.

예를 들면 목격자 부재에 관해서는 "사건 당일, 파친코 점 혹은 그 부근에서 스가야 씨를 목격했다는 사람은 없었다. (중략) 자백한 경로에서도 피해 여아로 보이는 어린아이를 자전거에 태우고 이동했던 인물을 목격한 사람은 전혀 없었다"며 드디어 자백 모순점을 인정했다.

당시, 도치기 경찰은 현장인 제방 내리막길에서 자전거 브레이크를 잡았다는 것 등을 '비밀 폭로'로 삼았지만, 그 또한 "비밀 폭로라고 인정할 수 있는 것은 없었다"고 적혀 있었다. "압수한 증거 중에는 소아성애를 구체적으로 나타내는 것은 없었다" 등 계속해서 이어지지만, 그 태반은 이미 내가 보도해온 것과 마찬가지의 것으로, 새로운 것은 없었다. 바꿔 말하자면 마음만 제대로 먹는다면 일개 기자조차 조사할 수 있는 것들이었다.

마쓰모토 씨와 요시다 씨의 목격 정보에 대해서도 서술되어 있었다. 루팡에 관해서도다.

"수사본부에 의한 초동수사 결과, 당일 오후 6시 30분경부터 오후 6시 50분경까지 와타라세 강변에서 피해 여아로 보이는 여아와 함께 걷던 범인으로 보이는 남자를 목격한 자 두 명이 판명되었으며, (중략) 특히 목격자 중 한 명은 상기 여아의 복장이나 거동 등을 열심히 관찰하여 그 여아가 빨간 치마를 입고 있었다는 등 피해 여아의 당시 복장과 부합되는 진술을 했다는 사실로 보아, 피해 여아 및 범인을 목격했을 가능성이 있었다. 하지만 주임검사는 스가야 씨의 '자전거에 피해 여아를 태웠다'는 자백과 합치하지 않았기 때문에 상기 목격 진술은 피해 여아와는 다른 여아를 목격한 것에 지나지 않는다고 판단하여, 동 목격자 두 명을 직접 참고인 조사를 하는 등의 확인을 하지 않았다."

빨간 치마를 입은 소녀는 얼마든지 있다고 현경 간부는 말했었다. 하지만 바로 그 도치기 경찰의 잘못된 판단에 상황을 강제로 맞춘 결과, 루팡을 보고도 놓치고 말았다. 이 중대한 수사 실수도 인정했다.

또한 연속사건성에 관해서도 다루었다.

"피해 여아와 V3 여아는 모두 아시카가 시내의 파친코 점 부근에서 유괴되었고, 피해 여아와 V2 여아의 시신 유기 장소는 와타라세강의 서로 마주본 강변이었다는 사실로 보자면 동일범에 의한 가능성도 충분히 있다고 보인다."

V2는 후쿠시마 마나고 V3은 하세베 유미일 것이다. 보고서에는 합계 세 건의 사건의 공통성을 인정했다.

재발 방지안에 관해서는 이렇게 서술했다.

"본건에 관해서는 미검거 중요사건인 여죄 두 건도 동일범에 의한 연쇄살해사건일 가능성이 있으며, 1987년에도 아시카가 시와 가까운 군마 현의 현 오타 시내에서도 비슷한 사건이 발생하는 등, 동 사건을 포함해서 동일범에 의한 연속 범행일 가능성 또한 무시할 수 없는 상황이었다."

1987년 사건이란 오사와 도모코 사건이다.

검찰이 드디어 연쇄 아동납치살인사건의 존재를 인정한 것이다.

길었다.

나도 모르게 한숨이 나올 뻔했다. 처음에 일련의 사건을 연쇄사건으로 취재를 시작한 지 이미 3년이라는 시간이 흘렀다.

하지만 아직 '네 건'이다. 요코야마 유카리 사건이 포함되어 있지 않다. 네 건과 다섯 건은 의미가 전혀 다르다. 아직 멀었다.

같은 시기에 경찰청도 도치기 경찰의 수사 문제점을 공표했다. 내용에 관해서는 대검찰청의 것과 유사한 것으로 과거에 내가 보도한 것과 큰 차이는 없다.

마쓰모토 씨의 목격담에 관해서는 역시 이렇게 분석했다.

"목격 시간이나 와타라세 강 방향으로 향했다는 상황 등을 고려하면 두 건 모두 동일인물을 목격했을 가능성이 높을 뿐만 아니라, 1인의 목격자는 남자가 자신의 딸과 동년대의 아이를 데리고 있던 사실과 아이를 동반한 것 치고는 늦은 시간대에 운동공원에 나타난 사실을 기억하고 있었으며, 남자가 데리고 있던 여자아이가 자신의 딸이 입은 치마보다도 좀 더 빨간색 치마를 입고 있었다는 등 X양의 복장과 일치하는 특징을 구체적으로 증언한 사실로 보아 그 신빙성은 높다고 판단된다."

스가야 씨를 자백으로 몰고 간 H 전직 경위에 대해서는 이렇게 기록했다.

"수사주임관인 동 경위에게 취조관을 겸임시킨 결과 본래 행해졌어야 할 (중략) 자백의 신용성 등의 엄격한 체크가 충분히 기능하지 않았다."

'그런 사실이 이유가 된단 말인가' 하는 생각이 들었지만 주임이 한 취조였기 때문에 다른 후배 수사관이 의문을 제기하기 쉽지 않았다는 사실을 말하고 싶은 모양이다. 나는 H경위의 다부진 체격과 강인한 인상을 떠올렸다.

"나는 반장에다 지도보좌였소. 형사를 지도하는 입장이었단 말이지. 엄정한 수사였소."

이렇게까지 말한 사람이다. 분명 부하나 후배는 반론을 제기하기 힘들었을지도 모른다.

어느 순간 아시카가 사건 붐은 완전히 사그라졌다.

신문이나 뉴스에서 아시카가 사건이라는 글자가 급격히 줄었으며, 와타라세 강 현장은 전처럼 조용해졌다.

하지만 나는 아직 현장에 있었다.

북관동 연쇄 아동납치살인사건은 무엇 하나 해결되지 않았기 때문이다.

그러나 가장 중요한 수사기관이 전혀 움직일 기색이 없었다.

스가야 씨 석방 직후에 사건은 동일범에 의한 것이 아니냐는 보도에 나선 기자도 있었다. 내 지인인 미스터 T다.

1년 반 전에는 내 부탁을 완벽하게 거절했던 그가 이번에는 목격자인 마쓰모토 씨를 취재하고 싶다고 했다.

2009년 6월 21일, 미스터 T가 소속된 통신사가 특종 기사를 내보냈다.

요코야마 유카리가 사라진 현장의 CCTV에 담긴 선글라스의 남자와 아시카가 사건 현장 부근에서 목격된 남자에 관해서 "걸음걸이나 자세가 많이 닮았다"고 마쓰모토 씨가 코멘트하고, 흑백 스케치 화면도 첨부했다. 도치기와 군마의 두 가지 사건이 연관되어 있을 가능성을 시사한 기사로, 아시카가 사건 보도 중에서는 특종이라 할 수 있었다.

하지만 이 기사가 가져온 반응은 기묘한 것이었다.

미스터 T의 기사는 다음 날 아침, 니이가타 현이나 시즈오카 현 등 거리가 떨어진 지역신문 아홉 곳에서 1면을 장식했다. 하지만 가장 중요한 도치기 현이나 군마 현, 그리고 도쿄에는 아예 실리지 않거나 사회면에 작게 실렸을 뿐이었다. 마치 관동 평야 지방만 동그랗게 빠진 도넛 모양처럼 지역신문은 이 사실을 철저하게 무시했다. 알 수 없는 일은 그 뒤로도 계속되었다. 예를 들면 도쿄신문은 자사 홈페이지에 기사를 올렸었는데 배달된 조간신문에서는 기사가 연기처럼 사라져 있었다. 내 눈으로 똑똑히 확인했기 때문에 확실하다.

"대체 어떻게 된 거지? 이런 일은 처음이야."

수화기 너머에서 미스터 T는 이 의심스러운 상황을 밝혀내겠다며 기세등등했지만, 이후 그가 보내온 메일에는 "못 해먹겠군"이라는 한마디와 그 옆에 뭉크의 〈절규〉 같은 이모티콘이 첨부되어 있었다.

대체 어떻게 된 일일까?

특종을 놓친 타사 기자들이 후속보도를 위해 취재에 나섰던 모양이다. 하지만 가장 중요한 마쓰모토 씨의 연락처를 알 수가 없다. 만난들 취재에 응하지도 않을 것이고 결국 그들이 취재한 곳은 언제나처럼 '당국'이었다.

오케가와 사건에서 유족의 기자회견 내용을 반대 당사자인 경찰에 확인했던 것처럼, 이번에도 "닮았다"는 목격자의 '감상'을 경찰청에 확인한 것이다.

경찰청 간부는 불타오르기 시작한 불을 깔끔하게 소화시켜버렸다. 미스터 T의 기사를 '오보'라고 딱 잘라 부정했던 것이다.

그 간부는 왜 그렇게 말할 수 있었을까?

"지금까지 공공연하게 밝히지는 않았지만 오타 사건에는 사실 범인의 유류품이 있습니다."

사실이라면 중대한 발언이다. 간부는 그 유류품이 무엇인지는 밝히지 않았지만 이미 DNA형 감정을 실시하여 그 DNA형과 아시카가 사건 진범의 DNA형과는 일치하지 않았다는 사실까지 밝혀냈다고 했다. 즉, 동일범에 의한 것이 아니라고 설명한 경찰청 간부는 "그 사건과의 연관선상에서 취재하다간 창피를 당할 겁니다"라고까지 말했다. 그 말을 들은 기자들은 기사 게재를 단념했다.

어쨌든 사건 현장 주변에 살고 있는 사람들이 접하는 신문에서 기사는 사라졌다. 반면 가스미가세키나 도치기, 군마의 경찰 출입 기자단에 소속되어 있지 않는 지방신문은 미스터 T의 기사를 그대로 실었다.

도넛 구멍의 중심은 가스미가세키였던 것이다.

"걸음걸이가 닮았다는 감상조차 신문에 실리게 하지 않겠다는 건가."

미스터 T는 수화기 너머로 이렇게 한탄했다.

결과적이지만 미스터 T의 기사는 관측기구가 되었다. 둥실 올라간 기구를 향해 가스미가세키 방면에서 순식간에 기관총 사격을 하는 광경이 눈에 선했다. 마쓰모토 씨를 소개했을 때는 천사가 이겼다고 생각했지만, 의외로 승자는 악마였을지도 모른다.

하지만 이는 실로 대단한 일이 아닐 수 없었다.

진범은 아무리 활개 쳐도 괜찮고 관련 보도는 조금이라도 막으려 하는 열의가 말이다. 당국의 의도는 무슨 일이 있어도 사건의 연속성을 부정하겠다는 것이 분명했다. 요코야마 유카리가 유괴된 지 13년. 실마리는 CCTV밖에 없다고 알려진 사건에 갑자기 등장한 물증. 그 사실을 은닉해온 경찰이 고작 한 언론사의 보도를 뭉개기 위해 비장의 수단을 꺼내고 말았다는 것인가? 게다가 그런 물증이 정말 있기는 한 건가?

취재를 위해 요코야마 유카리 자택을 방문한 나는 이 이야기를 꺼냈다. 그러자 아버지인 야스오 씨가 그 이야기를 들은 적이 있다고 말했다. 유카리가 행방불명된 직후, 수사관이 요코야마 씨 댁에 잠복해 있었다는 사실은 앞서 적었다. 그 무렵에 형사들 입을 통해 물증 이야기를 들었다고 한다. 선글라스의 남자는 영상 속에서 담배를 피웠는데, 형사가 그 담배를 조사했다고 말했다는 것이다.

그렇다면 그 넓은 파친코 점에서 어떻게 남자의 담배를 식별할 수 있었을까? 남자와 유카리가 앉아 있던 휴식 코너에는 세로형 재떨이가 있었는데 그것인가?

"남자는 그곳에 담뱃재를 털었습니다. 그 안에는 꽁초가 다수 들어 있었지만, 수는 그렇게 많지 않았던 듯, 담배 브랜드 명으로 전부

조사했다고……."

"재떨이 안에서 딱 하나, 다른 손님이 피지 않는 브랜드가 들어 있었다고 합니다. '그 누구의 것도 아니니 범인의 것일 것이다'라고 형사가 말했습니다."

그게 물증인가. 듣기로도 상당히 미심쩍었다. 오염은 신경 쓰지도 않나? 그런 것으로 DNA형을 단정해도 괜찮은 걸까? 게다가 만약 DNA가 검출되었다 한들 그 DNA형으로 대조하는 것은 또다시 그 셔츠 데이터일 것이다.

그렇다고는 해도 이는 묵과할 수는 없는 정보였다. 요코야마 유카리 사건에 물증이 있었다니, 신경이 쓰인 나는 그 후 기회를 봐서 수사 관계자에게 취재를 요청했다. 하지만 역시 선글라스 사내의 것으로 단정할 수 있는 물증 같은 것은 없다고 했다.

잠깐만. 수상한 물증 이야기까지 꺼내놓고서는 왜 동일범에 의한 연쇄사건설을 이렇게까지 없애려 하는 거지? 과거 경험으로 말하자면 경찰 측이 스스로 정보를 주는 것치고 제대로 된 것이 없었다. 오케가와 사건에서 경찰은 "피해자는 물장사 아르바이트를 했던 모양이다"라며 기자에게 왜곡된 정보를 흘려서 '술집 접대부의 B급 사건'으로 전락시켰다.

뭔가가 이상하다.

내 안에 경보가 울리기 시작했다.

9장

지진

7′
6′8″
6′6″
6′4″
6′2″
6′
5′8″
5′6″
5′4″
5′2″
5′
4′8″
4′6″
4′4″

경찰도 검찰도 사건의 연속성은 인정하지만, 수사를 개시하려고도 하지 않고 오히려 사건 그 자체가 존재하지 않는 것처럼 행동하는 이유…….

'북관동 연쇄 아동납치살인사건'은 이대로 사라질 운명일까.

짐작이 가는 바는 있다. 하지만 지금은 굳이 서술하지 않겠다. 깨달은 사실은 스가야 씨가 석방된 정도로 현실은 아무것도 변하지 않았다는 것이다.

별 수 없다. 그렇다면 포기하자.

……내가 이런 성격이 아니라는 사실은 지금까지 이 책을 본 독자도 알 것이다. 농담이 아니다. 흉악한 범죄에 휘말린 무고한 다섯 명의 소녀들이 있는데, 가만히 보고 있으라는 건가. 경찰과 검찰의 입장과 자세는 똑똑히 알았다. 그렇다면 나도 발버둥 쳐주마. 신문, 잡

지, 텔레비전……. 뭐든 해주겠다.

먼저 〈문예춘추〉의 집필 의뢰에 응하기로 했다. 천하의 〈문예춘추〉다. 나 같은 기자 나부랭이에게 집필 의뢰가 오는 날이 올 거라고는 생각한 적도 없었지만, 감사히 응하기로 했다.

루팡에 대한 것도 공개적으로 밝히기로 결정했다. 2010년 10월호에 게재된 기사 앞부분은 이렇다.

"초여름 바람이 불기 시작한 와타라세 강. 일몰 시각은 지났지만 강변은 아직 충분히 밝았다. 낮게 깔린 구름을 배경으로 호리호리한 몸매의 남자가 걷고 있다. 어딘가 날래 보이는 그 남자는 빨간 치마를 입은 어린 소녀의 손을 잡고 있다.

잡초가 우거진 제방을 천천히 내려오더니 이번에는 잔디 운동장 위를 성큼성큼 걸어서 강 쪽으로 향한다. 여자아이는 양손을 펼치고 남자의 앞뒤로 왔다 갔다 한다. 이윽고 두 사람은 콘크리트 강기슭 위에 나란히 선다.

다음 날 아침, 어린 소녀는 근처 모래톱에서 전라의 시신으로 발견된다. 빨간 치마는 강에 버려져 있었지만, 간신히 갯버들 가지에 걸려 있었다. 그 안에서 동그랗게 말려진 채 발견된 소녀의 반소매 셔츠. 그것이 모든 것의 시작이었다.

현장에서 사라진 남자는 호리호리한 몸매로 만화 〈루팡 3세〉의 루팡 3세를 꼭 닮았다."

루팡의 존재를 세상에 최초로 공개했다.

〈문예춘추〉 편집부에서 제안한 《나는 진범을 알고 있다》라는 제목은 상당히 자극적이었다. 신문이나 전철의 광고면에서 그 문구를 보는 일은 낯간지럽기도 했지만 '두고 보라지' 하는 투지의 반영이었다. 대체 얼마나 많은 사람들이 보게 될지는 모르지만, 이 잡지는 가스미가세키에도 상당한 영향력을 갖고 있다. 승부에 나설 가치는 있었다. 기사 앞에 붙이는 카피에는 "원래는 연쇄 살인사건이었을 터인 이 사건, 당국도 진범에 대해 알고 있다"라고 도발적인 문구도 삽입했다.

반응은 예상 이상이었다.

이미 텔레비전을 통해 보도하기도 했지만, 시청자와 잡지 독자는 층이 다르다는 사실을 실감했다. 수사 관계자나 동업자, 변호사 등 다방면에서 연락이 쇄도했다. 내 책상 위에 수북이 쌓이는 봉투 다발에 어째서인지 교도소의 검열 완료 도장이 찍힌 편지가 다수 섞이게 되었다. 정말 독자층이 폭넓은 것 같다. 그 안에는 "저도 무죄입니다. 도와주십시오"라는 내용으로 도배되어 있었다. 안타깝지만 나는 변호사도 아니고 누명 전문 저널리스트도 아니다. 이런 편지도 있었다. "나는 살인을 저질렀지만 주범이 아니라 종범입니다. 제발 이 사실을 증명해주셨으면 합니다……." 사정은 딱하지만 나보고 어떻게 하라는 건지 모르겠다.

〈문예춘추〉 편집부는 기사의 엄청난 반향 덕에 단발성이 아닌 장기 연재를 하자고 했다. 고마운 일이다. 이번에는 잡지에서 캠페인을 벌이도록 하겠다. 11월호에서는 '진범은 연쇄 유괴범', 12월호에서는 '검찰이 은폐하는 진범의 DNA'를 게재. 결국 검찰 비판에까지 이르렀다.

라디오 방송에도 출연했다. 〈라디오 일본〉을 통해 은폐된 연쇄사건의 존재를 호소했다.

만화화도 되었다. 요즘 세상에는 논픽션이어도 만화화가 되는 모양이다. 〈주간 영점프〉다. 나와 준코가 매주 북관동 연쇄 아동납치 살인사건을 뒤쫓는 내용이다. 연재 후에는 단행본으로 출간했다. 뭐든 좋다. 부끄럽다는 말을 하고 있을 때가 아니다. 이 연쇄사건을 세상에 알릴 수만 있다면 어릿광대라도 되어주겠다. 신문, 주간지, 인터넷 등 닥치는 대로 인터뷰에도 응했다.

그런 식으로 내 발악이 계속되던 무렵이었다.

가스미가세키 방면에서 갑자기 원군이 나타났다. 가스미가세키라 해도 법무성이나 대검이 있는 사법 지역이 아닌 그 앞쪽의 국회에서였다. 여러 명의 국회의원이 이 사건의 부조리함에 의문을 품기 시작했다. 나는 국회의원에게 사정을 이야기하고 설명할 기회를 얻었다. 은폐되려 하는 진실이 얼마나 중대한 것인지, 과경연의 위험한 감정으로 대체 몇 명이 잘못된 심판을 받았는지조차 제대로 밝혀지지 않은 현실을 알렸다.

2010년 11월 11일, 참의원 행정감시위원회에서 사건에 관한 질의가 열리게 되었다. 나는 책상 서랍을 뒤져서 국회기자증을 찾아서는 국회의사당으로 향했다. 평소에는 뒷골목에서나 취재하던 내가 이렇게 훌륭한 장소에 가는 것은 몇 년에 한 번 있는 일이었다.

커다란 창에 두꺼운 커튼이 쳐져 있는 위원회실. 그곳에 우렁찬 목소리가 울려 퍼졌다.

"1979년부터 1996년에 걸쳐 도치기 현의 아시카가 시와 인접한 군마 현 오타 시에서 연쇄 아동납치살인사건이 발생했습니다. 모든 사건이 이 현 경계 20킬로미터 이내에 집중되어 있으며, 스가야 씨 사건 또한 그중 하나로……."

마이크에 대고 발언한 것은 가자마 나오키 참의원 의원이다. 가자마 씨는 다섯 건의 사건의 공통점 등을 설명한 다음 질의에 들어갔다. "니혼 텔레비전 시미즈 기요시 기자가 〈문예춘추〉에서 기사를 연재 중입니다. 일부를 인용하도록 하겠습니다."

열심히 메모를 하던 나는 갑자기 등장한 내 이름에 깜짝 놀랐다.

가자마 의원의 질의에 답변하는 것은 오가와 도시오 법무 부대신과 오카자키 도미코 국무대신이었다.

가자마 의원은 지금까지 MCT118 판별법에 의한 DNA형 감정이 범죄수사나 유죄 입증에서 사용된 회수를 물었다. 오카자키 국무대신은 1989년부터 15년간 과경연 121건, 과수연 20건, 합계 141건이 실시되었다고 대답했다.

유죄 입증에 관해서는, 오가와 부대신이 "여덟 명의 유죄 확정 판결 이유로 거론되었다"고 답변했다. 즉, 최저라도 여덟 명이 MCT118 판별법에 의해 유죄 판결을 받았다는 것이다.

가자마 의원의 질문은 그 DNA형 '18-24'에까지 이르렀다. 그리고 검찰과 과경연이 작성한 혼다 감정서에 대한 의견서에 대해서도 다뤘다. "검사 방법 등에 의문점이 있으며, 전체적으로 신빙성이 부족하다고 판단된다"는 그것이다. 가자마 의원은 이렇게 말했다.

"이 의견서의 의도는, 만약 감정 실수가 증명되면 같은 방법으로 실시된 다른 재판도 다시 검증할 필요가 생기기 때문에 그것을 막기 위한 것이 아닌가 합니다."

그렇다. 일반인이 일반 상식으로 생각하면 그런 추측에 도달할 수밖에 없다.

가자마 의원은 거기서 멈추지 않고 더욱 깊이 파고 들어갔다.

"시미즈 기자는 이 진범이라고 생각되는 인물에 대해서 독자적으로 상당히 치밀한 조사를 거쳐서 이름과 주소까지 확인했다고 합니다. 이 인물의 정보를 시미즈 기자가 검찰 측에 제공했다고 적혀 있습니다. 오가와 부대신은 보고를 받은 적이 있습니까?"

핵심을 찌르는 질문이다. 나는 두근거리는 마음으로 그 질의를 들었다. 과연 법무성은 뭐라고 대답할까?

"개별 사건에 관해서 개별 보고를 받지는 않습니다. 수사 당국, 검찰 당국은 법과 증거에 따라 대응하고 있다고 생각합니다."

실망스러운 답변이었다. 알맹이는 하나도 없었다.

종반에 이르러서 가자마 의원이 "재수사를 통한 진범 검거야말로 피해자 유족의 상처를 조금이라도 치유해주는 일이 아닐까 합니다. 그리고 무엇보다도 재발을 방지하기 위해 국가가 해야 할 당연한 책무 아닙니까?"라고 각오를 묻자 오가와 부대신은 하필이면 이렇게 대답했다.

"시효가 성립했을 경우, 소추할 수 있는 가능성도 없는데 쓸데없이, 쓸데없다는 말은 좀 지나쳤을지도 모르지만…… 피의자를 특징짓거나, 혹은 세상에 밝힌다는 사실은 오히려 인권 문제를 야기하는 게 아닐까 합니다."

하아…….

나는 메모하던 손을 멈추고 답변하는 오가와 부대신을 빤히 바라보고 말았다. 뭔가가 내 안에서 부글부글 끓어오르기 시작했다. 억울한 누명을 쓴 스가야 씨의 인권을 짓밟았던 법무성이 수사도 하지 않고 이번에는 진범의 인권을 그 입에 담다니. 살인범이 마음껏 활개 치게 놔둔 현실이나 피해자의 감정보다도 아직 드러나지 않은 '용의자'의 인권과 시효 쪽이 중요하다고 국회에서 답변한 것이다.

아마도 답변의 태반은 살해 현장을 본 적도 없거니와 유족과 이야기를 나눠본 적도 없는 담당부서의 인간이 준비한 답변지를 그대로 읽은 것에 불과할 것이다. 하지만 사람의 생명을 뭐라고 생각하고 있는 거지? 다섯 명이다, 다섯 명. 미처 꽃도 피우지 못한 어린 소녀가 무려 다섯 명이나 사라지고 말았다고!

나는 분개한 나머지 자리를 박차고 일어나 붉은 융단을 있는 힘껏 밟으며 그 자리를 떠났다.

법무성의 판에 박힌 답변에는 화가 났지만, 이 3일 후 야나기다 미노루 법무대신이 실언한다.

"법무대신은 두 가지 답변만 기억하면 됩니다. '개별 사건에 관해서는 답변드릴 수 없습니다.' 이건 참 좋은 말입니다. 그리고 '법과 증거에 따라 적절하게 대응하고 있습니다'. 이 말을 몇 번 사용했는지 모릅니다. 하하."

그런 거였구나. 나는 무릎을 쳤다. '법무대신 취임 축하 모임'에서 발언한 이 실언 때문에 야나기다 대신은 사임하게 된다. 저런 답변이 먹힌다는 사실에 분노를 느낀 사람이 나뿐만은 아니라는 사실을 알고서는 약간이나마 안도했다.

이즈음 피해자 유족과 검찰의 관계도 어긋나기 시작했다.

발단은 마미의 셔츠였다.

스가야 씨가 무죄가 되고 검사가 마쓰다 히토미 씨에게 사죄한 그날, 우쓰노미야 지검 검사는 "공소 시효가 되어서……"라며 진범 수사가 불가능하다는 사실을 전했다. 그때 마쓰다 씨는 검사에게 더 이상 수사를 안 하겠다면 딸의 유품을 돌려달라고 했다.

유품이란 사건 당시 마미가 입었던 옷이나 치마, 그리고 사건의 열쇠인 셔츠다. 사건 수사를 계속하지 않는다면 그 유품들을 돌려달라는 것은 당연한 요구일 것이다. 딸이 마지막 순간에 입었던 옷이다. 그것을 다시 보는 것은 괴로운 일이지만 국가가 불필요하다는 이유로 실수로 처분하기라도 해서는 곤란하다.

그 후 좀처럼 연락이 없었다. 2010년 3월 26일에 의사를 전달했는데 4월 들어서도 연락이 없어서, 경찰청과 도치기 지방 경찰청 간부에게도 의사를 전달했다. 7월이 되어서야 간신히 우쓰노미야 지검의 여성 검사에게서 전화가 왔다. "법원 수속이 끝나면 근시일 내로 유품을 돌려줄 수 있다"는 것이었다.

사건 이래 언론에 쫓겼던 마쓰다 씨는 마미의 유골을 납골하지 못한 채 이사를 거듭했다. 기일인 5월 12일과 생일에는 마미가 좋아하는 멜론이나 주스를 공양했다. 하지만 여러 일들이 마무리 된 8월에 납골하기로 결정하여 "유품을 함께 넣고 싶으므로 그때까지 부탁드립니다"라고 여성 검사에게 전했다.

증거품을 보관했던 우쓰노미야 지방법원에 대해서 검찰이 유품 환부 청구를 한 것은 그때쯤인 모양이다.

그런데 막상 증거품을 받자 검찰의 태도가 표변한다. 여성 검사가 "유품은 언제든 돌려드릴 수 있는 상태지만 셔츠만큼은 이쪽에서 보관했으면 한다"고 말한 것이다.

마쓰다 씨는 놀랐다. 그도 그럴 것이다. 수사를 계속할 수 없다고 그들이 말했기 때문이다.

"돌려주겠다고 해놓고서는 갑자기 셔츠만큼은 돌려줄 수 없다니 말의 앞뒤가 안 맞잖아요. 납득할 수 없습니다. 이야기가 다르잖아요."

항의했지만 들은 척도 안 한다. 그러기는커녕 놀랍게도 갑자기 "마미 아버지에게 연락을 해서 셔츠에 대한 보관 허가를 받았다"는 것이다.

그 이야기를 듣고 한 방 먹었다는 생각이 들었다.

또다.

완전히 똑같은 수법에 한 피해자 유족이 당했던 사실이 기억났기 때문이다. 이것 역시도 오케가와 사건이다. 사죄 회견장에서 "명예훼손 수사가 제대로 이루어졌다면 이런 결과가 일어나지 않았을 가능성도 있습니다"고 발언한 사이타마 경찰이었지만, 그 책임을 유족이 추궁하며 국가배상청구소송을 내자 무려 살인사건 수사를 위해서 압수했던 이노 시오리 씨의 유품을 사용해서 공격한 것이다. 시오리 씨의 유품이나 다이어리를 자신들 입장에 유리하게 해석하여 피해자에게도 문제가 있었던 듯이 주장했다. 그때도 사건 후에 유족이 몇 번이나 사이타마 경찰에게 유품을 돌려달라고 청구해도 돌려주지 않고, 결국에는 민사재판에서 공격 재료로 사용했을 정도다.

마쓰다 히토미 씨는 수 년 전에 이혼했다.

전 남편은 마미의 유골이나 위패를 남기고 집을 나갔다. 남매는 마쓰다 씨가 키웠다. 그렇기 때문에 검찰이 DNA형 감정 등의 협력을 요청했을 때 피해자 어머니로서 대응했다. 마쓰다 씨는 전 남편이 어디에 살고 있는지도 모른다. 검찰은 이전에 마쓰다 씨에게 갑자기 편지를 보낸 것처럼 전 남편도 찾아내서 허가를 받아낸 모양이다. 여성 검사는 "유품은 어머님 혼자만의 것이 아니잖아요"라고 말했다고 한다. 이제 와서 무슨 소릴…….

"왜 갑자기 여기서 헤어진 전 남편이 나오는 건가요. 일단 돌려주겠다고 했음에도 이제 와서 왜 셔츠는 나만의 것이 아니라고 하는 거죠?"

마쓰다 씨가 무릎에 고양이를 올려놓은 채 슬픈 듯이 분노하는 것을 나는 잠자코 듣고 있을 수밖에 없었다.

검찰이 공소 시효를 맞이한 사건의 셔츠를 법원에서 돌려받아 돌려주지 않는다. 왜 이렇게까지 셔츠에 집착할 필요가 있을까?

형사소송법 123조를 한번 살펴보자. 거기에는 이렇게 되어 있다. "압수물 중 유치할 필요가 없는 것은 피고 사건의 종결을 기다리지 않고 이를 돌려줘야 한다. (중략) 압수물은 소유자, 소지자, 보관자 또는 사출인의 청구를 통해 이를 돌려줄 수 있다."

나는 이 셔츠와 관련된 부조리나 의혹을 방송이나 잡지에서 보도했다. 그 기사를 읽은 가자마 참의원 의원이 법무부분회의에서 질의했다. 그러자 법무성 정무3역이 이렇게 답변했다.

"마미의 상속인은 어머님뿐만 아니라 아버님도 있습니다. 한쪽이 돌려달라고 주장하고, 한쪽이 돌려주지 않아도 된다며 검찰에서 가지고 있으라고 해서 어쩔 도리가 없습니다."

일부러 부친을 꺼내온 건 검찰 아닌가. 그것을 유족 측 문제고 검찰도 그 때문에 곤란하다는 식으로 대답한다는 게 말이 된다고 생각하는가.

행정감시위원회에서도 초점이 집중되었다.

"피해자의 셔츠가 왜 유족에게 반환되지 않는 건가요?"

가자마 의원의 날선 질문에 오가와 부대신은 "사정이 있기 때문이라고 생각합니다"라며 대답이 되지 않는 답변만 늘어놓을 뿐, 셔츠의 본래 역할에 관해서는 "진범이라고 생각되는 자의 DNA형은 이미 채취했습니다"라고도 대답했다. 검찰 쪽 스즈키 감정서에 의한 DNA형을 가리키는 것일 텐데, 그렇다면 셔츠는 증거품으로서 역할이 끝난 거 아닌가?

검찰의 목적은 대체 무엇일까?

일단 이 전말을 보도할 수밖에 없다.

역시 이해되지 않는 검찰의 행동에 불만의 목소리가 터져 나오기 시작했다. 검사 출신인 오치아이 요지 변호사도 의문을 품은 한 사람이었다.

"셔츠를 돌려주지 않는 이유를 모르겠습니다. 증거품 반환에 관한 절차가 형사소송법에 정해져 있습니다. 영문도 알 수 없는 이유로 돌려주지 않는다는 것은 위법 소지가 있습니다."

위법. 나는 그 발언을 메모했다. 오치아이 변호사는 이어서 이이즈카 사건과의 관련성에 관해서까지 언급했다. "당시의 감정 자체에 결정적인 실수가 백일하에 드러나는 사실을 두려워하고 있을 가능성이 있습니다."

나도 그 말에 동감이다.

전체 구도를 보았을 때 같은 결론을 내릴 수밖에 없다.

일본변호사연합회는 총리나 법무대신 등에게 '누명 원인 조사구명위원회 설치를 요청하는 의견서'라는 것을 보냈다. 이것은 누명 사건의 원인을 조사하려면 내부조사와 재발방지책만으로는 부족하며, 독립된 제삼자 조사기관 설치를 요청하는 것이었다. 이 의견서에도 아시카가 사건의 셔츠 반납을 검찰이 거부하고 있다는 사실이 담겨 있다. 일본변호사연합회가 셔츠의 보관 상황에 관해서 우쓰노미야 지검에 문의를 해도 검사는 "적절하게 보관되어 있다"고밖에 대답하지 않는다고 한다. 의견서는 "우쓰노미야 지검 검사들의 자세를 보건대 검사는 반소매 셔츠를 통한 DNA의 재재검증이 불가능해지는 것을 획책하고 있는 것이 아닐까 의심된다"며 통렬하게 지적했다. "조속히 반소매 셔츠의 DNA 재재검정을 시행하여 범인의 MCT118형을 포함한 DNA형을 제대로 밝혀내야 한다"고까지 적혀 있다.

확실히 셔츠를 다시 감정하면 스즈키 감정서와 혼다 감정서가 다른 문제도 해소될 가능성이 있다. 지금 상황으로는 검찰이 대조하는 것은 어디까지나 스즈키 감정서, 루팡과 일치한 것은 혼다 감정서로 결론은 평행선이다. 이래서는 언제까지고 루팡이라는 종착역에 도달할 수 없다.

스즈키 교수도 취재했다.

자신의 감정서에 대해서 어떻게 생각하고 있을까? 준코가 당사자와 전화 인터뷰를 시도했다. 스즈키 교수의 답변은 "자신이 있다거나 그런 것이 아닙니다. 데이터가 말한다. 그것뿐입니다. 과학의 힘으로 실시한 검사 데이터를 그대로 제출한 것"이라며 부드러운 어투로 대답했다.

오가와 부대신의 "진범이라고 생각되는 자의 DNA형은 이미 채취했습니다"라는 발언과는 톤이 상당히 다르다.

셔츠의 '재재감정'이 가능한지 물어보니 "우리는 그에 관해서 데이터가 이미 나왔습니다. 그와는 다른 결론이 나올지도 모릅니다"라며 대담한 발언을 했다.

같은 시기 경찰청을 뒤흔드는 어떤 사실이 부상했다.

과경연은 혼다 교수에 대한 의견서 중에 "혼다 교수는 감정에서 독자적인 방법으로 PCR 증폭도 실시하였으며, 보관된 시판 키트를 이용하지 않았다"면서 '키트'를 사용하지 않은 것을 비판 근거 중 하나로 삼았다.

DNA형 감정에 대해 잘 알고 있는 사사모리 마나부 변호사는 내 취재 중 이렇게 지적했다.

"재심에서 MCT118 판별법 감정 결과가 나오자 검찰과 과경연은 당황했죠? 그래서 혼다 감정은 시약 키트를 사용하지 않았다는 지점을 공략한 겁니다. 스즈키 씨의 감정은 키트니까 신뢰할 수 있다고 주장한 거고요."

그런데 설마 하던 사태가 발생했다.

스즈키 교수가 감정에서 사용한 메이커가 제조하는 키트에 문제가 발생한 것이다.

품질 관리가 제대로 되어야 하는 키트 제조 공정 중에 누군가의 DNA가 혼입되어 오염된 것이다.

신품 키트의 오염은 심각한 문제다. 경찰청이 도입한 그 키트는 이미 전국 경찰에서 2만 5천 건의 감정에 사용되었으며, 문제를 알아차리고 사용 정지시켰지만, 경찰청은 사태를 무려 수개 월 동안이나 은폐했다.

마쓰다 히토미 씨가 말한다.

"검찰은 셔츠를 돌려주지 않습니다. 그렇다면 제대로 재재감정을 해서 수사에 사용해달라고 해도 그것도 해주지 않아요. 대체 이 사건을 어느 지점에서 어떻게 끝내면 좋을까요. 이런 우리들의 마음을 아무리 말해도 검찰은 들어주지도 않고, 자신들의 실수를 인정하고 싶지도 않고, 성가신 일에는 관여하고 싶지 않다는 검찰의 보신만 느껴집니다."

이런 상태를 타개하고 싶다는 내 발버둥은 여전히 계속되고 있다.

나는 대승부에 나서기로 했다.

2011년 3월 6일, 특별 방송을 내보냈다.

〈ACTION 특별판 연쇄 아동납치살인사건에 새로운 사실 발각!〉이다. 〈문예춘추〉 연재 시 루팡에 대한 반향이 컸기 때문에, 지금이 바로 공격에 나설 때라고 마음을 굳혔다. 보도국 우스이 마사코 캐스터의 리드로 한 시간짜리 방송이 스타트되었다.

"우리들이 북관동 연쇄 아동납치살인사건으로서 취재해온 미해결 사건. 그 취재 과정에서 수상한 남자가 떠올랐습니다. 이 방송을 통해서 철저하게 검증하도록 하겠습니다."

"혼다 교수의 감정 결과와 완전 일치하는 인물이 있습니다!"

나 또한 해설자로서 스튜디오에 서서 루팡과의 감정 일치를 알렸다. STR법으로도 MCT118 판별법으로도 같은 결과가 나왔으며, MCT118 판별법에서는 '18-24'로 일치한다는 사실도 알렸다.

게스트는 와카사 마사루 변호사. 전 도쿄 지검 공안부장이다.

"어린 소녀가 다섯 명이나 살해 또는 행방불명되었습니다. 이 다섯 건의 연쇄사건을 검찰이 어떻게 판단하는지 예의주시하고 있습니다."

내 쪽에서는 바라지도 않던 고마운 발언이다. 검찰이여, 제발 움직여다오. 기도하는 듯한 마음으로 방송을 진행했다. 방송의 책임 프로듀서는 이번에도 스기모토 도시야. 이미 보도국 차장으로 승진한 그는 이 방송을 성사시키기 위해서 사내에서 열심히 뛰어주었다. 독자 조사로 부상한 수상쩍은 인물의 존재를 다루는 방송이다. 보통 각오로는 방송할 수 있는 것이 아니다.

방송 준비를 시작한 한 달 전, 그는 큰 눈을 더욱 크게 뜨고 이렇게 말했다.

"사표를 쓸 각오로 하겠습니다."

나 따위에게 초밥을 대접한 결과 이런 위험한 곳까지 오고 말았지만, 왠지 가슴이 찡했다. 그곳에 있는 것은 관리직이니 하는 것을 뛰어넘은 저널리스트로서의 박력이었기 때문이다. 언제든 내 주위에는 이렇게 나를 지탱해주는 사람들이 있다. 그렇기 때문에 줄이 끊어진 연처럼 어딘가로 날아가도 다시 돌아올 곳이 있다.

스튜디오에서 데즈카 카메라맨이 조작하는 카메라를 향해 우스이 캐스터가 말을 이었다.

"우리는 사건 해결 가능성을 믿고 수사 당국에 정보를 제공했습니다. 그사이 이 인물에 관한 방송은 자제하며 수사 진전을 기다렸지만 수사는 중단, 사건은 아직도 해결되지 않았습니다."

MCT118 판별법으로 지금까지 여덟 건의 유죄 감정이 인정되었다는 사실도 다루었다.

"이것은 정의라는 것을 어떻게 판단하는가 하는 문제라고 생각합니다. 다섯 명의 어린아이의 사건, 그것을 해결한다는 의지를 표명하는 것이 국민에게서 신뢰를 얻는 길이라고 생각합니다."

방송 마지막에 와카사 씨가 이렇게 말했다.

같은 날 뉴스에서도 같은 내용을 정리해서 반복 보도했다.

방송으로부터 이틀 후인 3월 8일에는 참의원 예산위원회에서 이 문제가 제기되었다. 2000년에 오케가와 사건의 태만 수사를 추궁했을 때와 같은 장소다. 마찬가지로 기적이 일어나지는 않을지 나는 마른 침을 삼키며 지켜보았다. 특별 방송 직후이기도 하고 총리나 내각 관료들이 늘어선 장소다. 사태가 움직이기 시작할 가능성은 있었다.

아리타 요시후 참의원 의원이 질의를 시작했다. 저널리스트이기도 한 아리타 의원은 '오움 진리교 사건' 보도로 명성을 떨쳤다. 그래서 그런지 이 사건에서도 자신의 눈으로 현장을 보고, 와타라세 강변을 걸으며 관계자 취재를 한 다음 질문을 던졌다. 그 정도로 깊은 관심을 갖고 있었다.

"와타라세 강변에서 목격된 남자, 니혼 텔레비전은 그 남자라고 생각되는 수상한 인물에 대해서 보도하고, 그 인물과 혼다 감정이라는 변호인 측 DNA형 감정 결과, 30여 군데에서 DNA가 완전히 일치했다는 사실이 취재로 판명되었다고 보도했습니다."

"나아가서는 월간 〈문예춘추〉에 니혼 텔레비전의 시미즈 기요시 사회부 기자가 글을 게재하기도 했습니다. 몇 조분의 1 정도의 가능성으로 DNA가 일치, 더구나 당일 파친코 점에서 마미와 이야기를 나눴을 가능성도 있는 남성, 이런 사실이 밝혀졌는데 국가공안위원장(경찰의 최고 관리기관인 국가공안위원회 수장, 경찰의 최고 책임자—옮긴이)은 이 사건에 대해서 어떻게 생각하십니까?"

질문을 받은 나카노 간세이 국가공안위원장이 일어섰다.

"경찰은 모든 가능성을 항상 인식하면서 법률과 증거에 의거해서 수사하고 있습니다만, 이미 재심에서 검찰 측이 시행한 DNA형 감정이 증거로 채택된 바, 이 사건은 그 결과 데이터를 이용하는 것이 적당하다고 인식하고 있습니다."

스즈키 감정의 결과만 인정한다는 답변이다. 예상대로라고 하면 예상대로지만, 이런 답변도 했다.

"지적하신 세 건, 합쳐 말하자면 다섯 건이라 해도 좋을지도 모릅니다. 또한 행방불명된 장소 및 시신 유기 장소가 아시카가 시내에 근접한 장소라는 사실 등에 의해서 일반적으로는 동일범에 의한 범행 가능성을 부정할 수 없다는 식으로 경찰도 인식하고 있습니다."

오오.

방청하던 나는 무심코 소리를 질렀다.

간신히 경찰조직의 정점에 서 있는 국가공안위원장이 '요코야마 유카리 사건'을 포함한 다섯 건의 사건에 관해서 동일범일 가능성에 대해 언급했다.

"관련성을 부정하지 않고 모든 가능성을 열어놓고 수사에 임해야 한다고 생각합니다."

나는 무릎 위로 주먹을 불끈 쥐었다.

오랫동안 참아온 욕구불만이 아주 조금 희망의 모습으로 바뀐 순간이었다.

4년 전, 망상이라고 할 수 있는 취재에서 시작한 '북관동 연쇄 아동납치살인사건'이 이날 드디어 국가도 인지하게 되었다. 국가공안위원장의 입에서 "수사에 임해야 한다"라는 발언까지 이끌어냈다.

사태가 움직일지도 모른다. 일본이 움직일지도 모른다. 나는 알 수 없는 기대감을 느꼈다.

"골프 연습을 하다가 이 남성을 목격한 사람은 만화 주인공 루팡 3세를 닮았다는 평가를 내렸습니다. '루팡'을 닮은 사내……."

국회의사당이라는 엄숙한 장소에서, 더구나 죽 늘어선 관료들 앞에서 루팡이라는 단어가 연호되었다. 간 나오토 총리까지도 답변을 했다.

"아시카가 사건은 4세 여아가 살해, 유기된 실로 가슴 아픈 사건입니다. 또한 범인이 아닌 스가야 씨가 오랫동안 징역을 살게 된 사건이기도 합니다. 근방에서 비슷한 사건이 다섯 건이나 발생했다는 지적도 있으므로 유사사건을 방지한다는 의미에서도 제대로 대응하는 것이 경찰에게도 필요하지 않은가 느끼는 바가 있습니다."

오오, 총리가 이렇게까지 말했다.

국가공안위원장이 그렇게까지 말했다.

검찰, 경찰청, 자, 어떻게 할 거냐!

또한 이틀 후인 3월 10일에는 〈문예춘추〉 4월호 발매가 예정되어 있었다. '이것이 진범의 증거!'라는 제목의 기사에서는 지금까지 보도해온 것들을 총망라. 이것이 마지막이 되어도 좋다는 마음으로 모든 것을 담았다.

6일에 특별 방송, 8일에 참의원 예산위원회 대정부 질의, 10일에 〈문예춘추〉.

내 나름대로 혼신의 승부에 나선 5일간이다.

무언가가 움직일 계기가 되지는 않을까. 다른 언론사도 이대로 잠자코 있지는 않을 것이라는 기대감에 나는 국회의사당을 뒤로 했다.

하지만 그것은 3일 후에 일어난 일로 인해 모든 것이 물거품으로 돌아가고 만다.

3월 11일. 동일본 대지진.

나는 카메라를 들고 우스이 캐스터와 여진으로 흔들리는 피해지역으로 향했다. 하필이면 대체 왜 이 타이밍에? 하늘을 원망하지 않을 수 없었다. 하늘이 루팡을 돕는 것일까?

그런 것이 머릿속을 스친 것도 한순간이었다. 차례차례 들어오는 정보는 지금까지 경험한 적이 없는 심각함을 담고 있었다. 원전이 폭발하고, 여진이 계속되고, 그 수조차 파악할 수 없을 정도의 사람들이 행방불명되었다. 지금 이 순간에 기자로서 해야 할 일은 무엇인가.

그것은 한시라도 빨리 현장에 나가서 카메라를 돌려서 취재한 사실을 전달하는 것이다. 지금 일어나고 있는 일들을 모든 사람들이 공유할 수 있도록.

간신히 도착한 도호쿠 피해지는 너무나도 광대했다. 나는 쓰나미가 할퀴고 간 흔적을 따라 해안선을 방황했다. 나토리, 시오가마, 이시마키, 미나미산리쿠, 기센누마, 오후나토, 가마이시, 야마다, 미야코, 다로, 구지……. 어디를 가든, 걷든 그곳에서 만날 수 있는 것은 끝없는 슬픔뿐이었다.

수개월 동안 피해지역과 도쿄를 왕복하는 날들이 계속되는 가운데 중단되었던 국회에서의 질의도 재개되었다.

5월 16일, 참의원 행정감시위원회.

지난 번 총리의 답변이 그 후 수사에 어떻게 반영되었는지, 가자마 나오키 참의원 의원이 경찰청의 가네타카 마사히토 형사국장에게 질의했다. 국장은 결국 이렇게 답변했다.

"아시카가 사건과 그 전후에 발생한 유아를 대상으로 한 흉악사건이 동일범에 의한 범행일 가능성은 부정할 수 없는 것이라고 인식하고 있습니다."

'전후'. 실로 중요한 표현이다. 그 후에 발생한 것은 요코야마 유카리 사건밖에 없기 때문이다. 즉, 드디어 경찰청도 연쇄 아동납치살인사건일 가능성을 인정했다는 것이다.

그렇다고는 해도 여전히 어딘가 썩 와 닿지 않는 답변이다.

"경찰로서는 계속해서 수사에 최선을 다하고 있습니다."

앵무새 같은 답변에 가자마 의원이 추궁했다.

"국장, 그것은 전형적인 관료 답변으로, 내 질문에 답변하지 않았습니다! 한마디로 대답하십시오. 새로운 수사를 지시했는지 안 했는지."

"종래 그런 관점에서 수사를 하고 있으며, 새로운 지시는 하지 않았습니다."

"총리가 긍정적인 답변을 했음에도 수사 당국은 움직이지 않았다는 건가요? 정치인의 지시를 실제로는 아직 반영하지 않았다는 거군요."

내 가슴 안쪽에 먹구름이 끼기 시작했다. 큰 기대는 하지 않았지만 그래도 "새로운 지시는 하지 않았다"는 답변은 대체 뭐란 말인가.

가자마 의원은 재차 수사를 요구했다. 경찰청은 동일범에 의한 사건일 가능성은 인정했지만 다섯 건의 사건을 '광역중요지정사건'으로 지정하지는 않았다. 이 정도의 대사건임에도 불구하고 대체 왜 그런 것일까?

가네타카 형사국장은 이날도 이렇게 답변했다.

"이들 중 아직 시효가 지나지 않은 사건에 관해서 그런 가능성을 시야에 두고 수사에 임하고 있는 바입니다."

또다시 시효라는 말을 썼다. 즉, 요코야마 유카리 사건 수사밖에 없다고 말한 것이다. 아무리 보도를 해도 꿈쩍도 하지 않는다. 오판에 의한 억울한 옥살이도 효과가 없다. 수사기관 간부 쪽에 직소를 해도, 국회의원이 요구해도, 국가공안위원장이 인정해도, 총리가 답변해도 움직이지 않는다.

결국에는 피해자 가족들도 행동을 개시했다.

아직 관동에서도 지진의 영향이 계속되는 와중이다. 아시카가 역과 가까운 시민회관 회의실에 다섯 가족이 처음으로 모였다. 계기는 요코야마 유카리의 아버지, 요코야마 야스오 씨가 보낸 한 통의 편지였다.

"안녕하십니까. 저는 군마 현 오타 시 파친코 점에서 행방불명이 된 요코야마 유카리의 아버지입니다. 갑작스런 편지 죄송합니다. 지금까지 아시카가에서 발생한 세 건의 사건은 동일범으로, 군마 현 두 건은 다른 범인으로 여겨져 왔습니다. 하지만 최근 다섯 건의 사건이 동일범에 의한 소행이라는 견해가 강해졌습니다. 그런데 검찰도 경찰도 수사를 해주지 않습니다. 따라서 한번 모두 만나 뵙고 뭔가를 할 수는 없는지 이야기를 나눴으면 좋겠습니다."

스가야 씨의 석방으로 사건을 둘러싼 지도는 크게 변했다. 하지만 자신의 딸은 누구에게 살해당했는가 하는 질문에는 그 누구도 답변해주지 않는다. 그런 가운데 루팡을 닮은 수상한 인물의 존재가 보도되었다. 유카리의 귀가를 계속 기다려온 부모는 그곳에 하나의 희망을 봤을지도 모른다.

서로 얼굴도 주소도 몰랐던 피해자 가족들을 연결하는 역할은 준코가 했다. 편지에 담긴 유카리 아버지의 마음은 다른 가족의 공감을 불러 아리타 요시후 의원도 동석하게 되었다.

요코야마 야스오 씨가 의자에서 일어서서 이야기를 시작했다.

"국회에서의 질의를 뉴스로 보았을 때 저도 뭔가를 하지 않으면 안 된다고 생각했습니다. 다만 저 혼자서 경찰이나 검찰에 호소해도 꿈쩍도 하지 않을 거라고 생각했습니다. 지금까지 수도 없이 경험했기 때문입니다. 하지만 다섯 건의 사건 피해자 가족 모두가 모여서 일치단결하면 무언가를 약간은 움직일 수 있지 않을까 하고……."

이렇게 말하고 고개를 깊이 숙였다.

이 말에 각자가 사건이 일어난 후의 일들을 이야기하기 시작했다.

연쇄사건의 첫 피해자, 후쿠시마 마나의 아버지 마모루 씨.

"사건으로부터 12년이 지난 어느 날, 범인이 붙잡혔다는 연락을 받았습니다. 스가야 씨입니다. 하지만 결국에는 우리 사건은 불기소 처분이 되었죠. 그 후 아내는 죽었지만, 스가야 씨를 범인이라고 생각하고 죽었습니다."

그 이야기를 듣고 이미 되돌릴 수 없는 현실도 있었다는 사실에 가슴이 아팠다.

"사건으로부터 30년이 지나 갑자기 스가야 씨가 범인이 아니라는 소식을 듣고, 더구나 진범은 그사이 시효 처리가 되었습니다. 이대로 계속 도망치게 놔두는 것만큼은 용서할 수 없습니다. 제 안에서 시효는 관계없습니다. 범죄는 범죄입니다. 어린아이가 이런 일을 당해도 좋은가 하고 항상 생각하며 살아왔습니다……."

마나 사건으로부터 5년 후, 피해자가 된 하세베 유미의 아버지, 히데오 씨는 딸을 파친코 점에 데려간 사실을 지금도 후회하고 있다.

"사랑하는 딸을 잃었습니다……. 딸이 없어진 날, 아내와 둘이서 세 시간 정도 찾았습니다. 하지만 보이지가 않아서……. 진범은 지금도 어딘가에 있다. 이것은 흔들리지 않는 사실입니다. 반드시 진범을 찾아내지 않으면 딸이 눈을 감지 못할 겁니다."

군마 현에서 살해당한 오사와 도모코의 아버지, 쥬고 씨는 사건이 발생했을 때는 일 때문에 홀로 도야마에 있었다. 열차도 없는 시간이었기 때문에 집까지 택시를 타고 달려왔다고 한다.

"도중에 찾았는지 몇 번이고 전화를 걸면서 돌아왔습니다. 택시로 돌아오는 그 시간이 얼마나 길게 느껴졌는지 모릅니다. 자택에서는 형사님이 역탐지 같은 걸 했습니다. 평화로운 동네라서 제 딸에게 그런 일이 일어났다는 사실을 도저히 믿을 수 없었습니다……."

현은 다르지만 바로 이웃 마을에서 연속되었던 아동납치살인사건에 대해서는 전혀 몰랐다고 한다. 도모코는 1년 2개월 후, 도네 강변에서 처참한 주검으로 발견되었다.

"유골을 보아도 그 아이라는 사실을 믿을 수 없었습니다. 하지만 복원한 얼굴 사진을 보니 역시 그 아이라서……. 이미 시효가 지났기 때문에 포기하고 있었지만, 역시 우리를 포함한 다섯 건의 연쇄사건이 아닐까 해서……. 루팡이라는 사내에 대한 의혹에는 진실미가 있다고 생각합니다."

그리고 마미의 어머니, 마쓰다 히토미 씨.

"처음에 경찰 입에서 나온 말은 '또인가'였습니다. 하지만 우리 집은 다음 날 바로 시신을 발견했습니다. 요코야마 씨처럼 아직 행방을 모른다거나, 하세베 씨나 오사와 씨처럼 1년 이상이 지난 유골로 발견된 것과는 다르다는 점에서 그나마 다행이라고 할 수 있습니다. 다른 분들의 심정은 충분히 이해가 됩니다."

나는 할 말을 잊었다. "그나마 다행"이라니. 같은 체험을 한 사람이 아니면 결코 입에 담을 수 없는 말이었다.

"그 이래 저 자신, 살아가는 일에 대해서 별로 집착은 갖지 않게 되었습니다. 부모로서 그 아이를 잘 키워내지 못했던 책임이라고 생각합니다. 딸의 삼주기가 끝난 후 '만약 외로우면 언제든지 마중 나오렴'이라고 그 아이에게 말했습니다. '엄마가 언제든지 그쪽으로 갈 테니까'라고."

마쓰다 씨는 나와의 만남에 대해서도 이야기했다.

"시미즈 씨가 취재하러 왔을 때, 처음에는 이제 와서 그 사건에 대해 물어봤자 무슨 의미가 있나 했습니다. 하지만 실제 만나서 이야기를 나눠보니 그때까지의 기자들과는 달랐습니다. 정말 의욕적이라는 진심이 전해졌습니다. '진범이 아닌 사람이 붙잡혔다'는 그 한마디에 제 마음이 움직였습니다."

진상을 알고 싶다. 결판을 내고 싶다. 가족의 마음은 역시 그곳으로 수렴한다. 지금까지 개별 취재를 했던 다섯 가족이 한곳에 모여 서로의 마음을 전하는 그 광경에 나는 신비한 감동을 느꼈다.

모임 이름은 '아시카가 · 오타 연속 미해결사건 가족회'로 결정되었다.

6월 29일, 참의원 의원회관에서 기자회견이 열렸다. 신문, 텔레비전, 잡지, 인터넷 뉴스 등 수많은 보도진이 몰린 가운데 요코야마 야스오 씨가 긴장한 얼굴로 마이크를 잡았다.

"철저한 수사를 경찰, 검찰에게 부탁하고자 이 가족회를 만들었습니다. 우리들 한 명 한 명이어서는 아무것도 할 수 없지만 모든 가족이 함께라면 움직일 수도 있을 거라 생각합니다."

그들이 바라는 것은 사건의 전면 해결이다. 회견장에는 가족회를 지원하는 아리타 참의원 의원을 비롯해 중의원, 참의원 등 국회의원 열 명도 함께 했다.

❖ 경찰의 재수사를 호소하는 유가족들

"다섯 건의 연속유괴사건입니다. 이런 사건은 사상 처음입니다. 그런데도 미해결인 채로 방치하고 있습니다. 만약 이래도 경찰, 혹은 검찰이 움직이지 않는다면 사법, 수사기관의 존재의의가 없다고 생각합니다."

가자마 의원의 호소에 미하라 준코 참의원 의원도 거들었다.

"다섯 건의 사건이 해결되지 않았다는 사실에 비상한 위기감을 느낍니다. 어린 소녀를 대상으로 한 사건의 재범률은 상당히 높습니다. 시효라는 벽은 있어도 무엇보다도 사건을 해결하는 것이 필요하다고 생각합니다. 시간이 지나도 잊히지 않게 해야 합니다."

오사와 쥬고 씨는 "경찰은 정의를 보여주었으면 합니다. 경찰은 약한 사람들의 편이었으면 합니다. 재수사를 부탁드립니다"라고 호소했다.

마쓰다 히토미 씨는 출석하지 않았지만 이런 코멘트를 남겼다.

"동일범일 가능성이 있다고 지적되는 가운데 아무것도 하지 않고 답변도 하지 않는 경찰의 무성의함에는 납득이 가지 않습니다. 진범은 경찰의 묵인하에 방치되고 있는 것이나 마찬가지입니다."

사실 회견 며칠 전에 물밑에서 어떤 움직임이 있었다. 갑자기 경찰의 움직임이 분주해졌다. 도치기 경찰이 마쓰다 씨에게 전화를 한 것은 회견 5일 전이었다.

"급하게 알려드려야 할 사실이 있습니다."

나는 미야기 현에서 재난 취재를 하고 있었지만 그 사실을 알고서는 신칸센을 타고 관동 북부 지역으로 돌아왔다. 마쓰다 씨의 집으로 찾아온 것은 두 사람의 도치기 경찰 간부였다. 그들은 도착하자마자 이렇게 말을 꺼냈다.

"루팡을 닮은 남자 말인데…… 범인이 아닙니다. 경찰청에서 통지가 있어서 오늘 요코야마 씨에게도 설명드리러 왔습니다."

검찰 추천 감정인이 검출한 데이터와 루팡의 DNA형이 일치하지 않는다는 귀에 먼지가 나도록 들어온 그 설명이다.

"셔츠에 부착되어 있던 DNA가 범인의 것이라는 전제로 말씀드리면 루팡이라는 남자는 범인이 아니라는 결론에 도달합니다."

경찰이 그 DNA를 범인이라고 단정했기 때문에 스가야 씨가 억울하게도 17년 반 동안이나 구속된 거 아닌가. 과거에는 '절대적인 증거'가 어느 틈엔가 '가정'의 이야기가 되었다.

마쓰다 씨가 그건 알았으니 셔츠를 돌려달라고 다시 말하자 간부는 "그것은 검찰청에 증거품으로 보냈기 때문에……"라며 말끝을 흐리며 도망치듯 자리에서 일어섰다.

같은 날 군마 경찰도 요코야마 씨 댁을 방문해서 같은 설명을 했다.

두 곳의 지방 경찰청 간부가 같은 날 움직였다면 이것은 분명 경찰청 지시일 것이다.

더구나 그 무렵 가족회를 지원하는 국회위원들 앞에도 경찰청 간부가 나타나서 면담을 요청했다. 그 내용 또한 루팡과는 DNA가 일치하지 않다는 내용이었다.

피해자 유족이나 나나 사실 루팡이 진범이든 아니든 아무래도 상관없다. 가족이나 내가 바라는 것은 진상 구명이자 사건 해결뿐이다.

경찰청은 대체 왜 이렇게까지 하는 걸까.

한산해진 저녁 무렵, 니혼 텔레비전 사원식당에서 때를 놓친 점심을 혼자 먹고 있을 때였다. 창문 너머 빌딩숲 사이에 국회의사당의 삼각형 지붕이 보였다. 그 안에서 루팡이라는 이름이 울려 퍼진 것이 상당히 오래전 일처럼 느껴졌다. 문득 눈길을 돌리자 요새처럼 빽빽이 솟아 있는 가스미가세키의 빌딩군이 보였다.

배우들이 멋대로 늘어나고 있다는 사실에 갑자기 짜증이 솟구

쳤다.

4년 전, 아시카가 사건 취재를 시작한 당초에는 도치기 경찰과의 충돌은 각오했다. 그런데 재심 청구 기각이라는 형태로 우쓰노미야 지방법원이 갑자기 무대에서 내려왔다. 무대는 도쿄 고등법원으로 옮겨가 담당은 고검이 되었다. '댁들이 시끄럽게 떠들어대니 어쩔 수 없이 해줄게'라는 식으로 실시된 재감정에서 설마했던 불일치가 뜨니 이번에는 과경연 등장. 태그 팀을 이룬 검찰과 과경연을 우쓰노미야 지방법원이 다소 타일렀지만, 한 번은 루팡을 뒤쫓았던 수사 당국 간부가 갑자기 내뺐다. 국회위원에게 추궁당한 법무성은 시효의 벽을 치덕치덕 수선, 경찰청이 움직여서는 군마, 도치기 경찰이 우르르 등장하나 했더니 피해자 가족을 회유하기 시작했다.

현장은 와타라세 강이다. 가스미가세키가 아니다.

고립되어 있던 보도였지만, 그래도 당국에 취재를 시도하는 다른 언론사의 기자는 있었다. 하지만 그런 기자에게 당국은 "그 보도는 완전히 틀렸다"며 일일이 부정하고 있다는 이야기를 들었다.

이제 곧 일몰이다.

태양이 빌딩숲에 가리면 가스미가세키도 어둠에 잠긴다.

나는 그 광경을 바라보며 다시 결심했다.

'이제 됐어. 그 사건도 취재하겠어. 어떻게 되든 내 알 바 아니야.'

나는 자리에서 일어서서 엘리베이터로 향했다.

하강 버튼을 누르는 감촉은 마치 무언가의 기폭 스위치 같았다.

10장

고개

7′
6′8″
6′6″
6′4″
6′2″
6′
5′8″
5′6″
5′4″
5′2″
5′
4′8″
4′6″
4′4″

나는 규슈로 떠났다.

후쿠오카 현 아사쿠라 시의 핫초 고개. 좀처럼 차가 다니지 않는 고갯길에 눈이 수북이 쌓여 있었다.

이곳은 두 명의 어린소녀가 시신으로 발견된 이이즈카 사건 현장이다. 이이즈카 사건을 계속 주시하기도 했고 사형 집행 보고를 들었을 때에는 그 최악의 타이밍에 아연실색했다. 하지만 "같은 DNA형 감정인데 이 사건도 억울한 누명입니까?"라는 질문을 받는다면, 나는 그렇게까지 단순하지는 않다고 답변할 수밖에 없다. 이 사건은 아시카가 사건과는 달리 DNA형 재감정이 불가능하다. 발견된 '범인의 DNA'는 과경연 감정 시 전부 소비되고 말았다고 한다. 그렇다면 이제 와서 어떤 깔끔한 결말을 바라기는 쉽지 않다.

이 사건에는 DNA형 감정 이외에도 증거가 있으며, 여러 목격 증언도 있다. 게다가 '누명 사건'은 애당초 내 업무 밖의 일이다.

하지만 결국 나는 이곳으로 오고 말았다.

어째서인지 끝없는 우회로를 계속 걷는 기분이다. 그래도 내 안에서 납득되지 않는 무언가가 이 땅으로 오게 했다고밖에 말할 도리가 없다. 이 사건 취재를 피해간다면 진상에 도달하지 못할 것 같다는 마음이 강해졌다.

두 명의 소녀가 살해되고 유기된 지 어느덧 20년. 현장에 무언가가 남아 있을 리도 없다. 끊임없이 내리는 눈이 구불구불한 산길을 흰색으로 바꿔놓고 있었다.

부식되어 오렌지색으로 변한 커브미러를 발견한 나는 그 옆을 통해 잡목림으로 내려갔다. 사전 조사를 통해 유기 현장이 도로에서 남쪽으로 약 9미터 떨어진 곳이라는 것을 파악했다. 그렇다면 이쪽인가……. 평소의 캐주얼 등산화로도 급경사면에서는 미끄러진다. 조심하면서 삼목 뿌리를 넘어 내려갔다. 커다란 바위 뒤쪽으로 돌아갔을 때 예상하지 못했던 것을 맞닥뜨린 나는 잠시 숨이 멎고 말았다.

작은 지장보살. 이끼가 낀 바위 그늘 아래 놓인 그 동그란 얼굴과 눈을 마주치고 말았다. 돌로 깎아 만든 두 명의 지장보살이 마치 눈과 비를 피하듯이 바위 아래에 사이좋게 얼굴을 나란히 하고 있었다. 이 지장보살들이 여기에 있는 경위를 생각하니 가슴이 저렸다.

문득 어디선가 소리가 들렸다. 산기슭의 유선 방송 차임이었다.

정오였다. 수풀 너머에서 들리는 멜로디는 베르너의 〈들장미〉다.

애조 섞인 선율을 들으며 나는 지장보살 앞에서 합장했다. 발밑은 차갑게 굳어버린 경사면. 두 소녀는 이런 장소에 반라 상태로 버려진 것인가.

앞말을 철회해야 할 것 같다. 아무것도 남아 있지 않은 장소가 아니다. 어린 소녀가 목숨을 잃은 상흔이 이곳에도 뚜렷이 새겨져 있었다.

❖ 현장에 놓여 있는 한 쌍의 지장보살

사건 발생은 1992년 2월 2일의 일이었다. 피해자는 이이즈카 시내의 초등학교 1학년생. 둘은 등교 도중에 누군가에게 납치된 것으로 보인다. 행방불명된 다음 날, 핫초 고개에서 시신이 발견되었고, 3킬로미터 정도 떨어진 S자 커브길 옆 구덩이에서 두 사람의 유품이 발견되었다. 노란 우산, 녹색 신발, 빨강과 핑크 책가방은 새것처럼 반짝반짝 윤이 났다.

구마 미치토시 용의자가 체포된 것은 사건 발생으로부터 2년 이상이 지난 1994년의 일이다. 구마 씨는 일찍부터 용의선상에 올랐다. 계기는 차량의 목격 증언이었다.

핫초 고개는 시가지에서 떨어진 산 속에 있었으며, 범행에는 차를 이용한 것으로 보인다. 끈기 있게 목격자를 찾던 후쿠오카 경찰이 책가방 등 유류품이 발견된 현장 부근에 정차했던 승합차를 목격했다는 남성을 찾아냈다. 남성은 승합차 색은 감색, 후륜은 더블 타이어였다고 증언. 경찰은 그 특징을 통해 차종은 마쓰다 봉고라고 확신했다. 또한 후부 창문에 검은 필름이 덧씌워져 있는 등 자세한 목격 증언을 통해 해당 차량을 구마 씨 소유의 차량이라고 단정 짓고, 구마 씨를 참고인 조사했다.

구마 씨는 범행을 전면 부정했지만, 경찰은 지리에 밝고 알리바이가 없다는 이유로 모발을 임의 제출시켰다.

과경연은 피해자의 몸이나 현장 나뭇가지에 부착해 있던 혈액으로 DNA형 감정을 시행했다. 바로 그 결함 마커와 MCT118 판별법의 조합이다. 혈액에서는 '피해자 것이 아닌 DNA형'이 검출되었는데, 과경연은 이것을 구마 씨와 마찬가지인 '16-26'형이라고 결론지었다.

하지만 이때 바로 체포는 하지 않는다.

스가야 씨 케이스와는 달리 자백을 받지 못한 상태였다. 차량 목격 증언과 DNA형 감정만으로는 공판을 유지할 수 없다고 판단한 것이다.

그래도 수사본부는 구마 씨에게 집착했다.

구마 씨의 행동을 계속해서 추적하고, 사진을 소지한 형사들이 근처 주민이나 지인에게 몇 번이고 탐문을 했다. 범인을 전제한 탐문이 아니냐며 구마 씨가 직접 경찰서에 따지러 간 적도 있었던 모양이다.

문제도 발생했다. 구마 씨가 경찰을 상대로 싸움을 벌이다 가위로 부상을 입힌 것이다. 신문에도 실렸다. 그 기사에 따르면 구마 씨는 자택 부근에서 차에 타고 잠복수사를 하던 사복경찰에게 "너는 어디의 누구냐"고 말하고는 다치게 해서 상해와 폭력행위로 체포되었다. 살인사건의 별건 체포가 아니라 다른 사건의 현행범으로서 벌금형을 받은 것이다.

차의 특징이 닮았을 뿐인데 경찰은 왜 그렇게까지 구마 씨에게 집착했을까?

구마 씨에게 '과거'가 있었기 때문이다.

이이즈카 사건 발생 약 3년 전인 1988년의 일이다. 같은 이이즈카 시내에서 소녀 I가 행방불명되는 사건이 발생했다. I는 이이즈카 사건의 피해자들과 같은 초등학교에 다녔으며, 사건 당시 역시 1학년이었다. 따라서 이이즈카 사건 또한 동일범에 의한 연쇄사건일 가능성이 부상했다. 그리고 결정적으로 I양이 행방불명되기 직전에 구마 씨 집에서 놀던 모습이 목격되었다. 구마 씨는 이 사건 이후로 경찰의 마크를 받았다.

당시 경찰청 형사국장이 현장을 시찰하러 방문했다. 아시카가 사건과 마찬가지다. 후쿠오카 경찰 입장에서는 경찰청이 관심을 갖는 중요사건이 된 것으로, 현장에는 무슨 일이 있어도 해결해야 한다는 긴장감이 팽배했을 것이다.

구마 씨는 사건 발생 7개월 후에 신차를 사기 위해 마쓰다 봉고를 업자에게 넘긴다. 경찰은 봉고를 압수, 1년 후에 차내에서 피해자와 일치하는 O형 혈흔과 소변이 발견되었으며, 피해자의 의류에 부착되어 있던 미세한 섬유조각이 차량 시트 천과 일치했다고 밝힌다.

DNA형 일치, 목격 증언, 차내 혈흔, 시트 섬유 일치. 조건은 충족되었다고 판단한 검찰과 경찰은 구마 씨를 체포한다. 사건 발생으로부터 약 2년 반. 경찰의 집념이 낳은 성과라고 할 수 있다.

구마 씨는 체포 후에도 일관되게 범행을 부인하지만, 1999년 사형이 선고된다.

후쿠오카 지방법원은 검찰이 제출한 증거를 모두 '정황증거'로 인정했다.

"피고인과 범행과의 연결을 증명하는 직접증거는 존재하지 않고, 정황증거에 의해서 증명할 수 있는 개개의 정황사실은 그 어떤 것을 검토해봐도 단독으로는 피고인을 범인으로 단정할 수 없다"고 판결문에 밝혔지만, 시신 유기 현장에서는 구마 피고인과 일치하는 DNA형이 발견되었다는 이유를 들며 "여러 정황을 종합하면 본건에 있어서 피고인이 범인이라는 사실에 관해서는 합리적인 의심을 넘어 인정할 수 있다"고 결론을 내렸다.

후쿠오카 고등법원은 항소한 구마 피고인에게 2001년 10월, 1심을 그대로 인정해서 사형 판결을 확정한다. DNA형 감정의 신빙성에 관해서는 아시카가 사건의 '대법원 2000년 7월 17일 판결'을 인용해서 MCT118 판별법은 신뢰할 수 있다고 했다.

2006년 대법원에서 사형이 확정.

그리고 2008년 가을 사형이 집행되었다.

내가 이이즈카 사건 취재를 망설인 것은 DNA형을 재감정할 수 없다는 현실과 여러 건의 '유죄 증거'에 대한 이야기를 들었기 때문이다. 다른 기자나 동업자도 "이이즈카는 확정적이야"라고 말하는 사람도 적지 않았다. 예를 들면, 이 사건으로 인터넷을 검색하면 위키피디아의 이이즈카 사건 항목에 도달하게 된다. 그곳에는 판결문 등을 인용하며 구마 씨의 진범 농후설이 상세하게 적혀 있다.(2013년 10월 현재)

목격 증언은 다음과 같다.

"다섯 건의 목격 증언을 통해 감색 후륜 더블 타이어에 창에 선팅 필름이 부착된 승합차 등의 특징을 가진 차가 범인의 차일 가능성이 지극히 높은 바, K가 같은 특징의 차량을 소유하고 있었다."

아시카가 사건의 DNA 재감정 결과의 불일치 후에는 이이즈카 사건의 경우, 증거는 DNA형뿐만이 아니라고 강한 논조로 지적하고 있다.

"MCT118 판별법은 절대적이지는 않다며 그 신빙성에 의문을 제기하는 기사가 다수 보도되었지만, 판결 또한 증거 능력의 부족함을 전제하고 있기 때문에, 애당초 양자의 견해는 대립하지 않는다."

대다수 사람들은 이 말에 수긍할 것이다. 자백은 하지 않았지만 차량 목격 증언이 다섯 건에, 혈흔이나 섬유조각이라는 물증, 형사에 대한 상해사건. 무엇보다 무려 피해(이 사건과는 다르지만) 소녀에게 말을 걸어 자택에 초대했다는 심증 또한 심증으로서는 최악이다.

당국은 말할 필요도 없다. 아시카가 사건과는 전혀 다른 사건이라고 단언했다. 예를 들면 아시카가 사건 재심 전에는 이런 기사가 신문을 장식했다.

"전직 검사도 '이이즈카와 아시카가는 닮은 듯하지만 입증 구조가 다르다. DNA형 감정은 어디까지나 상황증거 중 하나이며, 다른 증거도 많다'라고 단언했다."(아사히신문 2009년 10월 29일)

사형 확정에서 집행까지의 기간이 너무 짧다는 인식은 확실히 있다. 입막음을 위한 것이 아니냐라든가 은폐 아니냐는 일부의 목소리가 있었다는 사실도 알고 있다. 무엇보다 사형 집행 타이밍이 아시카가 사건 DNA형 재감정이 실시된다고 보도된 직후다. 음모론적으로 본다면 그렇게 생각하는 것도 당연하다.

하지만 지금까지 취재를 거듭해온 내 눈에는 일은 더 단순하게 보인다.

당국은 설마 수개월 후에 아시카가 사건 재감정에서 불일치가 뜰 거라고는 꿈에도 생각하지 않았던 것이 분명하다. 나머지는 수직적

조직인 법무성이 옆에서 어떤 일들이 벌어지고 있는지 신경도 쓰지 않은 채 사무적으로 일을 수행했을 뿐이다. 주변을 취재해도 그런 이야기밖에 나오지 않으며, 만에 하나라도 MCT118 판별법이 '문제가 될 수도 있다'는 가능성을 조금이라도 파악했다면 오히려 그런 위험한 사형을 집행할 리가 없다. 내게는 단순히 수직적 조직의 실수로밖에 생각되지 않으며, 이 실수야말로 후에 커다란 어둠을 형성하게 만드는 이유가 아닌가 한다.

사형 집행 1년 후, 구마 씨 아내와 변호인단은 후쿠오카 지방법원에 재심 청구를 한다.

지금까지 사형 집행 후에 재심이 열린 예는 없다. 이례적인 재심 청구라고 할 수 있다. 후쿠오카 지방법원에서 비공개로 재심 청구심이 열렸다. 판사, 검사, 변호인이 모인 삼자협의가 여러 차례 있었는데, 당연하게도 검찰은 재심은 불필요하다고 주장했다.

변호인단의 도쿠다 야스유키 변호사에게 이야기를 들었다.

"우리들은 '재심 준비'라는 이유로 구치소에서 구마 씨를 면회했습니다. 구마 씨는 아내나 목사님에게 '나는 죄를 짓지 않았습니다. 무죄입니다', '반드시 무죄가 선고 될 거야'라는 편지를 보냈습니다. 당연히 검열을 통과한 편지니까 적어도 후쿠오카 구치소는 재심 청구 예정을 알고 있었을 것입니다. 그런데 대체 왜……. 저는 재심을 막기 위한 방편이 아니었을까 생각합니다."

사형 판결이 확정되어도 재심 청구 중에는 형 집행을 삼가는 불문율 같은 것이 있다고 한다.

구마 씨 자신도 집행까지는 아직 시간이 있다고 생각했던 모양이다. 집행 약 두 달 전에는 시민단체에 이런 편지도 보냈다.

"진실은 하나밖에 없습니다. 저는 무죄입니다. (중략) 부당하게 체포된 제가 경찰의 고문에 의한 자백 강요에도 굴복하지 않고 무죄를 호소한 것은 법원이 진실을 알아줄 것이라는 희망을 품고 있었기 때문입니다. 하지만 반복된 사형 판결에 의해서 법원에 대한 신뢰는 사라졌습니다."(포럼 90에 보낸 편지)

법무성은 정기적으로 사형수 현장조사를 시행한다고 들었다. 그 조사표에는 재심 청구 움직임 등을 기록하는 곳도 있다고 한다. 구치소에서 보고가 올라가지 않았던 것일까?

모리 에이스케 법무대신은 사형 집행 후의 회견에서 "재심 청구가 있었다는 사실을 알고 계십니까?"라는 한 기자의 질문에 눈을 동그랗게 뜨며 놀랐다. 파악하지 못했던 모양이다. 갖고 있던 자료를 넘기며 한 장의 쪽지를 발견하고는 읽어내려 갔다.

"그 건에 관해서 공표하면 사형을 집행당한 자의 유족이나 피해자 유족의 심신의 안정을 해할 우려가 있기 때문에 답변은 삼가겠습니다."

모리 법무대신의 답변을 들은 나는 멘다 씨의 말이 떠올랐다.

"재심이 결정되었을 때 검찰이 뭐라고 말했을 것 같아요? '사형수를 계속 살려두니 이런 일이 벌어지는 거야.' 이렇게 말했습니다……."

그 성급한 사형 집행 뒷면에 이런 의도가 있었을지도 모른다.

내가 규슈로 간 것은 아시카가 사건과 같은 시기에 시행된 과경연 MCT118 판별법이 이이즈카 사건에서는 제대로 기능했는지 알고 싶었기 때문이다. 그런데 실제 조사해보니 이 사건 '범인의 DNA 시료'는 아시카가 사건 이상으로 상태가 좋지 않았으며 감정 또한 곤란한 상태였다.

사건 현장에서 채취된 혈액은 한 사람의 것이 아니었다. 과경연에 따르면 시료는 두 명의 피해자와 범인의 것이 섞인 '혼합혈'이라고 한다. 이 경우, 시료 감정은 현재의 최신 컴퓨터를 사용한 최첨단 기술로도 쉽지 않다고 한다.

과경연은 그 혈액에서 DNA를 추출하여 MCT118 판별법 감정을 실시했다. 결과, 겔상에 나타난 몇 개인가의 밴드에서 '피해자의 DNA형'과 '범인의 DNA형'이 나왔다.

한편 구마 씨가 임의 제출한 모발을 사용한 DNA형 감정은 다른 겔로 실시되었다. '범인'과 '구마 씨'의 DNA는 동시에 영동시킨 것이 아니다.

즉, 겔상에서 밴드 위치를 직접 비교할 수 없었다는 것이다. 그래서 각자 밴드의 위치를 '척도'의 눈금으로 확인해서 수치화했다. 그 결과, 범인과 구마 씨 양쪽 모두 '16-26'형으로 일치했다고 판정한다. 하지만 이때 사용된 척도가 바로 그 결함품인 '123마커'다. 의문이 생길 수밖에 없다.

동시 영동시킨 아시카가 사건 감정조차 재심에서 증거 능력을 상실했는데, 이 사건은 동시 영동시키지도 않은 결함 마커만으로 확인한 것이다.

또한 과경연 DNA형 감정 결과가 나온 후, 구마 씨는 바로 체포되지는 않았지만 뒤에서는 이상한 일들이 발생했다는 사실도 판명되었다. 검사가 직접 움직여서 제삼자에게 재감정을 의뢰했지만 그 결과를 증거물로 제출하지 않았다.

재감정을 의뢰한 곳은 도쿄 데이쿄대학 의학부 이시야마 이쿠오 교수다. 그런데 데이쿄대학이 전달 받은 감정 시료는 너무나도 양이 적었다.

네 개의 비닐봉지로 나뉜 1센티미터 전후의 연갈색의 얇은 섬유 네 가닥과 구마 씨의 모발뿐. 데이쿄대학은 시료의 양이 너무나도 적어서 MCT118 판별법으로 감정은 불가능하다고 판단하고 미토콘드리아법과 HLADQB법이라는 두 가지 방법으로 동시에 시험해 보았다.

그러자 섬유 조각에서 피해자 두 사람의 DNA형은 검출되었지만 구마 씨의 DNA형은 검출되지 않았다. 그것뿐만이 아니다. 미토콘드리아법으로는 피해자, 그리고 구마 씨와도 다른 DNA형이 검출되었다고 한다. 과경연 감정과는 모순되는 결과다.

후쿠오카 경찰은 이 결과에 어떻게 대응했을까? 지방 경찰청 본부장 이름으로 의뢰한 감정이었음에도 불구하고 시료가 적었기 때문에 구마 씨의 DNA형은 검출되지 않았다면서 데이쿄대학의 감정서는 증거로 채택하지 않았다.

경찰의 그 행동을 밝혀낸 것은 변호인단이었다. 데이쿄대학 감정의 존재를 알고 검찰에 자료 제출을 청구, 간신히 법정에 감정서가 제출되는데 법원은 검찰의 주장을 그대로 인정한다. 과경연 감정만 채택해서 사형 판결을 내린 것이다.

아시카가 사건에서는 니혼대학 의학부에서 시행한 스가야 씨의 모발 감정 결과를 우쓰노미야 지방법원이 기각했는데, 이이즈카 사건에서도 데이쿄대학 감정이 채택되지 않았다. 양쪽 사건 모두 판결문에서 감정은 "전문적인 지식과 기술 및 경험을 가진 자"라며 과경연 기술관을 높이 평가했는데, 과연 과경연만이 그렇게까지 높은 평가를 받아도 좋은 걸까? 나는 고개를 갸웃거릴 수밖에 없었다. 대학을 포함한 전문가의 인재 교류가 시행되고 있기 때문이다. 2009년 당시에는 과경연 소장이었던 후쿠시마 히로후미 씨가 이전에는 신슈대학에 재적했으며, 123마커의 결함을 지적했다는 사실은 앞에서도 밝힌 바 있다.

감정 기술에 대한 의문뿐만 아니라 과경연의 자세에도 의문을 품게 되는 점이 있다. 과경연은 데이쿄대학에 보낸 섬유 이외의 시료를 전량 소비했다고 한다. 모조리 사용해버렸기 때문에 재감정할 수 없다는 것이다.

원래 현장에서 채취된 시료는 다섯 종이 있었다. 두 사람의 피해자 몸에서 채취한 네 종의 혈액과 현장 나뭇가지에 부착되어 있던 혈흔, 합계 다섯 종이다. 시료 사진을 보면, 그것은 직경 1~2센티미터 정도의 탈지면 덩어리다. 하지만 그것이 데이쿄대학에 보내졌을 때는 실 모양 상태로 한 줄 씩 합계 네 가닥으로 줄어 있었다.

과경연이 1991년에 직접 작성한 〈수사와 감정을 위한 DNA형 분석〉이라는 책자에서는 감정에 필요한 시료의 양에 관해서 이렇게 적었다. "DNA형을 분석할 수 있는 혈흔의 양과 상태 정도, 2mm×2mm 이상의 크기." 상당히 적은 양으로도 충분한 모양이다.

이이즈카 사건 변호인 중 한 명인 이와타 쓰토무 씨는 이렇게 말한다.

"시료는 손톱 크기 정도의 것이 네 개나 있었습니다. 그 정도 양이면 100번을 감정할 수 있다고 합니다."

그렇다면 왜 이이즈카 사건에서는 대량으로 시료를 소비하게 되었을까? 법정에 제출한 감정 결과는 단 1회분이었는데 말이다. 이때 감정 담당자는 이이즈카 사건과 마찬가지로 주임연구관인 S씨 등이었다.

후쿠오카 지방 경찰청은 산하기관인 과수연 기술관의 조서도 받아두었다. 데이쿄대학에 시료를 보낸 것이 후쿠오카 과학수사연구소 소장과 기술관이었기 때문이다.

"구마 미치토시라는 남자가 사건 범인이라는 가능성이 높다는 견해지만, 과학경찰연구소 감정의 보완을 위해 제삼자 기관에 의한 감정을 시행할 필요가 있었습니다. 때문에 과학경찰연구소에서 사용하고 남은 시료를 사용해서 민간 연구기관인 데이쿄대학 이시야마 교수에게 재감정을 의뢰하게 되었습니다."

기술관은 과경연의 주임연구관 S씨에게 전화를 걸어 시료 반환을 요청했다. 그러자 S씨는 "'우리 쪽에는 감정할 수 있는 양이 남아 있지 않습니다. 그래도 괜찮다면 보내겠습니다'라고 했습니다."

미국에서는 언제든지 재감정이 가능하도록 시료를 남기고 보존하는 것이 DNA형 감정의 기본 전제다. 과학적 실험 결과를 범죄 증거로 삼는다면 그 증거가 흔들림이 없다는 증명을 위해서도 시료를 보존하는 것이 필수다.

사실 일본에서도 경찰관 실무 육법 범죄수사규범 안에 이런 조문이 있다.

"186조. 혈액, 정액, 타액, 장기, 모발, 약품, 폭발물 등의 감식에 있어서는 가능한 그 전부를 사용하지 말고 일부를 사용하고 남은 부분은 보존하는 등 재감식을 위한 고려를 해야만 한다."

과경연은 고작 네 가닥의 섬유조직으로 이 규범을 지켰다고 말하고 싶은 것일까?

1995년, 증인 신문에서 후쿠오카 지방법원에 출두한 과경연의 주심연구관 S씨는 변호사에게 이런 질문을 받았다.

"두 번 다시 실험 혹은 감정도 할 수 없는 상황인가요?"

"네, 그렇습니다."

"추가 감정 가능성을 생각하지 않았을 경우 보통 이렇게 됩니까?"

"결과를 내는 것이 최우선. 주어진 시료로 감정 결과를 내는 것이 최고라고 생각합니다. 반을 남겨서 결과가 나오지 않을 경우, 재감정을 해도 결과가 나오지 않을 수 있습니다. 그래서는 그 어떤 결과도 나오지 않지 않습니까."

이해는 되지만, 애당초 감정이 틀렸을 경우에는 어떻게 되는가.

어쨌든 이런 상태여서는 현장에서 채취한 시료 재감정은 불가능하다.

하지만 구마 씨의 DNA형에 관해서라면 가능하다.

사형 집행 후, 유족에게 구마 씨의 유품이 보내졌다. 변호인단은 의복이나 면도기 등을 가지고 독자적으로 감정을 시도했다. 감정인은 아시카가 사건에서 검찰이나 과경연과 인연이 깊은 쓰쿠바대학 혼다 가쓰야 교수다.

결과는 경악 그 자체였다.

지금까지 과경연 감정에서는 범인, 구마 씨 모두 '16-26'형으로 일치했다고 했다. 그런데 혼다 교수의 감정에 의하면 구마 씨의 DNA형은 '16-27'이라는 것이다. 또다시 결함 마커의 폐해일까?

과경연은 이이즈카 사건 감정에서는 MCT118 판별법 이외에 HLADQα법이라는 감정도 실시했다(이 감정 결과는 판결에서도 유죄 근거로 인정되지 않았다). 혼다 교수는 이 방법도 시행했지만 불일치. 더불어 혈액형에까지 의문 부호가 붙었다. 과경연은 범인과 구마 씨 모두 B형으로 일치했다고 했지만, 혼다 감정에서는 진범은 AB형이라는 가능성이 나왔다.

이것은 무슨 말일까?

혼다 교수의 감정 결론은 이렇다.

"혈액형은 B형, MCT118 판별법으로는 16-26형(18-30형), HLADQα는 1.3-3형이라고 하는데, 구마 미치토시 씨의 경우 그 어떤 검사에서도 상기 DNA형의 검출은 없다. 따라서 구마 미치토시 씨는 진범으로서는 완전히 배제된다."

데이쿄대학의 네 가닥의 섬유조직을 사용한 미토콘드리아 감정, HLADQB 감정에서도 구마 씨의 DNA형은 발견되지 않았으며, 이 감정을 통해 '제삼자 DNA형의 존재'의 가능성조차 지적되었다.

과경연 감정만이 구마 씨를 범인으로 지목하고 있는데, 그 겔 사진을 실제로 보면 '16-26' 밴드는 확실하게 보이지 않는다. '16'은 흐릿하며 '26' 밴드 쪽은 거의 보이지 않는다. 밴드라고 하는 위치에는 아시카가 사건과 마찬가지로 빨간색으로 마킹되어 있다.

데이쿄대학에서 감정을 실시한 이시야마 이쿠오 교수는 당시 후쿠오카 지방법원에 증인으로 출두했다. 그때 이 과경연 감정 사진을 보고 이렇게 증언했다.

"감정 방법이 거칠고 기술력이 낮습니다. 제 연구실이었다면 다시 하라고 말하고 싶습니다."

지금까지의 취재를 통해 알 수 있는 사실은, 다른 증거는 어쨌든 이이즈카 사건의 DNA형 감정 또한 상당히 수상했다. 나는 그렇게 생각하지 않을 수 없었다. 북관동 연쇄 아동납치살인사건 취재만을 생각하면 그 부분만 확인하면 된다. 하지만 이이즈카 사건의 증거는 DNA형 감정뿐만이 아니라 목격 증언이나 물증도 있었다. 따라서 이쪽의 유죄 판결은 바뀌지 않을 것이라고 나는 생각했다.

하지만 취재를 진행하니 다른 증언도 수상쩍었다.

먼저 차량 목격담이다.

위키피디아에는 '다섯 건의 목격 증언'이라고 적혀 있지만, 취재를 해보니 다섯 명 중 네 명의 증언은 인상이 상당히 흐릿했다. '사건 당일에 피해자가 다니는 초등학교 근처에서 감색 마쓰다 봉고라고 생각되는 차량을 봤다' 정도다. '유괴 현장을 목격했다'든가 '구마 미치토시를 봤다'든가 '차량 넘버를 봤다'라는 증언이 아니다.

다섯 명 중 단 한 명만이 핫초 고개의 유류품 발견 현장에서 목격했다고 증언을 했으며, 앞서 증언한 네 명의 목격 정보와 합쳐서 두 곳에서 감색 마쓰다 봉고 같은 차가 목격되었기 때문에 '마쓰다 봉고는 범인의 차량일 가능성이 있다'는 모양이었다.

1심 판결에서는 "거의 같은 특징을 가진 다른 자동차가 각각의 일시, 장소에서 목격될 가능성도 전혀 없지는 않지만, 오히려 이들 목격 사실에 비추어 볼 때 각각의 일시, 장소에서 목격된 자동차는 같은 것이며, 이것이 본건 범인이 사용한 자동차일 의심이 상당히 농후하다"라고 했다.

핫초 고개 목격자는 후쿠오카 현내에 사는 A라는 남성이었다.

사건 당일 아침 11시경, A씨는 경차로 핫초 고개를 내려가고 있었다. 유류품 발견 장소 부근을 통과했을 때 정차해 있던 감색 승합차를 목격했다고 한다. 진술은 다음과 같다.

"차량 번호는 모르겠지만, 표준 타입의 승합차로 메이커는 도요타나 닛산이 아닌 약간 오래된 형태의 차체의 색은 감색, 차체에는 라인이 없었고, 확실히 후륜타이어가 더블 타이어였습니다. 게다가 타이어의 호일 캡에 검은 라인이 들어가 있었습니다. (중략) 차창은 검게 선팅되어 있어서 차 안은 보이지 않았습니다."

상세한 증언이다.

봉고라고 지명한 것은 아니지만, 후쿠오카 경찰은 이 증언을 토대로 이 차량은 '마쓰다 스테이션 승합차 봉고 웨스트 코스트'라는 특별 사양 봉고라고 단정한다.

고등법원도 A씨의 목격 증언을 이렇게 인정했다.

"본건 범행에 사용된 차량이 어떠한 것인지는 수사기관도 전혀 파악하지 못했다고 인정할 수 있는 면이 보이며, 수사기관은 ○○(A씨)의 진술에 의해 처음으로 범행 차량이 ○○이 목격한 것이라는 의심을 가졌으며, 그로 인해 범인 차량에 대해서 감색 마쓰다 봉고일 가능성이 있다고 용의차량을 좁힐 수 있었다."

A씨는 차량 옆에 서 있었다는 인물에 관해서도 증언했다.

"커브 길에 차를 세워서 민폐라고 생각해서 시속 25킬로미터에서 30킬로미터 정도로 서행하면서 주차된 차를 바라보자, 진행 방향인 오른쪽 잡목림 속에서 남자가 한 명 나왔습니다. 그 남자는 제 차를 보고 놀랐는지 앞 쪽으로 미끄러졌습니다. (중략) 남자는 앞머리가 약간 없어 보였으며, 상의는 버튼으로 잠그는 옅은 갈색 조끼, 그 아래에 흰색 긴소매 셔츠를 입고 있었습니다."

수상한 인물에 대한 목격 증언도 상당히 세세하게 나왔다.

하지만 뭔가 이상하지 않은가?

왜 이렇게 상세한 걸까?

변호인단도 의문을 품었다. 현장은 S자 커브 고갯길이다. 10여 초간의 짧은 시간에, 그것도 위험한 고갯길에서 핸들을 조작하면서 그렇게 많은 정보를 확인하고 더구나 기억을 유지할 수 있을까? 경찰이 A씨에게서 진술조서를 받은 것은 목격한 지 17일 후의 일이다.

A씨는 마쓰다 봉고의 가장 큰 특징인 후륜 더블 타이어를 확인했지만 커브를 돌면서 운전석 창문에서 고개를 내밀어 후방을 돌아보았다고도 증언했다. 현장 검증 사진에서는 경차 운전석에서 A씨가 몸을 내밀어 후방을 돌아보고 있었다. 2월의 추운 고갯길에서 창문을 열고 고개를 내밀어 더블 타이어를 확인했다는 사실에 대해서 변호인단은 "있을 수 없는 행위"라고 지적했다.

덧붙여서 A씨가 승합차를 목격한 시점에는 살인사건에 대해서는 아직 공표되지 않았던 때다. A씨는 변호인단이 말하는 "일상의 한 컷으로서 일어난 목격"임에도 불구하고, 차량이나 사람을 상세히 관찰한 것이 된다.

변호인단의 의뢰를 받아 니혼대학 심리학 교실 이쓰쿠시마 유키오 교수가 목격 실험을 실시했다. 이쓰쿠시마 교수는 자민당 본부 방화사건 등에서 목격 증언을 검증하는 등 실적이 있는 행동 심리학자다. 이번 실험에서는 핫초 고개와 같은 S자 커브길에 비슷한 봉고를 놓았다. 차 옆에는 목격된 것과 같은 복장을 한 사람을 두고 증언과 동일한 행동을 시켰다.

피험자는 30명. 실험 목적이나 내용을 전하지 않고 목격자와 같은 속도로 각자 고갯길을 내려가게 시켰다. 게다가 A씨가 진술한 날보다 3일 빠른 14일 후에 질문을 던졌다.

결론부터 말하자면 A씨와 동일한 증언을 한 사람은 단 한 명도 없었다.

이쓰쿠시마 교수는 말한다.

“차량 목격에 관해서는 감색 차량이라든가 원박스 차량이었다라든가 하는 큰 특징은 나왔지만, A씨처럼 상세한 목격 증언은 나오지 않았습니다. 게다가 인물에 주의를 한 사람은 차량 설명을 하지 못했죠. 반면 차량 설명을 했던 사람은 인물에 대해서는 진술할 수가 없었습니다.”

봉고를 특징짓는데 중대한 의미를 가진 더블 타이어에 관해서는 알아차린 사람이 단 한 명도 없었다.

또한 A씨의 증언에는 “차체에 라인이 없었다”, “도요타나 닛산이 아니다” 같은 표현이 나온다. 이 사실에 관해서 이쓰쿠시마 교수는 ‘없다’는 증언은 ‘체험하지 않았던 사실’이 섞였을 가능성이 있다고 했다. ‘없는 경우’에는 아예 그 부분에 관해서 증언하지 않는 것이 일반적이지, ‘없다’고 굳이 증언하는 것은 자연스럽지 않다는 것이다.

마쓰다 특별 사양 봉고에는 본래 붉은 색으로 두 줄의 라인이 측면에 부착되어 있었다. 하지만 구마 씨는 구입 후 이 라인이 너무 화려해서 마음에 들지 않는다는 이유로 직접 떼어냈다고 한다. 즉, “차체에는 라인이 없었다”다. 그리고 이 특징이 바로 목격된 차가 구마 씨의 것이라고 경찰이 확정하는 근거 중 하나가 되었다.

이쓰쿠시마 교수는 이 증언에 대해서 감정서에 다음과 같이 지적했다.

“A씨의 기억에는 A씨가 직접 체험한 기억을 넘어선 다른 기원에 근거한 기억이 혼입되어 있다."

대체 무슨 뜻일까? 그런 일이 있을 수 있을까?

하지만 이후 이쓰쿠시마 교수의 이 지적이 마치 예언처럼 들어맞게 된다.

이번에도 검찰이 채택하지 않은 증거 중에 있었다.

삼자협의 중 변호인단은 검찰에 구마 씨의 차량을 특징짓게 된 수사 경위를 제시하라고 요구했다. 그 결과, '수사 보고서'가 존재한다는 사실이 판명되었는데, 그곳에는 A씨의 목격 조서를 녹취하기 이틀 전인 3월 7일에 한 수사관이 구마 씨 집에 가서 그 봉고에 '라인이 없다'는 사실을 직접 확인했다고 기록되어 있었다. 더구나 그 수사관은 그 후 A씨에게 목격 증언을 받은 인물이다.

이래서는 목격 증언이 A씨의 순수한 기억에 기반하는지, 아니면 그 수사관이 "차량에는 라인이 있었습니까?"라는 식으로 질문에 의해서 얻어진 것인지 알 수 없게 된다. "다른 기원에 근거한 기억이 혼입되어 있다"는 것은 바로 이런 뜻이다.

그렇게 되면 문제는 라인만이 아니게 된다. 수사관은 차량 메이커나 차종, 선팅 유무 등도 사전에 알고 있는 상태에서 A씨의 목격 조서를 작성한 것이 되기 때문이다. 항소심 판결에서의 "본건 범행에 사용된 차량이 어떠한 것인지는 수사기관도 전혀 파악하지 못했다고 인정할 수 있는 면이 보이며, 수사기관은 ○○(A씨)의 진술에 의해 처음으로 범행 차량이 ○○이 목격한 것이라는 의심을 가졌으며, 그로 인해 범인 차량에 대해서 감색 마쓰다 봉고일 가능성이 있다고 용의차량을 좁힐 수 있었다"는 전제와 모순된다.

아시카가 사건에서 형사들이 스가야 씨에게 와타라세 강 현장에서 발견된 족적 사진을 보여주며 신발 밑창 그림을 그리라고 한 이야기를 기억하시는가. 그 사실이 연상되지 않을 수가 없다.

이렇게 되면 북관동 연쇄 아동납치살인사건과 관계가 없더라도 보도하지 않을 수 없는 사태라 할 수 있다.

나도 목격 증언에 대해 검증을 해보기로 했다.

같은 타입의 경차 운전석에 앉아서 사진과 같은 각도까지 돌아보았다. 확실히 반대 차선 차의 후륜을 식별하려면 돌아보지 않고서는 불가능했다. 눈이나 목만 돌려서는 도저히 보이지 않는다. 창을 열고 상반신과 목을 크게 비틀자 간신히 보였지만, 실제로 해보니 상당히 위화감이 있는 데다 운전 중에 이런 행위가 가능하다고는 생각되지 않았다.

현장인 S자 커브길에 50미터 줄자를 가지고 가서 세세하게 측량했다. 가드레일이나 커브미러 위치를 기준으로 목격된 차량의 정차 위치나 목격 각도를 조사했다. 그 후 입수한 상세한 데이터나 지도, 위성사진 등을 이용해서 CG로 목격 상황을 재현해보았다. 물론 방송하기 위해서다.

CG는 드라이빙 뷰, 즉 목격한 운전기사의 시선으로 작성했다.

녹음이 우거진 S자 커브를 증언에 기반하여 시속 25킬로미터로 내려간다. 오른쪽으로 감색 승합차가 가까워진다. '위험을 돌아보지 않고 1초 동안 뒤돌아보았다'라는 설정으로 창에서 몸을 내밀어 뒤

돌아본다. 과연 승합차 디테일이나 옆에 서 있는 인물의 복장이나 헤어스타일까지 보일까?

방송 전에 이 CG를 몇 명인가에게 보여주었는데, 보이기는커녕 이렇게 일순간에 스쳐지나가서는 시청자에게 상황을 설명하는 것조차 불가능하다는 것을 깨달았다. 따라서 CG를 몇 번이고 중간에 멈추거나 반복해서 보여줌으로써 더블 타이어나 뒤쪽 창문의 필름, 라인의 유무 등을 설명하는 식으로 변경했다. 그래도 알기 힘들어서 최종적으로는 CG의 움직임을 완전히 정지시키고 적당한 곳에 색을 입혀서 반짝거리게 할 수밖에 없었다.

즉, 일순간에 그 만큼의 내용을 구분하는 것은 불가능하다는 사실을 알게 되었다.

검증해보고 나니 너무나도 의문점이 많은 목격 증언이었다.

나는 A씨 자택을 찾아가서 취재를 시도했다.

현관 앞에서 회사 이름을 알리고 취재를 요청했다.

"실례합니다. 20년 전 사건 취재를 하고 있습니다."

여기까지 말하자 A씨가 굳은 표정으로 갑자기 이렇게 말하고는 문을 쾅 닫았다.

"아뇨, 할 말 없습니다. 그만 돌아가시죠."

놀랐지만 다시 한 번 더 말을 걸고는 하다못해 명함이라도 건네고 싶다고 말했다. 하지만 그것조차 받으려 하지 않았다. A씨에게 따지러 온 것도 아닌데 왜 이렇게 완강히 거절하는 걸까?

만약 목격 증언이 뒤집어지면 어떻게 될까?

목격 증언 외의 증거로는 구마 씨의 마쓰다 봉고에서 발견된 O형 혈흔이 있다. 경찰은 차량을 압수한 시점에 철저하게 차내에 루미놀 반응 검사를 실시했는데 그때는 혈액 반응이 나오지 않았다. 그런데 신기하게도 그로부터 1년 후, 잘라낸 시트 천 안쪽에서 혈흔이 발견되었다는 이유로 감정. 이것이 피해자의 혈액형과 일치했다고 한다. 하지만 O형은 구마 씨 가족 중에도 있다.

피해자 의류에 부착되어 있던 섬유와 봉고 시트 섬유가 일치했다는 증거도 있지만, 지방법원 판결에서는 "피해 아동의 의류에 부착되어 있던 섬유 조각이 마쓰다 스테이션 왜건 웨스트 코스트에서 탈락된 섬유 조각이라고 단정할 수는 없다"고 결론지었다. 항소심에서는 "마쓰다 웨스트 코스트 좌석 시트 섬유와 의류에 부착된 섬유와는 극히 유사하여 거의 일치한다고 인정할 수 있다"로 변경되지만, "부착 섬유에 관한 감정 등의 결과는 (중략) 각 목격 진술을 보강하기 위한 것이며, 목격된 차량이 마쓰다 봉고라는 주장을 결부시키면 본건 범인의 차량이 마쓰다 봉고 이외의 차종일 가능성은 현실적으로 극히 희박하다"며 유추한다. 하지만 이 말은 모든 것이 정황 증거이며, 그것들이 서로를 보강해주는 구조라는 뜻과 매한가지다. 따라서 목격 증언이 뒤집어지면 다른 것도 모조리 무너져내린다.

DNA형 감정은 수상쩍고, 다른 증거도 빈약하고, 혹시 이이즈카 사건도 누명 아닌가 하는 의혹이 커져가는 가운데, 목격 증언의 진위조차도 날려버릴 만한 정보가 들어왔다.

또다시 과경연과 관련된 문제였다.

혼다 교수와 통화 중에 그 사실을 처음으로 들었다.

"정말 놀랐습니다. 완전 다른 밴드 같은 게 있더군요. 그것도 사진 바깥에요. 증거 사진이 커트되었던 모양이에요."

나는 교수에게 몇 번이고 다시 물어봤다. 처음에는 좀처럼 의미가 이해되지 않았지만, 차츰 사태가 파악된 나는 아연실색했다.

급히 쓰쿠바대학으로 가서 혼다 교수에게서 직접 이야기를 듣기로 했다.

계기는 예의 삼자협의 중에 감정서에 첨부되어 있던 겔 사진의 '필름'을 법원에 제출하게 한 것이었다. 도착한 필름을 변호인단이 디지털 카메라로 찍어서 혼다 교수가 컴퓨터로 해석했다. 그러자 놀라운 사실에 도달하고 말았다.

법원에 제출된 감정 사진이 트리밍되었던 것이다.

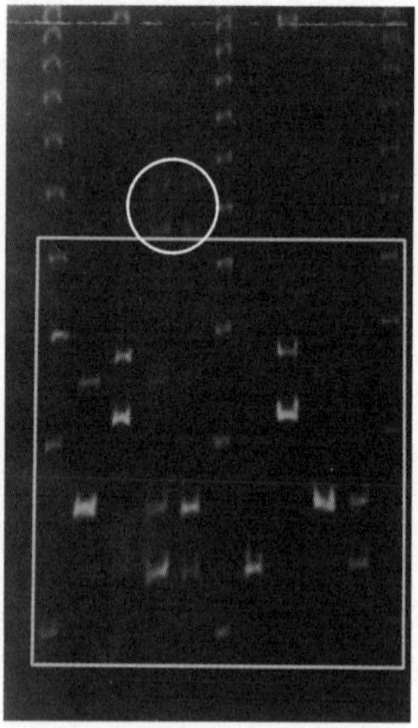

❖ DNA 사진 원본
사각형이 법원에 제출된 사진
동그라미가 커트된 '41–46'

전체 사진인 줄 알았지만 사실은 일부만 증거로 제출한 것이었다. 필름에는 실험을 마친 겔 전체가 찍혀 있다. 하지만 법원에 제출된 사진에는 위쪽 부분을 크게 잘라내어 실험 결과의 일부를 볼 수 없게 가공한 것이었다. 더구나 커트된 부분에는 밴드 같은 것이 확실히 찍혀 있었다. 형은 '41-46' 언저리. 동시 영동된 결함 마커로는 정확한 수치를 낼 수 없기 때문에 이 밴드 기록을 삭제한 것이다.

피해자 것도 구마 씨 것도 아닌 무려 제삼의 DNA형이 있었던 것이다.

아시카가 사건에서는 감정 시의 필름을 소실했다고 알려져 있었다. 하지만 이이즈카 사건의 필름은 변호인단의 청구에 의해서 예전에 법정에 제출된 적이 있으며 변호인단도 목격했다. 그때의 작은 필름으로는 커트된 밴드의 존재를 변호인단도 알아차리지 못했다고 한다. 한 번은 증거로 채택된 필름이다. 아시카가 사건의 필름처럼 분실했다고는 변명하지 못한 채 어쩔 수 없이 과경연이 제출에 응한 결과가 이것이었다.

커트된 '41-46'형 밴드.

그것이 무엇을 의미하는지 간단히 단정할 수는 없다. 하지만 진범의 DNA형일 가능성 또한 아직 부정할 수 없다. 게다가 이것은 법원조차 몰랐던 사실이다.

이 점을 지적하니 검찰은 이것을 '엑스트라 밴드'(실험 목적 이외의 밴드)라며 DNA 밴드가 아니라는 반론을 개시했다. 엑스트라 밴드라는 것이 대체 어떤 것인지 취재를 해봤지만 명확하게 답변할 수 있는 사람은 거의 없었다. 그나마 알게 된 사실은 '가끔 실험에서 출현하는 DNA 이외의 것'이라는 의미인 모양이다. 엑스트라 밴드인지 아닌지는 실험을 여러 번 거듭하면 알 수 있는 모양이다. 같은 실험을 반복했을 때 문제의 밴드가 사라지면 엑스트라 밴드라고 한다. 거의 전량 소비할 정도의 실험을 반복한 과경연이라면 그 실험 결과도 남아 있을 것이라, 법원은 "다른 자료나 실험 노트가 남아 있지 않은지 조사하라"고 지시했다. 그런데 과경연은 다른 사진이나 필름, 노트 등은 이미 처분했다고 답변했다. 그렇다면 엑스트라 밴드라고 주장하는 근거가 무엇일까?

변호인단은 당연히 이 사실을 문제 삼았다.

"직접 실시한 DNA 감정의 진실을 어둠 속에 묻어버리겠다는 명확한 의도하에 원본 필름이나 실험 노트를 폐기한 것이라고 볼 수밖에 없다."

검찰은 사진을 커트한 이유에 대해서 감정서의 사이즈 탓을 들었다. 하지만 감정서는 사실 전체 사진도 충분히 들어갈 크기이기 때문에 이렇게 말하는 근거를 알 수가 없었다. 실제로 감정서에 있는 다른 한 장의 사진, 구마 씨의 모발 DNA형 감정 결과는 더 큰 사이즈로 게재해놓았다. 만약 사이즈가 커서 들어가지 않는다면 축소하거나 별첨하면 될 일이다.

원본 필름을 통해 판명된 사실은 그것뿐만이 아니었다.

이이즈카 사건에서는 과경연이 피해자 감정도 시행했다. 시신의 심장에서 뽑은 혈액을 사용한 감정이 실시되었으며, 감정 시료로서 상태는 나쁘지 않을 터였다.

그 결과, 피해자 A는 '18-25'형, B는 '23-27'형이라고 했다. 그런데 원본 필름을 해석해보니 피해자의 혈액에서 '16'형 주변에 밴드가 보인다는 사실이 판명되었다. '16'은 범인의 DNA형이다.

대체 어떻게 된 일일까?

혼다 교수의 설명이다.

"피해자 혈액에서도 가해자의 DNA형 밴드가 보인다는 사실은 DNA 추출에 실패했거나, 실험자의 오염에 의한 것이거나, PCR 증폭 실패로 나올 리가 없는 밴드가 나왔다거나 하는 등 여러 가능성이 있습니다."

원인으로 볼 수 있는 가능성을 열거한 뒤 이렇게 지적했다.

"어쨌든 피해자 단독 시료에서 나온 밴드를 범인의 DNA형으로 판단하는 것은 절대로 불가능합니다."

그것은 그렇다. 피해자 심장의 혈액 속에 가해자 DNA가 들어갈 가능성은 제로다. 이것도 프린트로는 알 수 없는 일이었다. 감정서 사진은 어째서인지 어두워서 '16'이 보이지 않는다. 이 사실이 원본 필름 분석을 통해 처음으로 밝혀지자 검찰은 이렇게 해명했다.

"이것은 밴드가 아니라 겔을 염색했을 때 번진 것입니다."

도쿠다 변호사가 기자회견에서 반론했다.

"엑스트라 밴드라든가 염색 실수라든가 그런 문제가 아닙니다. 본질은 감정 사진을 조작했다는 것입니다. 어쩌면 진범의 DNA형일지도 모르는 것이 찍혀 있었다. 그 논의조차 하지 않고 잘라버린 것입니다. 이제 와서 설명할 수 있는 간단한 일이라면 처음부터 감출 필요는 없습니다. 보고서에 제대로 기재했어야 합니다. 따라서 우리는 이번 일을 조작으로 보고 있습니다."

사실이 이 정도로 밝혀지고 나니 그런 의혹을 씻을 수는 없었다. 나 같은 초보자가 보더라도 왜 감정 사진을 '41-46' 바로 아랫부분에서 잘랐는지 도무지 의혹을 떨쳐낼 수가 없다.

이와타 변호사는 이이즈카 사건은 표적수사가 아니었겠냐고 말한다. 1988년 I양 행방불명사건 직전, I양이 구마 씨 집에 있었다는 정보와 이번 사건을 억지로 결부시킨 것 아니냐는 것이다.

수사를 담당했던 수사관이 법원에서 구마 씨에 대해서 다음과 같은 증언을 했다.

"I양이라는 초등학교 1학년생이 사라진 사건이 있었는데 마지막 접촉자라고 해야 할지, 목격자라고 해야 할지 그런 사람입니다. 구마 피고인 집에 놀러왔다가 그 이후 행방을 알 수 없게 되었습니다. 그 이후 목격자는 없습니다."

하지만 취재를 해봤더니 사실은 조금 달랐다.

확실히 그날 I양은 구마 씨 집에 왔었던 모양이다. 하지만 그것은 I양 남동생과 함께였다. 그리고 그 남동생은 구마 씨 아들과 유치원 친구였다. 그 일요일, 구마 씨는 정원 담벼락에 니스를 칠하고 있었고 부인도 집에 있었다. 어린 소녀에게 흑심을 품고 집에 데려온 케이스가 아니라, 어린아이가 있는 지극히 평범한 가정에 평범하게 친구가 놀러왔을 뿐 아닌가.

구마 씨 체포 다음 날, 경찰은 가택수사를 철저하게 벌였다. 정원에 커다란 구멍까지 파는 등 사건에 관련된 물증이나 소아성애자라는 증거를 얻으려 했지만 무엇 하나 발견되지 않았다.

구마 용의자가 저질렀다는 경찰 상해사건도 그렇다. 신문 기사에 따르면 차 안에 잠복해 있던 사복경찰에게 "너는 어디의 누구냐"며 트집을 잡다가 가위로 부상을 입혔다는 사건 말인데, 관계자는 이렇게 말한다.

"형사는 구마 씨 집 쓰레기를 회수하려 했다고 합니다. 그 사실을 알아차린 구마 씨가 누구냐고 따지다가 드잡이를 하게 되었습니다. 그때 들고 있던 가위에 형사가 부상을 입었습니다. 하지만 형사들은 신분을 밝히지도 않고 신분증을 제시하지도 않고 도망쳤습니다. 그렇기 때문에 공무집행방해는 성립하지 않고 상해사건이 된 것입니다. 그런데 훗날 이 형사 중 한 명이 자살을 합니다."

자살 이유가 부적절한 수사 문제에 의한 것인지 아닌지 그 진상은 알 수 없지만, 그 후 이이즈카 사건 수사는 자살한 형사의 복수전 양상을 띠었다고 한다.

여기까지 이르렀을 때 나는 도쿄에서 오래된 신문과 인터넷만을 통해 사건을 판단했던 자신을 한탄했다. 확실히 현장 취재를 거듭하기에는 거리도 있고, 이 사건까지 뛰어들기에는 무리가 있었다. 하지만 아무리 그렇다고 하더라도 이 사건에 대해서 섣불리 아는 척을 해서는 안 되었다.

도쿠다 변호사 인터뷰를 마친 나는 선술집 구석에서 그와 잡담을 나눴다.

문득 생각했다. 1심부터 변호를 담당하고 피고인이 사형 집행된 후에도 재심을 위해서 분주히 뛰어다니는 이 사람은 실제로 구마 씨를 어떻게 판단하고 어떤 마음으로 변호를 계속하고 있는 것일까? 나는 젓가락을 잠시 내려놓고 도쿠다 씨에게 진지하게 물어보았다.

"새삼스럽게 여쭤보겠습니다만, 도쿠다 씨는 이 사건을 무죄라고 믿고 계신가요?"

도쿠다 변호사는 내 질문에 잠시 고개를 숙였다. 그리고 다시 고개를 들고 자세를 바로하고는 부드러운 눈빛으로 이렇게 말했다.

"사형이 집행된 이후 특히 그런 마음이 강해졌습니다. 저는 구마 씨가 무죄였다고 생각합니다. 그리고 좀 더 빨리 재심 청구를 했더라면 사형은 집행되지 않았을 거라고……. 우리들이 죽인 거나 마찬가지입니다……."

어느 겨울 오후, 나는 이이즈카 시내 상점가에서 탐문을 하고 있었다.

사건 발생 당시 기사 중에 신경 쓰이는 내용을 발견했기 때문이다. 사건 당일에 한 가게 종업원이 피해자 두 사람을 닮은 아이들을 목격했다는 기사였다. 그게 피해자 두 사람이라면 시간 경과로 볼 때 구마 씨에게 알리바이가 발생한다. 그 진위를 알아보고 싶었다.

오랜 시간이 지난 상점가는 완전히 변해 있었다. 기사 속의 가게는 이미 창고로 바뀐 지 오래였다. 그래도 주변을 탐문하며 돌아다니자 두 사람을 목격했던 당시 점원을 찾아낼 수 있었다. 하지만 그 여성은 "빨강과 핑크 책가방을 멘 아이의 뒷모습을 봤을 뿐입니다.

기자들에게도 그렇게 말했는데요"라고 말할 뿐이었다. 처음부터 정확하게 그 두 아이라고 확인된 것도 아닌 루머성 기사였을 뿐이다.

고맙다는 인사를 하고 취재를 끝내려던 그 순간, 당시 점원이 신경 쓰이는 말을 불쑥 첨부했다.

"전에도 당신과 같은 걸 물으러 왔던 사람이 있었어요."

언제였냐고 물어보니 그리 오래 된 일이 아니라고 한다. 그리고 이렇게 말했다.

"그 사람은 체포된 사람의 부인이라고 말했어요."

말문이 막혔다.

이이즈카 시 외곽에는 재심을 청구한 구마 씨의 부인이 조용히 살고 있었다. 범인의 가족으로서 시민에게 박해받으며 집에 돌이 날아들어온 적도 있었다. 아이는 범인의 자식이라며 괴롭힘당했다.

그 가족이 현재 유족이 되어 국가를 상대로 필사적으로 싸우고 있다. 만약 승리한다고 해도 돌아오는 것은 명예뿐, 죽은 사람이 살아 돌아오지는 않는다.

나는 묻고 싶다. 사형 집행이 정말 옳았는지. 사법 관계자에게 아주 조금의 우려도 없었는지. 사실상 DNA형 감정을 근거로 사형을 집행하는 일에 주저는 없었는지.

말해두지만 나는 사형 반대론자는 아니다. 오히려 중죄에는 엄벌이 필요하다고 생각한다. 하지만 동시에 사형은 불가역 벌이다.

만에 하나라도 일어나서는 안 되는 일이지만, 그 만에 하나가 일어난다면 어떻게 하겠는가?

침묵하겠는가? 아니면 사죄하고 원인을 구명해서 재발 방지를 위해 노력하겠는가.

잠깐 멘다 사건 예를 들겠다.

강요된 자백으로 체포되어 34년이란 세월을 옥중에서 보내며 무죄를 계속 호소했던 멘다 씨는 결국 사형 판결을 번복시켰다. 그렇다, 멘다 사건은 있어서는 안 되는 '사형 오판' 사건이다.

그 재심에서 구마모토 지검 이토 데쓰오 검사는 마지막까지 멘다 씨에게 사형을 구형했다. 무죄가 된 후에는 상층부에 제출하는 원고용지 200매의 반성문을 쓰면서 "풍설을 버텨내는 수사. 시간의 경과에 좌우되지 않는 수사에 진력하는 것이 검사의 사명"이라며 자신에게 맹세했다고 한다.

그 멘다 씨 석방으로부터 고작 8년 후, 이번에는 대체 어떤 일이 일어났을까?

스가야 씨의 오인 체포다.

또한 17년 후, 이토 검사는 대검 차장검사라는 입장에서 스가야 씨 석방 후 기자회견장에서 "검찰로서는 진범이 아닌 스가야 씨를 기소하고 복역시켰다는 사실에 정말 면목이 없습니다"라고 사죄하게 된다.

변호사회관에서 멘다 씨와 스가야 씨 두 사람이 서로 악수를 나누었을 때 내 안에서 무언가가 걸린 것은 그것이었다.

전 사형수와 전 무기징역수가 사바 세상에서 악수를 나눈다.

난 그 광경에 '재발'을 느꼈다.

이런 사실이 있었음에도 검사들을 가볍게 "앞으로 두 번 다시 이런 사태가 발생하지 않도록 노력하겠습니다"라는 말을 입에 담을 수 있을까? 스가야 씨의 재심 법정에서 사죄한 검사들처럼.

반복되어서는 안 되는 실수.

도치기 현의 한 기자에게서 이런 이야기를 들은 적이 있다.

취재를 위해 현내 현장에 모인 보도진에게 경계 임무를 서던 제복 경찰이 당돌하게 말을 걸었다.

"스가야는 진짜 범인이라고."

놀란 기자들이 그 근거를 묻자 "선배가 그렇게 말했으니 틀림없어"라고 말했다고 한다. 아무런 근거도 없는 그런 말이 경찰 내부에 가득한 모양이다.

오인 체포라는 중대한 실수를 저질러놓고도 반성하지 않는 모양이다. 당시 수사의 부족함을 인식하지 못하고, DNA형 감정에 의존한 실수를 지금도 이해하고 있지 못한 현실. 앞으로도 변함없이 그런 이야기가 계속 돌고 돌 것이다. "과경연이 말하기를", "선배가 말했으니까", "진짜 범인이야"라는 딱지를 붙이면서.

1983년에 멘다 사건을 취재했을 당시의 일이 잊히지 않는다.

지금도 뇌리에 선명하게 각인되어 있는 그 표정.

구마모토 시내에서 멘다 씨와 저녁을 함께 먹고 택시에 탔다. 뒷좌석에서 창밖을 바라보던 멘다 씨가 문득 생각난 것처럼 기사에게 물었다.

"기사 양반, 당신은 멘다라는 사람을 어떻게 생각하시오?"

당시 구마모토 시내에서 멘다 사건을 모르는 사람은 없었다.

"그 사람 진짜로 죽인 걸까, 아니면 무죄인 걸까?"

핸들을 잡고 있는 운전기사 쪽에서는 어두운 뒷좌석의 얼굴이 보이지 않는다. 설마 당사자가 자기 차에 탔을 거라고는 꿈에도 생각하지 못했을 것이다.

"아, 멘다 말이죠. 그 사람은 사실 범인일 겁니다. 아무 짓도 안 한 사람이 체포되어 사형 판결까지 받을 리가 없죠. 지금은 일단 무죄가 되었지만, 제가 아는 경찰도 유죄라고 말하더군요."

운전기사는 이렇게 말하고 웃으며 핸들을 돌렸다.

"그렇군요……."

멘다 씨는 시선을 떨궜다.

인간은 이렇게까지 쓸쓸한 표정을 지을 수 있는 것이었던가.

차량 이동에 따라 가로등이 옆얼굴을 비춘다. 위로의 말을 열심히 찾았지만, 아직 젊었던 나는 말 한마디 건넬 수 없었다.

차에서 내릴 때 멘다 씨가 불쑥 말했다.

"그게 모두의 본심입니다."

고문 같은 취조로 자백시킨 경찰, 그 자백을 믿은 검찰과 법원, 그리고 그 사실을 그대로 전달하기만 한 언론. 무죄가 되어도 모든 사람이 '유죄'를 믿어 의심치 않는 현실을 나는 피부로 느꼈다. 나는 밤거리를 쓸쓸하게 걸어가는 멘다 씨의 뒷모습을 그저 바라볼 수밖에 없었다.

11장

경종

7′
6′8″
6′6″
6′4″
6′2″
6′
5′8″
5′6″
5′4″
5′2″
5′
4′8″
4′6″
4′4″

여기까지 읽었다면 다들 알 것이다.

북관동 연쇄 아동납치살인사건이 어둠 속에 묻혔다는 사실을.

다섯 명의 소녀가 모습을 감췄는데 이 나라의 사법기관은 죄가 없는 남성을 17년 반이나 감옥에 가두고 진범이 활개 치게 놔두었다. 열심히 보도도 했다. 옥에 갇힌 스가야 씨 자신이, 피해자 가족이 해결을 호소했다. 여러 국회의원이 문제를 제기했다. 국가공안위원장이 수사하겠다고 말했다. 총리가 지시했다. 범인 DNA형은 몇 번이고 감정하면 된다. 시효의 벽 같은 건 깨부술 수 있다. 그 사실은 이미 밝혔다. 그럼에도 불구하고 사건은 어둠 속에 사라지려 하고 있다.

상당히 간단한 이야기였을 터다.

다섯 명의 소녀들. 죄 없는 어린 목숨이 17년 동안 반경 10킬로미터 지역에서 살해당하거나 행방불명되는 사건이 발생했다. 그것을 묵인하겠다는 것인가?

나는 용서할 수 없다.

그렇기 때문에 계속 보도해왔다. 책을 집필하는 것은 사건의 일부시종을 지켜본 다음에 마지막의 마지막이라고 생각했지만 이젠 됐다. 나는 내가 알고 있는 모든 사실과 문제점을 책으로 남기기로 했다.

애당초 보도란 무엇을 위해 존재하는가?

이 사건을 취재하는 동안 나는 계속 자문했다.

직업기자에게 취재해서 보도한다는 것은 당연히 일이다. 그렇다면 월급에 맞는 일을 하면 된다고 생각하는 사람도 있을 것이다. 하지만 내 생각은 좀 다르다. 의문을 쫓는다, 진실을 추구한다, 현장에 나간다, 사람이 있다, 열심히 이야기를 듣는다. 피해자일 경우도 있을 것이고 유족일 경우도 있다. 그런 사람들은 이미 상처를 받을 대로 받은 상태다. 그들은 예민하게 날이 서 있다. 보도 피해를 받은 사람이라면 더욱 그렇다. 해야 할 일은 그들의 작은 목소리를 듣고 다른 이들에게 전하는 것이 아닐까?

권력가나 유명한 사람들의 목소리는 그냥 놔두어도 멀리 퍼진다. 하지만 작은 목소리는 다르다. 그 목소리는 국가나 세상에 닿지 않는다. 그 가교가 되어주는 것이 보도의 사명일지도 모른다.

그 점에 집착하면 경찰이나 검찰, 법원 같은 국가권력이나 동업자와 대립하게 되는 일도 있다. 본심을 말하자면 그런 귀찮은 일은 피하고 싶다. 하지만 열심히 취재를 계속하면 그런 일은 얼마든지 발생한다. 고립되든 어쨌든 마음을 단단히 먹을 수밖에 없다.

아시카가 사건에서는 어땠을까? 언론이 경찰 발표에 그대로 편승해서 스가야 씨의 무죄를 간과했던 사실을 부정하지 못할 것이다.

45세 무직, 전직 유치원 버스 기사, 주말에 비밀 거처에서 아동 포르노 탐닉.

스가야 씨가 무직이었던 것은 유치원 경영자가 경찰의 탐문수사에 겁을 먹고 해고했기 때문이다. 비밀 거처란 것도 45세 남성이 부모에게서 독립한 주거지다. 압수된 비디오 중에 아동 포르노는 단 하나도 없었다.

언론은 경찰이 지어낸 이야기를 보도하는 것만으로 좋았던 것일까? 자백을 강요하게 만든 DNA형 감정을 오히려 열심히 선전해준 덕에 경찰청이 원하는 대로 과학수사 신화 형성에도 기여했다. 여러 언론사의 기사 덕분인지 아닌지는 모르겠지만, 스가야 씨 체포 3주 후, 경찰청은 다음 1992년도 감정기기 예산으로서 약 1억 6천만 엔을 획득한다. 경찰청도 홍보에 힘을 쏟은 모양이다. 이들 기사의 대다수가 경찰이 제공한 소스였다는 사실은 도치기 경찰 간부의 입을 통해서 확인했다.

신속함이 중시되는 보도취재의 초기 단계에서 이런 일이 발생하는 것은 다소 어쩔 수 없는 일일지도 모른다. 하지만 스가야 씨가 무죄를 주장한 다음에는 어떤가? 일일이 열거할 수는 없지만 경찰이나 검찰과의 대립된 사안에 관해서 바로 그 경찰이나 검찰의 변명만 보도하는 것은 정말로 이해할 수가 없다.

거대 언론사 기자의 일은 관청을 취재하는 것이지, '작은 목소리'를 듣는 일이 아니라는 것일까? 내가 생각하는 보도와는 다른 장르의 일이라는 것일까?

내가 스가야 씨의 무죄를 믿은 계기는 두 가지가 있다.

하나는 물론 루팡이라는 남자의 존재를 알았기 때문이다. 하지만 다른 하나는 스가야 씨가 쓴 편지의 한 구절 때문이었다. 스가야 씨가 내게 보낸 편지가 아니다. 어머니나 여동생에게 보낸 편지다. 체포된 스가야 씨가 고작 시민세 체납을 걱정했던 편지.

"그리고 세금 낼 게(2천 엔) 남아 있어요. 부디 잘 부탁드립니다."

처음에 읽었을 때 왜 이 사람은 이런 걸 걱정하고 있는지 이해가 되지 않았다. 스가야 씨는 이 편지를 "세 명의 소녀를 살해했다"고 자백한 직후에 적었다. 사형을 걱정해야 할 판국에 세금 미납 문제를 걱정하고 있었다.

그런데 스가야 씨는 대체 왜 그런 걸 적어서 보낸 걸까.

사실 그건 스가야 씨 입장에서 생각해보면 쉽게 상상이 간다. 스가야 씨는 자백을 강요하는 경찰은 포기했어도 이 나라는 믿었던 것이다. 실제로 "재판이 벌어지면 솔로몬 같은 훌륭한 판사가 등장해서 별다른 말을 듣지 않고서도 자신의 무죄를 알아줄 것이라고 생각했다"고 나중에 내게 말했다. DNA형 감정이 절대적으로 틀렸고, 강요된 자백 따위는 훌륭한 재판관이 다 알아차릴 것이다. 바로 감옥에서 꺼내줄 거라고 믿었다.

그렇기 때문에 세금을 체납할 수 없었다.

나는 이 한 구절을 만났을 때 이 사람의 무죄 주장은 믿을 수 있다고 생각했다. 믿어보자고 생각했다. 일단 의심부터 해야 하는 것이 기자의 본분이지만 전해야 할 작은 목소리를 만나는 때는 가슴에 무언가가 느껴진다.

"다시 한 번 DNA형 감정을 하면 알 수 있을 겁니다"라고 몇 번이나 요청했지만, 스가야 씨의 신뢰를 이 나라의 사법기관은 무려 17년 반이나 등지고 말았다. 그렇다면 이 진지한 목소리에 언론은 귀를 기울였을까?

이이즈카 사건에서도 같은 일이 반복되었다.

재심을 요청하는 변호인단은 몇 번이고 기자회견을 열었다. 과경연 DNA형 감정에 대한 의혹이나 목격 증언 조서 청취 경위 등, 변호인이 세상에 전하고 싶은 사실은 잔뜩 있었다. 그곳에는 매번 많은 기자들이 모였다. 하지만 도무지 기사로 실리지 않았다. 구마 씨가 체포되고 유죄 판결이 내려졌을 때는 당국 정보를 1면에 잔뜩 실은 신문사들이 변호인단의 주장은 단 한마디도 싣지 않았다. 도쿠다 변호사가 회견장에서 힘든 표정으로 그 부조리함을 호소한 적이 있었다.

"지난 번, 검찰이 반론서를 제기했다는 사실을 전했습니다. 저는 그 반론의 문제점을 조목조목 짚으며 설명했습니다. 그랬는데 다음 날 신문에는 '검찰 측 반론'이라는 기사만 실리더군요."

그는 무거운 한숨과 함께 말을 이었다.

"여러분은 어떤 마음으로 우리들의 이야기를 들으셨나요. 변호인 측이 아무리 반론하고 설명한들 검찰 측 의견만 싣는다면 여기는 대체 뭐하러 오시는 건가요? 만약, 만약이라는 단어를 사용하겠는데 재심이 개시되어 무죄가 밝혀졌을 때, 이 사건 보도에 있어서의 저널리즘 자세라는 것 또한 문제시될 것입니다. 예전에 자신의 회사가 어떤 보도를 했는지 부디 검증해주십시오. 범인이 틀림없다는 식의 보도가 판쳐서 구마 씨의 가족은 여기에도 나올 수 없을 정도입니다."

보도란 과연 무엇일까.

예를 들면 부모가 어린아이를 차에 놔두고 물건 같은 걸 사러 가서 차 안에서 아이가 열사병으로 사망한다. 그런 슬픈 사고가 매년 반복된다. 그러면 정형문이라고도 할 수 있는 뉴스가 나온다.

"○○서는 보호 책임자의 유기치사를 의심하여 어머니를 체포하여 △△일 검찰에 송치했다."

그런 보도를 목격하고 당신은 어떻게 생각할까. 바보 같은 부모라고 생각할까, 아니면 나는 그런 바보 같은 짓은 하지 않는다며 비웃을까.

하지만 이 뉴스의 문제점은 무엇일까? 보도해야 할 것은 경찰이 뿌려주는 보도자료일까? 사건을 담당하는 경찰서의 명칭이나 죄목, 검찰 송치 예정일까?

당신이 슈퍼에 간다고 치자. 뒷좌석에는 어느 틈인가 아이가 곤히 자고 있다. 깨우기 미안한 느낌이 든다. 에어컨은 틀어두었다. 금방 돌아올 생각에 살짝 차를 떠나지만 공교롭게도 가게가 붐벼서 생각했던 것보다 시간이 더 걸리고 만다. 눈을 뜬 아이는 당신의 모습을 찾아 울면서 차안을 이동한다. 밖에 나가려고 이것저것 만지다 에어컨 스위치를 끄거나 엔진 키를 돌리고 만다. 그리고 차내 온도는 봄인데도 50도를 넘고 만다…….

보도해야 할 것은 이런 사실이 아닐까.

원인은 무엇일까. 비슷한 사고가 두 번 다시 일어나지 않게 하기 위해서는 어떻게 해야 할까.

그것을 보도해야 하지 않을까.

절대로 아이를 차 안에 남겨두어서는 안 된다든가, 특수한 사람이 특수한 조건하에서 일으킨 사건, 사고라고 치부하지 말고 다가가서 고통 속에서 짜내는 목소리에 귀를 기울이는 것, 그것이 보도진의 과제가 아닐까.

요코야마 유카리의 아버지, 야스오 씨를 인터뷰 했을 때가 떠오른다. 굳이 이런 질문을 던졌다.

"유카리를, 파친코 점에 아이를 데려간 사실을 현재는 어떻게 생각하십니까?"

야스오 씨는 한동안 말을 잇지 못했다. 그리고 간신히 짜낸 목소리로 말했다.

"나쁜 건 접니다……."

텔레비전 카메라 앞에서 유카리에게 사죄하듯이 말하고는 눈물을 흘렸다. 나는 그 모습을 방송 앞머리에 틀었다. 캠페인 보도 첫 방송 후에 시청자에게서 이런 목소리가 나왔기 때문이다.

"파친코 점에 아이를 데려간 부모가 잘못한 거 아닌가? 방송을 할 거라면 그런 쪽으로 방송을 해야지."

예상했던 반응이지만 실로 불쾌했다. 물론 파친코 점은 아이를 데리고 갈 만한 장소는 아니다. 그런 식으로 생각하는 사람이 있는 것도 당연하다. 일어난 일을 기준으로 역산하면 그곳에 가지 않았다면 일어나지 않았을 사건이라는 식으로 생각할 수도 있다.

하지만 한번 생각해봤으면 한다.

이건 역력한 유괴사건이다. 범죄다. 극악무도한 짓을 저지른 범인이 있다. 나쁜 것은 피해자가 아니라 범인이다. 자신은 파친코 점에 아이는 데려가지 않고, 한시도 눈을 떼지도 않기 때문에 사건에 휘말릴 일은 없다. 그렇게 말하고 싶은가?

남이 지적하지 않아도 피해자 가족은 자신이 저지른 실수를 지금도 후회하며 살고 있다. 딸을 파친코 점에 데려갔다는 사실을 후회하며 눈물을 흘리며 살고 있다. 하루하루 생활 속에서 '파친코'라는 단어가 나올 때마다 억장이 무너지는 심정이 된다. 그런 사람들을 더욱 몰아세우며 우리들과는 상관없다는 식으로 사람들을 안심시키기 위한 보도를 어떻게 생각해야 할까.

아시카가에서 마쓰다 마미가 행방불명되었을 때, 사랑하는 딸을 필사적으로 찾은 아버지에게 현장에 달려온 경찰 간부가 뭐라고 소리쳤던가.

"왜 아이를 파친코 점에 데려왔어!"

몰랐기 때문이다.

아시카가에서 미해결 아동납치사건이 계속되고 있다는 사실을 알 수 있는 여지가 없었기 때문이다.

마미 가족은 사건 40일 전에 도치기로 이사왔을 뿐이었다. 새로운 생활이 막 시작되었을 뿐이다. 아시카가 시의 연쇄 아동납치유괴살인사건 같은 것은 알지 못했다.

군마 현 오사와 도모코 사건도 마찬가지다.

"평화로운 동네라서 제 딸에게 그런 일이 일어났다는 사실을 도저히 믿을 수 없었습니다……."

아버지 쥬고 씨는 피해자 가족모임에서 그렇게 말했다. 이웃 현에서 발생한 미제사건에 대해 몰랐기 때문이다.

마미 부친을 질타했던 도치기 경찰은 그 후 무엇을 했나?

스가야 씨를 체포하고 아시카가 세 건은 모조리 해결되었다고 홍보했다.

"12년에 걸친 아시카가 지역사회의 불안을 해소할 수 있게 되어 정말 다행입니다. 세 건째에 드디어 검거하게 된 것은 수사 해결에 대한 경찰의 집념이 있었기 때문입니다", "세 건의 사건 모두 해결할 수 있었습니다. 아시카가 시민, 현민에게 감사의 말을 전하고 싶습니다. 이 힘들었던 13년간, 집념의 수사가 결실을 맺어서 감개무량합니다."

이런 식으로 자랑하며 체포한 경찰에게 상을 줬다. 하지만 실제로는 오인 체포했을 뿐만 아니라 세 건 중에 기소가 가능했던 것은 단 한 건뿐이다. 그래도 경찰은 '전면 해결'이라고 주장, 언론은 그 말을 그대로 옮겼다. 지역사회에 경종을 울리지 않았다.

그런 상황에서 요코야마 유카리의 부모가 과연 위기감을 가질 수 있었을까?

아무것도 모른 채 칠석인 그날 파친코 점에 가고만 그들을 누가 책망할 수 있을까.

나는 생각한다.

사건, 사고 보도의 존재의의는 단 하나밖에 없다.

피해자를 실명으로 밝히고 유족의 슬픔을 초래하면서까지 보도를 하는 의의는 이것밖에 없다고 생각한다.

재발 방지다.

애꿎은 소녀들이 목숨을 잃는 일이 다시는 발생해서는 안 된다.

그렇기 때문에 진상을 구명할 필요가 있는 것이다.

그런데 수사기관은 어떻게 행동했는가.

경찰청은 '동일범에 의한 연쇄사건'이라는 것조차 인정하려 하지 않았다. 다섯 건의 사건 중 네 건까지의 가능성은 언급했지만, 아무리 끈질기게 보도를 해도 요코야마 유카리 사건만큼은 연속성을 인정하려 하지 않았다. 피해자 가족모임 기자회견 직전에 경찰이 일제히 피해자 유족들을 찾아가거나, 미스터 T가 마쓰모토 씨의 "걸음걸이가 비슷하다"는 증언을 기사화하니 수상한 물증까지 언급하며 다른 기자를 견제하고, 사건이 발생한 지역신문에서 기사를 삭제했다.

왜 그렇게까지 유카리 사건만큼은 구분하려 하는가.

1990년, 마쓰다 마미 살인사건

1991년, 스가야 도시카즈 오인 체포

1996년, 요코야마 유카리 유괴사건

두 개의 사건을 동일범에 의한 소행이라고 인정하면 대체 어떻게 될까?

아시카가 사건에서 제대로 수사를 했다면 유카리 사건은 일어나지 않았을 수도 있다. 재발 방지 차원이 아니다. 광역수사를 지휘해야 할 경찰청의 체면이 박살나고 만다.

반드시 범인을 체포하겠다는 의지를 표명하는 듯이 도치기 지방경찰청에 수사 1과장을 본부장으로 보냈으며, 아직 완성되지 않았던 DNA형 감정까지 추진하며 과경연에 DNA형 감정을 실시시켰던 경찰청이다. 오인 체포를 한 것도 모자라 자신들이 활개 치게 만든 진범에 의해서 요코야마 유카리 사건이 발생했다고는 결단코 인정하고 싶지 않을 것이다.

국회 청문회에서 다섯 건의 동일범설을 무시할 수 없게 된 경찰청은 어떻게 반응했는가. 이번에는 시효를 들먹였다. 도무지 수사를 할 생각이 없다.

하지만 과연 수사를 하지 않는 이유가 그것뿐일까?

이이즈카 사건 DNA형 감정사진 조작 건을 떠올리길 바란다.

사진의 잘려진 곳에 위치한 진범의 DNA형일지도 모르는 '41-46'.

만약 그 '41-46'이 진범의 것이라면 구마 씨는 범인이 되지 않았을 것이다. 스가야 씨와 마찬가지다. 다른 증거는 의미를 잃고, 사형판결이 내려지는 일도 당연히 없었을 것이다.

그 조작 사실을 알았을 때 나는 과경연의 '어둠'을 접한 듯한 느낌이 들었다. 마치 자백처럼도 보이는 트리밍 방식. 그것은 상위기관인 검찰청의 압박으로 어떡해서든 범인을 붙잡아야만 했던 경찰과 검찰에 대해서 과경연이 지른 '비명'처럼도 들린다.

아시카가 사건의 '18-24', 이이즈카 사건의 '41-46'.

본질은 같은 것이 아닐까? 이것이 바로 그들이 지켜야 할 것이 아니었을까?

같은 시기에 시행되었던 DNA형 감정에서 양쪽에서 모두 사라진 DNA형은 바로 범인의 것일지도 모르는 DNA형이다. 체포된 사람과는 일치하지 않는다. 경찰이 세상에 풀어놓은 남자의 DNA형일 수도 있다.

아시카가 사건과 이이즈카 사건의 DNA형 감정을 담당했던 과경연 주임연구관 S씨는 2001년에 책을 출간했다. 아시카가 사건에서 DNA형 감정 신화가 완성된 1년 후의 일이다. 그 책 도입부에 이렇게 적혀 있었다.

"내가 적은 한 줄로 인해 피해자, 피의자 쌍방의 운명이 바뀌고 말지도 모른다. 그렇게 생각하니 자료 상태가 나빠서 감정이 힘들 경우에는 감정서를 작성할 때 말 그대로 목숨줄이 줄어드는 느낌이 들었다."

그리고 'DNA형 감정의 구멍'이라는 항목에서는 이렇게 적었다.

"범인의 DNA형만 채취하면 바로 사건이 해결될 거라고 생각하는 것은 큰 착각이다. (중략) DNA형 감정은 수사를 보좌하는 역할에 불과하다. 여기서 실수하면 언젠가 말도 안 되는 엄청난 일이 벌어지고 만다. 나는 그런 걱정을 했다."(《혈흔은 말한다》 시사통신사)

나는 이 문장이 쓰라린 진실도 함께 담고 있다는 생각이 들었다.

내가 연상한 것은 '써서 남기다'라는 행위였다. 경찰청 직원이자, 과학수사 전문가가 DNA형 감정은 보좌하는 역할밖에 담당할 수 없다고 확실하게 밝혔다. DNA형 감정은 어디까지나 참고의 영역이지 살인사건 증거의 주축은 될 수 없다.

하지만 현실은 달랐다. 스가야 씨는 교도소로 보내졌으며, 한 남성이 사형대에 서게 되었다. 이것이야말로 그녀가 써서 남긴 말도 안 되는 엄청난 일이 아닐까.

이이즈카 사건 조서에서 주임연구관 S씨는 이런 말도 했다.

"감정할 수 있는 양이 남아 있지 않습니다."

진술녹취용지에 남아 있는 그 말은 내 머릿속에서 다른 말과 싱크로되었다.

우쓰노미야 지검의 여검사가 마쓰다 히토미 씨에게 한 그 말.

"셔츠만큼은 이쪽에서 보관하겠습니다."

'41-46'이 나올지도 모르는 이이즈카 사건의 범인 DNA는 전량 소비해버려서 더는 없다.

'18-24'가 나올지도 모르는 아시카가 사건의 범인 DNA가 부착되어 있는 셔츠는 돌려주지 않겠다고 한다.

두 사건의 진범 DNA만 봉인하면 DNA형 감정과 관련된 어둠은 영원히 묻어둘 수 있다.

이것이야말로 수사 당국이 무슨 일이 있어도 감추려 한 진실이었던 것이 아닐까.

사실 나는 당국의 생생한 목소리도 들었다. 여기서 고백하도록 하겠다.

내가 직접 만난 그 수사 당국 간부의 말이다.

스가야 씨는 석방되었지만 아직 재심은 시작되지 않았을 때였다. 나는 루팡이라는 남자의 존재를 어떻게든 수사기관에 알려야 한다는 압박을 느끼고 있었다.

그날, 나와 스기모토 도시야 사회부장이 함께 간 곳은 긴자의 고급 가이세키 요릿집이었다. 약간 늦게 도착한 것은 양복이 썩 잘 어울리는 멋진 체격의 인물이었다.

대검찰청 간부.

고급 와규 요리가 나오는 가운데 나와 스기모토 부장은 목소리를 낮추고 지금까지의 취재로 판명된 사실을 전달했다. 루팡의 목격 증언, 내가 그 남자의 존재를 알아차리게 된 경위, 지금까지 인정되지 않았던 파일의 존재, 그 남자의 주소와 이름, 연쇄사건과의 관련성 그리고 남자의 DNA형이 '18-24'형이라는 것에 관해서도.

아시카가 사건 수사 과정에서 루팡의 목격 증언이 있었다는 사실조차 몰랐던 그 간부는 놀라움을 감추지 않았다. 내가 가져간 자료,

지도, 남자의 사진 등의 증거를 직접 보고 이렇게 말했다.

"이건 그대로 범인이군요", "이 남자가 유괴해서 여자아이와 손을 잡고 강변을 걸어가 목을 졸라 살해했다고 생각하는 게 보통입니다"라고 말하고 사진을 보다가 "이런 남자가 있었던가" 하며 깊은 한숨을 내쉬었다.

검찰 간부는 묵직한 중저음의 목소리로 이렇게 말했다.

"어떻게든 하고 싶습니다. 두 달만 기다려주지 않겠습니까."

루팡에 대해 보도하는 것을 기다려달라고 말했다. 내가 루팡의 존재를 처음으로 알게 된 이후 그때 이미 2년이라는 시간이 지나 있었다. 이제 와서 서두를 필요는 없었다. 그보다 사건 해결이 우선이다. 이의는 전혀 없었다.

간부 또한 시효를 돌파할 방법으로 역시 형사소송법 254조 2항 해석을 생각하는 것 같았다.

내가 지금까지 법률 전문가도 아닌데 시효의 벽은 돌파할 수 있다고 적은 것은 이 간부의 반응도 컸다. 무엇보다 범죄수사의 프로다. 믿음직스럽다고 생각했다.

언론 이해도가 높은 전직 경시청 거물 간부나 군마 경찰 등 여러 명의 수사 관계자와 접촉을 했었다는 사실은 이미 적었다. 모두 처음에는 열심히 들어주었지만 도중에 손바닥 뒤집듯이 태도를 바꿨다. 하지만 이 대검찰청 간부와의 접촉은 달랐다.

나는 그날 검찰 간부와 굳은 악수를 나누고 헤어졌다.

하지만…….

그 검찰 간부가 표변한 것은 6일 후의 일이었다.

쓰쿠바 역 근처 푸드코트에서 재감정 결과의 차이에 내가 아연실색하던 바로 그 순간 걸려온 그 전화. "그 남자 다르던데요. 해봤는데 DNA형이 맞지 않더군요……."

정말로 그게 이유였을까? 나는 납득이 가지 않았다. 원래부터 지극히 상태가 안 좋은 시료다. 감정할 수 없었다고 해도 이상하지 않다. 게다가 하나의 감정에서는 DNA형이 완전히 일치했다.

그럼에도 여러 소녀가 목숨을 잃은 사건 해결을 포기하겠다는 것인가. 검찰의 정의란 그렇게 사소한 것인가. 뭔가 이상하지 않은가.

나는 어떤 말이 생각났다.

그것은 긴자 요릿집에서의 대화였다.

대검찰청 간부가 이야기 도중 내게서 눈길을 돌리더니 굵직한 목소리로 이렇게 말했다.

"그 18-24라는 거, 그만둬줬으면 좋겠는데……."

공기가 얼어붙는 순간이라는 것이 있다.

그것은 그런 순간이었다. 나는 대검 간부의 그 말이 진심이라고 받아들였다.

검찰에게는 역시 '18-24'가 아킬레스건이었다.

내 보도는 나도 모르는 사이 거기까지 닿아 있었던가.

뒷거래라기보다는 진범 체포를 위해 나는 보도보다 수사를 우선했다. 두 달만 기다리면 사건이 해결될 것이라는 생각에 '18-24' 보도를 일단 중단했다.

결과, 약속은 지켜지지 않았다.

지금 생각하면 이 사건이 어둠 속에 매장될 만한 당연한 이유가 있었다. '18-24'다. 루팡을 체포해버리면 과경연의 오인 감정이 확정된다. 그것은 사형이 집행된 이이즈카 사건에도 중대한 영향을 끼치게 될 것이다. 그런 '폭탄'을 안고서까지 루팡을 체포하려는 결단을 내리는 인간이 가스미가세키에는 없었던 것이다.

이리해서 북관동 연쇄 아동납치살인사건은 폭탄과 함께 매장되고 만다.

하지만 이 말만큼은 꼭 하고 싶다.

나는 DNA형 감정이 일치했기 때문에 루팡이 진범이라고 추론한 것이 아니다. 오히려 그 반대다. 2007년 여름, 취재 개시로부터 2주째에 나는 루팡의 존재를 알게 되었다. 그렇기 때문에 사건에서 스가야 씨를 배제할 필요를 느껴 누명 보도를 계속하게 되었다. 그 결과, 이 나라의 사법부는 오인 체포와 오판을 인정했다. 경찰도 검사도 판사도 고개를 숙였다. 하지만 마지막에 등장한 것은 이상한 마술이다.

오케가와 스토커 사건에서 체포하고 싶지 않았던 주범인 스토커 남성을 지워버린 그 트릭.

이번에도 당국은 자신들에게 불리한 범죄자를 지움으로써 진실에 무거운 뚜껑을 덮으려 하고 있다.

몇 번이라도 적겠다.

나는 누명이나 DNA형 감정에는 애당초 흥미가 없었다.

내가 이 사건에 빠져들게 된 이유는 단 하나다.

다섯 명의 어린아이들의 목숨이다.

대체 이 아이들이 무엇을 했단 말인가.

나는 묻고 싶다.

살인범은 그곳에 있다. 죗값을 치르지도 속죄하지도 않은 채 평온하게.

사법기관은 이것을 방치하겠다는 것인가?

과연 법치국가에 이 이상의 질문이 존재할까?

***

나는 와타라세 강을 내려다보는 다나카 교에 섰다. 강이 오른쪽으로 크게 휘는 그 앞이 현장이다. 두 명의 소녀, 마미와 마나가 발견된 장소.

처음에 여기 온 뒤 얼마의 시간이 지났을까.

마른 억새를 밟으며 나아간다.

아프게 푸른 하늘 아래 바람이 차갑게 뺨을 어루만진다.

다섯 명의 어린 소녀들.

활발했던 마나.

애교가 넘쳤던 유미.

누구에게나 친근했던 도모코.

고양이를 좋아했던 마미.

불꽃놀이를 고대하던 유카리.

검은머리에 빨간 모자. 양 어깨에 멘 노란 책가방.

이 아이들이 태어난 날 부모님은 얼마나 기뻤을까.

이 아이들의 미소가 얼마나 큰 행복을 안겨주었을까.

조막만한 손으로 아빠, 엄마의 손을 잡고 걷기도 했을 것이다. 떠들썩하게 식탁에 둘러앉는 일상이 있었을 것이다. 친구들과 웃으며, 동그란 눈으로 세상을 바라보며, 크레용을 들고 그림을 그렸던 하루하루가 있었을 것이다.

이들에게 어떤 미래가 기다리고 있었을까.

학교에서는 어떤 공부를 했을까. 운동장에서 친구들과 뛰어 놀거나, 노래를 부르거나, 이윽고 멋진 사람을 만나 결혼을 하고 엄마가 되었을지도 모른다.

평온한 날들. 누구에게나 평등하게 주어질 터였던 인생.

그랬던 것이 갑자기 냉혹하게 단절되고 만다.

한 남자에 의해서.

루팡. 그런 짓을 저지른 것은 너다.

여기서 너는 무슨 짓을 했냐. 소녀들은 마지막에 뭐라고 말했나. 그래도 너는 지금도 당당히 거리를 활보하며 행복하냐. 주말에 하는 파친코는 즐겁냐.

꿈에 아이들이 나오지는 않나?

너는 유족의 고통 같은 것은 결코 알 수 없을 것이다.

소중한 가족을 갑자기 잃고, 그 이름을 계속 불러본 적은 없을 것이다. 미칠 듯한 상실감을, 영원히 끝나지 않는 그 기억을 너는 알지 못할 것이다. 죽음을 알리는 마른 목소리와 영안실의 차가운 바닥을, 그곳에 울리는 자신의 허무한 목소리를. 바로 얼마 전까지 따뜻했던 소중한 사람의 몸이 차가워지는 감촉을. 그리고 가족이 한 명 줄은 집의 끝없는 적막함을.

왜 죽였냐.

유카리는 지금 어디에 있냐.

나는 미칠 듯이 그것이 알고 싶다.

내가 도달할 수 없었던 진실에 발을 동동 구르며 이를 간다.

"그렇다면 진실을 알려주지. 그 대신 너는 그것을 일절 보도할 수 없다. 그래도 좋은가?"

만약 악마가 내 귓가에서 그렇게 속삭인다면 그 거래에 응할 것만 같다.

멍하니 서 있는 나를 차가운 바람이 스쳐지나간다.

바른 억새가 일제히 소리를 낸다.

그것은 누군가가 속삭이는 목소리 같았다.

지금도 귓속에서 결코 사라지지 않는 작은 목소리.

"괴로웠지. 깜깜한 밤에 모르는 사람에게 이런 곳까지 끌려와서."

"언니를 만나고 싶었어……. 왜 언니였던 거야?"

"엄마도 그걸 모르겠단다. 살아있기만 바랐는데."

루팡, 네게 유족의 저 통곡이 들리는가.

유감이지만 네가 어디의 누구인지 지금은 아직 밝힐 수 없다.

하지만 네 존재만큼은 여기에 이렇게 써둘 테니까 결코 도망칠 수 있을 거라고 생각하지 마라.

⊙ 저자 후기

문득 눈을 뜨니 어두운 방 침대 옆에 누군가가 서 있었다.

동그란 얼굴, 검은 머리카락의 여자아이. 피부는 약간 검은 빛에 둥근 눈.

바닥 위에 맨발인 채다.

내 딸이었다.

'제발 가지 마.'

그렇게 빌며 안으려고 손을 뻗는다. 무릎에, 내 무릎 위에 앉히고 싶다.

하지만 그 손은 허무하게 허공을 가른다. 그리고 거기서 눈을 뜬다.

어둡고 차가운 방의 천장만이 내 눈에 들어온다.

몇 번이고 꾼 꿈이다.

왜 꿈은 정말 원하는 장면에서 깨는 걸까.

그날 아시카가 호텔에서 꾼 소녀들의 꿈은 어딘가 그것을 닮아 있었다.

나 또한 사고로 딸을 잃었다.

그 사실에 대한 자기혐오와 분노가 있다. 구하지 못한 생명, 지키지 못한 사람이 있다는 사실에.

사람은 세상에 생을 얻는다.

태어나면 애정이 담긴 이름을 받는다.

젖병을 자기 손으로 받쳤다며, 제 스스로 몸을 뒤집었다며 일희일비하는 날들. 유치원이나 학교를 다니고 친구가 생긴다.

때로는 길을 잃고 소중한 것을 잃을지도 모른다. 그것을 절망이라 느끼는 일도 있을 것이다. 하지만 괜찮다. 대부분의 일은 되돌릴 수 있다. 어떻게든 된다. 다시 시작할 수 있다. 나는 그렇게 믿으며 살아왔다.

하지만 '목숨'만큼은 다르다. 유일무이. 아무리 한탄한들 되돌릴 수 없다. 아무리 후회한들 돌아오지 않는 것은 돌아오지 않는다. 나는 그 사실을 딸의 죽음으로 통감했다.

나는 그것에 집착하지 않을 수 없다.

그렇기 때문에 현장으로 나간다.

바로 그곳에 존귀한 목숨이 있기 때문이다.

수많은 수라장이 있었다. 처참한 사고 현장에서 구출된 생존자를 카메라로 쫓으며 목숨을 잃은 수많은 사람들을 목격했다. JAL 123편 추락사고, 고베 대지진, 3.11…….

좁은 구조 헬기 안에서 내 손이 닿는 거리에서 심폐 정지를 일으킨 이름도 모르는 사람이 있었다. 내 옆에서 계속해서 우는 그 사람 아내의 손을 잡고 격려한 적도 있었다. 카메라 따윈 내던져버리고 싶을 정도로 가슴이 비명을 지르는 그런 현장. 한계까지 인명 구조를 반복하다 자신이 순직한 구조대원, 소방대원, 의사, 간호사들의 최선을 다하는 모습이 있었다.

나는 현장의 존귀한 모습을 알고 있다.

그리고 근간에서 그것을 지탱하는 것이 경찰, 검사, 판사의 일이라고 믿고 있다. 엄격한 사법 없이는 국민을 지킬 수 없다. 안전과 평화는 없다.

이 책은 그들에 대해서 꽤 엄격하게 다루었다고 생각한다. 하지만 나는 그들이 정의의 영웅이길 실로 바라고 있다. 긍지를 갖고, 가슴을 펴고, 업무에 임하길 바라고 있다. 멋지게 악을 벌하고, 약자에게 손을 내민다. 그런 한 점 부끄럼 없는 모습으로 퇴직하기를 바란다.

보도라는 것도 마찬가지다. 작은 목소리에 귀를 기울이고 큰 목소리에는 의문을 갖는다. 무엇을 위해서 무엇을 보도해야 하는지, 항상 그 사실을 고민해야 한다고 생각한다.

이 책은 여러 형태로 사람의 목숨과 관련된 사람들에 대한 그런 나의 일방적인 생각을 담은 것이다. 비판이나 개인 책임 추궁이 이 책의 목적이 아니라는 것은 여기서 확실하게 밝혀두겠다.

사람은 누구나 실수를 한다. 물론 나 역시 그렇다. 실수는 바로잡으면 된다. 원인을 파악하고 재발을 방지하기 위해 최선을 다하면 된다. 하지만 은폐해서는 시정할 수가 없다. 실수가 반복될 뿐이다.

북관동 연쇄 아동납치살인사건의 방송보도는 일반적인 뉴스와는 달리 특집, 기획만으로 무려 50회가 넘었다. 월간지 연재는 1년간. 무엇이든 했다. 각각 평가를 받아서 상도 여럿 받았지만, 유감스럽게도 진범은 지금도 사회에서 활개 치고 있다. 원통함이 이루 말할 수가 없다. 하지만 나는 기자다. 그렇다면 철저하게 취재해서 계속 보도하는 수밖에 없다.

그래도 스가야 씨가 무죄가 된 후 재심 무죄 판결이 잇따랐다. 최근에는 누명 사건을 취재하는 거대 언론사 기자도 늘었다. 동시에 DNA형 감정에 대한 절대적인 시각도 많이 열어졌다고 생각한다. 희망을 버리지 말고 이 사건과 사법부의 행보를 계속 지켜보고자 한다.

정말 힘든 보도였지만 그것을 계속할 수 있었던 것은 취재에 응해주신 많은 분들 덕분이다.

그중에서도 피해자 가족에게는 깊은 감사를 표한다.

또한 목격자나 관계자 여러분, 취재에 열심히 응해주셔서 정말로 감사했습니다. 그리고 함께 제작에 임한 스태프들. 저를 방송 업계로 이끌어주고 마음껏 일할 수 있게 해준 당시 보도국장 아다치 히사오 님을 비롯하여 여기에 다 적을 수 없을 정도로 많은 사람들의 지원이 항상 있었다. 정말 감사드린다.

전작에 이어서 신초샤 기타모토 소 씨에게, 또한 이 책에서는 야마우치 준스케 씨에게 정말로 신세를 졌다.

그리고 무엇보다 네 명의 아이들의 명복을 진심으로 빌고 싶다.

후쿠시마 마나.

하세베 유미.

오사와 도모코.

마쓰다 마미.

그리고 요코야마 유카리의 소식을 하루라도 빨리 알게 되기를.

2013년 11월

시미즈 기요시

⊙ 문고판 저자 후기

일본에서 《살인범은 그곳에 있다》 단행본이 출간된 지 2년이라는 시간이 흘렀다.

이번 문고판 출간에 맞춰 그 사이에 있었던 일들에 대해 이야기하고자 한다.

출간 직후, 먼저 인터넷이 움직였다. 내 상상을 뛰어넘는 수의 서평이 차례차례 업로드되고, 트위터에서도 엄청나게 많이 언급되었다. 수많은 작가와 유명인들이 책 내용에 관해 여러 곳에 알렸다. HONZ라는 서평 사이트에서는 이 책 한 권에 대해서 연달아 네 건의 관련 서평이 업로드되었는데, 이는 이례적인 일이라고 한다. 더불어 전작인 《유언, 오케가와 스토커 살인사건의 심층》이나, 이 북관동 연쇄 아동납치살인사건 취재 경위를 만화화한 《VS.》까지 화제가 되었고, 저자 인터뷰도 여러 번 했다. 신문, 잡지에 실린 서평이

나 인터뷰가 최종적으로 몇 건이었는지 세 보지는 않았지만, 상당한 수였다.

그 후에도 오야 소이치 논픽션상 후보에 오르거나 신초 다큐멘터리상을 수상하기도 했고, 기노쿠니야 서점 직원이 선정하는 '기노쿠니야 베스트'에 선정되거나, 〈책의 잡지〉 선정 연간 베스트 2위가 되었다. 일본추리작가협회의 '평론 및 기타 부문상'도 수상했다. 일본추리작가협회가 논픽션에 상을 수여하는 일은 이례적인 일이라고 한다. 앞머리에 "이것은 소설이 아니라 사실이다"라고 적은 이 책이 추리소설로 오해받을 만한 상을 받아도 과연 괜찮을까 잠시 걱정했지만 감사히 받기로 했다. 조금이라도 많은 사람들에게 사건의 전모를 알리려면 필요한 일이라고 생각했기 때문이다. 나는 책에 관해서 어떤 취재에도 다 응했고, 텔레비전이나 라디오에도 적극적으로 출연했으며, 대학의 강연 의뢰도 흔쾌히 수락했다. 내게 취재나 출연 의뢰를 해주신 분들도 이 책을 접하고서는 나와 마찬가지로 어떤 행동을 해야 한다고 열의를 갖게 된 거라고 생각했기 때문이다. 이 책의 내용에 관해 조금이라도 언급해주신 분들에게 감사를 전하고 싶다.

하지만 가장 중요한 사건 수사 자체는 꿈쩍도 하지 않았다.

어느 정도 예상은 했다. 스가야 씨 석방 후 나는 방송에서 몇 번이나 이 문제를 보도했다. 월간지 연재 시에 거듭 언급하고, 경찰에 정보를 전달하고, 검찰 상층부와도 접촉을 시도했다. 국회에서도 사건의 의혹에 관한 질의가 이루어져 당시 수상이 지시하고, 국가공안위원장이 수사를 약속했지만, 이 책에 적은 대로 그 후 루팡에게 수사의 손길이 뻗는 일은 없었다. 하지만 그렇기 때문에 나는 분노를 담아 이 책에 모든 것을 담았다. 조금이라도 이 사건이 움직이길 바라는 마음을 담아서.

"루팡을 이대로 놔두어도 좋은가", "왜 경찰은 움직이지 않는가", "진상 해명을 촉구한다"와 같은 목소리가 여기저기서 터져 나왔다.

2015년 7월에는 국회에서 이 문제가 다시 다루어졌다. 아리타 요시후 참의원 의원이 행정감시위원회에서 질의한 것이다. 아리타 의원은 먼저 다섯 건의 연쇄사건의 '동일범설'에 관해서 다시 한 번 확인을 요청했다.

답변한 것은 경찰청 관방심의관 쓰유키 야스히로 씨다.

"모두 어린 소녀를 대상으로 한 유괴 혐의, 혹은 유괴살인사건입니다. 또한 행방불명된 장소가 근접한 사실 등을 통해 동일범에 의한 범행 가능성은 부정할 수 없습니다."

아리타 의원이 다시 현재 수사 상황에 관해서 질의했다.

"군마 경찰은 도치기 경찰과 연계하여 시효가 아직 성립되지 않은 요코야마 유카리 사건을 중심으로 수사 중으로 알고 있습니다."

관방심의관은 종래의 수사 방침을 앵무새처럼 되풀이할 뿐이었다. 바꿔 말하면 '시효의 벽'을 뛰어넘을 생각은 없다는 뜻이다. 연쇄성 또한 그리 신경 쓰고 있지 않을 것이다.

요 2년 동안 이런 것도 방송되었다.

'유카리 사건'의 범인은 '혹시 여자가 아닌가?' 하는 것이다.

CCTV에 찍힌 '선글라스와 야구 모자를 쓴 남자'의 신장이 158센티미터라는 것 때문에, 신장과 그 골격으로 유추하면 범인은 여자일 가능성도 있다는 대담한 주장이었다. 유카리 자신이 유괴되기 직전, 어머니에게 "친절한 아저씨가 있어"라고 말한 것은 어떻게 되는 것일까. 일일이 반론할 생각은 없지만, 이 방송도 일리는 있다. 그 CCTV로는 범인이 남자인지 여자인지조차 구별할 수 없다는 점에서는 말이다. 내 말은 범인의 인상착의가 거의 의미가 없다는 뜻이다.

범인의 신장이 158센티미터라는 것의 신빙성에 관해서는 나도 의심하고 있다. 6장에서 군마 경찰의 전직 수사간부를 취재했을 때 "플러스마이너스 2센티미터 정도는 있을 수 있지"라고 했으므로, 신장은 156~160센티미터 정도라고 적었지만, 신장을 확인한 방법에 관해서 나는 이 전직 수사간부에게서 좀 더 자세한 이야기를 들었었다. 취재 전에는 CCTV 각도나 찍힌 배경을 통해 과학적으로 산출한 것이라고 생각했었다. 하지만 전직 수사간부는 쓴웃음을 지으며 이렇게 말했다.

"그건 말이지, 먼저 현장에 큰 키, 보통 키, 작은 키 이렇게 세 사람의 경찰을 준비해서 영상과 같은 장소에 세우는 거야. 그랬더니 가장 작은 사람이 거의 같은 키로 보여서 말이지……. 그 친구가 158센티미터였던 거야. 그래서 실제로는 플러스마이너스 2센티미터 정도는 있을 수 있지 않을까 한 거지."

나는 손에 든 수첩을 떨어뜨릴 뻔했다. 그런 방법으로 신장을 확정했던 건가. 이제 와서 당시 수사 방법을 문제 삼을 생각은 없다. '신장 158센티미터'라는 정보가 확정 사항인 것처럼 세상에 알려져 있는 상황이 두려운 것이다.

예를 들어, 미해결 사건으로 악명 높은 '후추 3억 엔 강탈사건'. 1968년에 가짜 경찰 오토바이가 현금수송차를 정지시키고 3억 엔을 강탈한 사건인데, 이 오토바이에 탄 사내의 몽타주 사진이 전국에 뿌려졌다. 그런데 수사본부는 3년 후, "범인의 몽타주 사진이 닮지 않았다"며 수사방침을 크게 전환한다. 하지만 3년이나 지나서 닮지 않았다고 한들 이미 사람들의 뇌리 속에는 헬멧 모습의 사내가 강렬하게 각인되어 있다. 이제와 새로운 몽타주를 뿌린들 과연 수사에 효과가 있을까? 당연히 사건은 미궁에 빠졌고, 아직도 최초의 몽타주 사진을 범인으로 믿고 있는 사람들도 부지기수다.

유카리 사건도 마찬가지다.

야구모자에 선글라스, 긴 소매 점퍼와 헐렁한 바지 차림. 변장이라고 생각하는 편이 자연스러운 이 모습 또한 범인의 특징처럼 알려져 있다. 하지만 이 인상착의가 거의 무의미하다면 초동수사에서 효과가 없었던 것뿐 아니라, 당시 이 남자를 목격한 사람들에게도 잘못된 인상을 심었을 가능성이 있다.

아시카가 사건 현장에서 루팡을 목격한 주부 마쓰모토 씨는 CCTV 영상 속 카메라 남자의 '걸음걸이'에 반응했다. 걸을 때의 분위기에서 무언가를 느꼈는데, 사건 해결을 위해서는 이러한 사건의 연속성을 하나하나 열심히 뒤쫓는 수사가 불가결하다고 나는 생각한다.

아리타 의원은 경찰청 관방심의관에게 이런 질의도 했다.

"시미즈 기요시 기자가 《살인범은 그곳에 있다》라는 책에서도 밝혔지만, 범인이라고 생각되는 자료를 최신 STR법으로 DNA 검사를 했더니 30여 군데에서 이 남성(루팡)의 DNA형과 일치했다는 보도가 있습니다. 알고 계십니까?"

"지적하신 보도에 대해서는 알고 있습니다."

"그 구체적인 정보를 검찰 간부가 알고 있다는 사실도 알고 계신가요?"

"구체적인 경위에 관해서는 알지 못하지만, 우리는 참고인, 관계자에 관해서 총력을 다해 수사하고 있습니다."

수사는 하고 있고, 보도도 알고 있다는 대답이다. 하지만 살인범이 활개 치고 있다는 현실에 변함은 없다.

10장에서 언급한 '이이즈카 사건'의 그 후에 관해서도 소개하고자 한다.

2014년 3월, 후쿠오카 지방법원은 재심 청구를 기각했다. 히라즈카 히로시 판사는 검찰 주장을 거의 전면적으로 채택, 반대로 변호인단의 의문점은 대부분 부정, 혹은 언급조차 하지 않았다. 이날 변호인단은 "이미 사형을 집행했다는 결론에 맞춘 결정"이라며 강하게 반발했다.

변호인단의 주장 중 인정된 것이 딱 하나 있었다. 과경연 DNA형 감정 의혹이다. 판사의 판단은 이러했다.

"현 단계에서는 사건 본인과 범인의 DNA형이 일치했다는 감정 결과를 유죄 인정 증거로 삼을 수 없다."

즉, DNA형 감정 결과를 유죄 증거에서 배제시킨 것이다. 결함 마커를 사용하고 동시 영동 또한 하지 않았으며, 남아 있는 자료도 없어서 재감정 불능. 그런데다 감정 사진까지 조작된 감정이니 당연하다면 당연한 판단이다.

하지만 이 DNA형 감정 결과를 증거에서 배제했음에도 후쿠오카 지방법원은 "감정 결과를 제외해도 본인이 범인이라는 사실은 입증되었다"고 결론짓는다.

위화감을 느끼지 않을 수 없는 결정이다.

재심을 개시하기 위해 필요한 것은 새로운 증거나 의혹을 인정받는 것이다. 중대한 증거를 "유죄 인정 증거로 삼을 수 없다"고 했으면, "따라서 재심을 개시한다"로 이어지는 게 당연한 거 아닌가?

이 사건에서 DNA형 감정을 통해 결론내린 사실(?)은 피해자와 구마 미치토시 씨가 직접 접촉했다는 것이었다. 시신에서 발견된 DNA가 구마 씨와 같은 DNA형이기 때문에 구마 씨가 범인이라는 논지였다. 그 증거를 배제하면 구마 씨와 피해자를 직접 연결 짓는 것은 없어진다. 남은 것은 목격 증언(피해자의 유류품이 발견된 장소에서 구마 씨 소유의 차를 닮은 차량에 정차해 있었다는 것)이나 차내의 잔류물 같은 범죄 사실을 증명하기 힘든 증거들뿐이다. 따라서 다시 심리를 해야 할 필요가 있다고 보이는데, 법원은 "범인이라는 사실은 입증되었다"며 재심 청구를 기각했다.

일관되게 범행을 부인한 구마 씨는 옥중 편지에서 이렇게 호소했다.

"DNA 이외에도 섬유 감정 등을 했지만, 그것은 결정적인 증거와는 거리가 멀고, 결국 DNA 감정이 재판을 크게 좌우하게 되었다……."

이것이 사형을 당한 본인의 인식이다.

나는 이런 상상을 한다.

만약 사형 집행 후가 아니라 집행 전에 이런 판단이 이루어졌다면 결과는 어떻게 되었을까? DNA형 감정이라는 증거가 제외되었어도 법무대신은 주저 없이 사형 집행 명령서에 도장을 찍었을까?

변호인단이 "결론에 맞춘 결정"이라며 반발하는 것도 어느 정도 이해는 간다.

게다가 사형 집행 후에 유죄 증거에서 DNA형을 제외한다는 것은 진범일 가능성을 나타내는 그 '41-46'이라는 DNA형 또한 증거에서 배제된다는 것을 의미한다. 과경연의 엉터리 감정의 연쇄작용을 끊어내기 위해서 사법부가 직접 '폭탄'의 신관을 제거한 것은 아닐까?

구마 씨의 부인과 변호인단은 후쿠오카 고등법원에 즉각 항소했다.

나는 작년 겨울, 한국 서울에도 갔다.

이이즈카 사건 취재에서 쭉 느낀 것은 사형제도의 강렬한 폐쇄성이었다. 기안에서 집행까지 모든 것은 밀실에서 이루어지고 있다. 일반인에게는 형장이라는 건축물조차 두터운 베일에 감싸여 있는 것이 사형제도다.

그 목마름 탓에 오래전에 상공에서 헬리콥터로 현장을 촬영하려고 했던 적도 있었다. 구 도쿄 구치소 구석에 건물 한 채가 있는데 그곳에 형장이다. 귀문鬼門이라 불리는 축인丑寅 방향. 북동쪽에 위치하는 작은 건물에서는 수많은 사형수의 형이 집행되었다. 나는 하늘에서 그곳을 파인더에 담았지만, 밀실 내부가 어떻게 되어 있는지는 상상에 맡길수밖에 없었다.

그런데 의외의 장소에서 그 해답을 찾게 되었다. 그것이 바로 서울이다.

서대문 형무소.

정상에 흰 암벽이 보이는 산기슭에 적갈색 벽돌로 지어진 오래된 건물이 있다. 현재는 역사관으로서 내부가 공개되어 있는데, 대한민국 독립운동가들이 갇혔던 어두컴컴한 독방이나 고문실, 벽돌담으로 둘러싸인 나선형 운동장 등을 볼 수 있다. 일본의 옛 교도소와 닮았다고 생각했는데, 그도 당연했다. 오래전 일본이 식민지배를 했을 때 '경성감옥'으로서 지은 것이기 때문이다. 구석에 담으로 둘러싸인 곳이 있다. 촬영이 금지된 그 건물은 예전에 내가 촬영했던 건물과 꼭 닮았다.

형장.

창으로 들여다본 내부에는 나무 바닥에 단차가 있었다. 한 단 높게 되어 있는 곳은 검사나 형무소장이 앉는 곳인지 갈색 장의자가 있었다. 그들이 내려다보는 그 앞에는 작은 무대 같은 장소, 그 중앙에는 1평방미터 정도의 네모난 발판.

머리 위에는 흰 로프.

뒤쪽으로 돌아가 보았다. 그곳에는 도르래와 연결된 로프가 벽의 금속장치에 매달려 있었다. 사형수의 키에 맞춰서 길이를 조정했을 것이다. 그리고 바닥 사이로 튀어나와 있는 것은 나무 레버. 검게 빛나는 손잡이 부분은 그 레버가 몇 번이고 사용되었다는 사실을 말해주고 있었다. 여기서 수많은 사람의 사형이 집행되었다. 여기서도 억울한 사람들이 누명을 쓰고 죽지는 않았을까…….

이이즈카 사건에 관해서는 이 책에 대해서 '누군가'에 의한 기묘한 맞대응이 있었다는 사실도 첨부하겠다. 인터넷에 '구마는 100퍼센트 범인', '판결문을 보면 범인이 맞다는 사실을 알 수 있다'는 익명 투고가 다수 올라왔다. 모두 '아시카가 사건은 무죄지만 이이즈카 사건은 그렇지 않다'라는 주장이었다. DNA형 감정에 의문점을 토로하는 기사나 글이 있으면 이이즈카 사건의 판결문까지 인용해서 비판하곤 했다.

그 글들에는 '추정 무죄', '유도', '자백 조서', '1심 판결과 2심 판결의 평가'와 같은 전문적인 용어가 다수 사용된 것으로 보아 아무래도 형사재판에 정통한 인물이 쓴 것 같다. 이 책의 '북관동 연쇄아동납치살인사건' 부분에 관해서는 엄청 칭찬하는 반면, '이이즈카 사건' 기술에 관해서만큼은 치열하게 반박하고 있어서 이상하게 생각했다. 조사해보니 여러 글들에 사용된 컴퓨터 IP 주소가 동일했다. 더 조사하자 그 IP 주소가 접속한 사이트 등도 알 수 있었다. 후쿠오카 현 관련 사이트가 많았다. 아무래도 '이이즈카 사건'의 이해 관계자이자 사법 분야 쪽에 속해 있는 '누군가'인 모양이다. 조사를 통해 확인된 사항이 더 있지만 이 이상은 적지 않겠다. 다만 물밑에서 열심히 방어하는 인물이 존재한다는 사실은 이 사건의 어둠의 깊이를 통감하게 한다.

루팡에 대해서도 다양한 목소리가 나왔다. '루팡은 대체 누구인가?', '어디에 살고 있는 남자며, 어떻게 이 남자에게 도달했는가?', '이 남자의 정체에 대해 더 써주었으면 한다' 같은 것이다.

집필 단계부터 그런 목소리가 나올 것은 익히 예상했던 바다. 이 책이 소설이라면 확실히 빠져서는 안 되는 디테일이라고 생각하고, 나 또한 '루팡 진범설'을 믿게 된 강한 이유가 존재한다. 사실 내가 가장 쓰고 싶었던 것은 바로 그것이라고도 할 수 있다.

그렇다면 왜 그 이야기를 적지 않았는가?

이 책이 논픽션이면서 사건의 본 이야기뿐만 아니라 사건의 측면이나 그 이후, 그리고 기자 자신의 행동에 상당한 분량을 할애한 것은, 매일 흘러나오는 뉴스의 뒷면에는 사실 수많은 정보가 매몰되어 있다는 사실을 알리고 싶었기 때문이다.

예를 들어, 보도에서는 정보원이나 취재 방법을 애매하게 처리하는 장면이 많다. "관계자에 따르면……"이라는 스타일이다. 정보를 받아들이는 입장에서는 '관계자'는 출처불명에 수상쩍게 비칠지도 모르지만 취재원 보호 원칙을 따른 것이다. 무조건적으로 정보원을 밝혀야 한다면, 불리함을 알고서도 정보를 밝히는 사람이 없어지기 때문이다. 실제로 우리는 진짜 사람을 만나서 이야기를 듣는다. 한 사람의 보도원으로서 말하자면 이 원리원칙을 잊고 '거짓'을 말하는 언론은 없다. 없다고 믿고 싶다.

이 책에서는 일반적인 보도에서는 밝힐 수 없는, 어떤 수단으로 취재 대상을 찾아냈고, 어떻게 설득했고, 어떤 상황에서 보도했는지와 같은 것들까지 상세하게 적었다. 이것은 당국이 관여하지 않은, 즉 '담보' 없는 보도에서는 취재의 뒷무대도 가능한 공개하는 편이 좋다고 판단했기 때문이다. 그 결과, 필연적으로 '나'라는 1인칭으로 서술하게 되었다. 바꿔 말하면 이 북관동 연쇄 아동납치살인사건 보도는 '나에 의하면'이라면 책임형 보도인 것이다.

때문에 '이것까지 밝혀야 하나' 하면서 부담감을 느낀 장면도 꽤 있었다.

나는 판사가 아니다. 검사도 아니고 경찰도 아니다. 일개 저널리스트다. 개인을 특징짓는 듯한 보도를 나 자신의 판단으로 하면 법에 저촉될 수도 있다. 그 대전제에 기반하여 가급적 개인의 사생활을 고려하면서 최대한의 정보를 담고자 노력했다. 그럼에도 루팡에 도달한 상세 경위는 공표할 수 없었다. 공표하면 당연히 다른 기자들도 추적할 수 있게 된다. 원래라면 다른 언론들의 엄호사격이 필요하지만, 루팡은 당국이 인정하지 않는 인물이다. 당국의 담보를 얻을 수 없는 기자는 어떻게 행동할까?

"지금은 보도할 수 없지만 사건이 움직일 때를 대비해 취재해두자", "영상만이라도 담아둘까"라며 어중간한 태도로 취재 현장에 도달하게 된다. 하지만 담보가 없기 때문에 당국이 움직이기 전까지 보도 그 자체는 봉인된다. 현장만 어지럽혀질 뿐인 취재가 반복될 가능성이 높다.

실제로 아사히신문의 한 기자는 나를 찾아와서 반드시 보도하겠다고 신신당부를 하고 많은 부분을 취재했지만, 그걸로 끝이다.

"진상을 널리 알려야 한다. 혼자서 진실을 알고 있겠다는 것은 기자의 이기주의다"라고 생각하는 분도 있을지 모르겠다.

하지만 더 큰 문제가 발생할 가능성이 있다. 인터넷 세상인 요즘, 사건에 흥미를 가진 '개인'이 독자적으로 움직일 가능성이다. 이 사건에서 사람들이 관심을 갖는 부분이 루팡의 정체에 집중되어 있다는 사실은 인터넷 검색 엔진 이력을 보면 바로 알 수 있다. '아시카가 사건'을 검색하면 연관 검색어로 '진범', '루팡' 등이 상위에 올라 있다. 만약 범인의 정체를 알 수 있는 정보를 공개했다가는 범인의 실명이 공개되거나, 상상하고 싶지는 않지만 '사적 제재'라는 끔찍한 사태를 초래할지도 모른다.

보도라는 것은 무서운 것이다. 사람의 운명을 좌우할 수도 있다. 그렇기 때문에 대형 언론사는 당국 발표를 담보로 삼고 싶어한다.

나는 이 사건에서는 공교롭게도 담보가 없는 개인 책임형 보도를 선택했다. 그렇기 때문에 세상이 관심을 갖는다 해도, 나 스스로가 정말 보도하고 싶어진다 해도, 보도할 수 있는 것과 없는 것의 구분은 엄중하게 하고 싶었다.

마지막이 되었지만 고독한 단독보도 속에서도 취재를 계속할 수 있었던 것은 역시 관계자 여러분 덕분이다. 또한 이 책을 응원해준 많은 분들. 뜻을 함께 해주시는 것 같아 정말 마음 든든했다. 모든 분들에게 감사인사를 드리고 싶다. 이번에 문고로 다시 출간되는 데 신초샤의 신초문고 편집부 미네 유우키 씨의 신세를 졌다.

스가야 씨가 출소한 그날, 지바 형무소 앞에 몰려든 취재진들을 이따금 떠올린다.

머리 위를 날아다니는 헬리콥터의 굉음, 취재진들의 열기, 깡마른 스가야 씨와 굳게 나눈 악수.

그로부터 시간이 꽤 흘렀다.

자유의 몸이 된 스가야 씨는 무죄를 주장하는 사람들을 지원하기 위해 전국을 뛰어다니고 있다. 출소 직후의 얌전했던 모습에서는 상상할 수도 없을 정도로 믿음직스러운 모습으로 마이크를 잡고 자신의 체험을 사람들에게 전하고 있다.

하지만 유카리의 행방은 아직도 모른다.

이따금 피해자 유족을 뵙게 되면 사라지지 않는 슬픔이 내 가슴을 찌른다.

루팡은 여전히 파친코 기계 앞에 앉아 파친코를 즐기고 있다.

사태는 무엇 하나 움직이지 않을지도 모른다.

단장의 슬픔이라고밖에 할 말이 없다.

하지만 이 말만큼은 해두고 싶다.

아무리 시간이 흘러도 나는 사건에서 눈을 돌리지 않을 것이다.

두 번 다시 일어나서는 안 되는 일을 결코 일어나게 하지 않는 것.

그것만이 사건 보도의 유일한 존재가치라고 믿고 나는 사건기자로서 현장에 나간다.

그 사실은 영원히 변하지 않을 것이다.

2016년 3월

시미즈 기요시

❖ 사건 발생 21년 후인 2017년에 경찰이 새롭게 배포한 요코야마 유카리를 찾는 전단지
아래의 선글라스 남성이 파친코 점 CCTV에 찍힌 루팡이다

살인범은 그곳에 있다
은폐된 북관동 연쇄 아동납치살인사건

1판 1쇄 인쇄 2017년 11월 10일
1판 1쇄 발행 2017년 11월 17일

지은이 시미즈 기요시
옮긴이 문승준
펴낸이 문준식

디자인 공중정원 박진범
제작 제이오

펴낸곳 내 친구의 서재
등록 2016년 6월 7일 제25100-2016-000044호
주소 서울시 서대문구 독립문로8길 54, 112-408 우편번호 03743
전화 070-8800-0215
이메일 mytomobook@gmail.com

http://blog.daum.net/mytomobook
내 친구의 서재 블로그를 방문하시면 더 많은 이야기를 만나실 수 있습니다.

ISBN 979-11-961843-0-8 03300

이 도서의 국립중앙도서관 출판예정도서목록(CIP)은 서지정보유통지원시스템 홈페이지(http://seoji.nl.go.kr)와 국가자료공동목록시스템(http://www.nl.go.kr/kolisnet)에서 이용하실 수 있습니다.
(CIP제어번호: CIP2017028313)